DAS GROSSE BUCH DER KINDERBESCHÄFTIGUNG

Carola Schuster-Brink

DAS GROSSE BUCH DER KINDERBESCHÄFTIGUNG

Mit Kindern spielen, basteln und lernen
in den ersten Jahren

Unter Mitarbeit von
Patricia Mennen und Monika Sattrasai

SÜDWEST

Inhalt

Wind 122

Holz 150

Papier 178

Stoff 206

Das Kinder-Gutgeh-ABC 234

Liebe Eltern!

Wenn wir unseren Kindern helfen, Zugang zu finden zu Menschen, Tieren, Pflanzen, kurz zu ihrer Umwelt, helfen wir ihnen gleichzeitig, sich selbst kennenzulernen. Denn sie sind ein Teil dieser Umwelt. Mit ihrem Leben partizipieren sie an jenem geheimnisvollen Umgang des Geborenwerdens, um dann zu wachsen und sich, wie jedes Lebewesen, kraftvoll in die Welt hinein auszudehnen. Sie nehmen mit ihren wachen Augen Bilder in sich auf, die sie prägen und die ihr Handeln bestimmen. Sachinformationen und Anregungen sollten dazu beitragen, daß dies selbstbewußt und vor allem mit viel Spaß geschieht.

Unsere Großmütter hatten eine Faustregel für die Kindererziehung, die bis heute gut und gültig ist: »Beschäftigte Kinder sind friedliche Kinder.«
Vielleicht würden wir zeitgemäß »friedlich« lieber mit »ausgeglichen« übersetzen, aber die Grundweisheit stimmt ohne Wenn und Aber. Das gilt auch schon für die Allerkleinsten, die heute wesentlich wacher und aufmerksamer sind als noch vor ein paar Generationen. Deshalb enthält das vorliegende Buch auch schon für diese Altersgruppe Spiel- und Lernangebote, die ihr helfen sollen, das Tor zur Welt aufzustoßen und sich gut in ihr zurechtzufinden.

Kinder sehen die Welt dinglich, und weil das so ist, enthält das Buch in acht Kapiteln acht Elemente, die ihnen im Alltag auf Schritt und Tritt begegnen:

- Wasser
- Erde
- Steine
- Sand
- Wind
- Holz
- Papier
- Stoff.

In jedem Kapitel werden diese Alltags-Elemente so vielfältig, so voller Überraschungen und liebenswert vorgestellt, daß Kinder spielend erkennen, wie wertvoll diese Güter sind und wie wichtig es ist, sie zu schützen, und daß diese auch tausendmal spannender sein können als jeder Game-Boy. Kaufen und Konsumieren kommt in diesem Buch nicht vor, denn das ist für aufgeweckte Kinder meist schon bald langweilig.
Was aber vorkommt, das sind Sie, die Eltern.
An Ihnen liegt es, die Spiele und Informationen weiterzugeben, sie Ihren Kindern nahezubringen, und zwar entsprechend dem Motto:

- Zusammen spielen
- Zusammen singen
- Zusammen basteln
- Zusammen experimentieren
- Zusammen kochen und essen.

Gemeinsam lernen – gemeinsam staunen

In diesem Sinne möchte das Buch allen Eltern eine Hilfe sein und Anregungen bieten, Kinder sinnvoll zu beschäftigen und damit eine echte Alternative zum übermäßigen Fernsehkonsum aufzubauen. Beschäftigung und Bewegung sind keine Allheilmittel, aber die besten Mittel, um Kindern zu mehr Ausgeglichenheit, Kreativität und Eigeninitiative zu verhelfen. Beschäftigte Kinder lernen, Probleme zu lösen, Niederlagen als Neuanfänge zu nutzen und sich ihrer Erfolge zu freuen.
Und genau das ist ihr Kapital für die Kindheit und zugleich ihr Rüstzeug fürs Erwachsenenleben.

Strahlende Kinderaugen und ein fröhliches Lachen vermitteln wie sonst nichts Freude am Leben. Wer mag sich davon nicht anstecken lassen?

Wasser

Unser Körper hält es wochenlang ohne Nahrung aus, aber nur einige Tage ohne Flüssigkeit, und jede Pflanze geht jämmerlich zugrunde, wenn sie nicht gegossen wird. Wir schwimmen schon vor der Geburt darin, sind im Alter für seine heilende Wirkung auf Gelenke und Muskeln dankbar, und schließlich bestehen wir selbst zu 70 Prozent daraus. Wasser ist Leben. Aber nicht nur in körperlicher Hinsicht, sondern auch in seelischer ist Wasser wohltuend und trägt zur Erholung vom Streß unserer Zivilisation bei.

Spielen und Lernen

Badeente und Plastikschiffchen sind der Hit im ersten Jahr und unersetzliche Begleiter in die Badewanne. Im zweiten Jahr kann schon mit dem Babyschwimmen ange-

fangen werden, wenn das Kind Lust dazu hat. Die meisten Kinder fühlen sich wohl im nassen Element, sofern sie nicht gleich bei der ersten Begegnung Wasser in Mund, Augen oder Nase bekommen haben. Je besser die Körperbeherrschung ist, desto wilder werden die Spiele im und mit Wasser. Aber auch die Neugierde des Grundschulkindes soll mit Sachinformationen über das Thema befriedigt werden. Wie Wasser beeinflußt und gehandhabt wird und was man in der freien Natur damit anfangen kann, zeigen Bastelvorschläge und Experimente. In dem Maße, in dem die Sprache selbstverständlich gebraucht wird, kann ihm Wasser auch über dieses Medium nahegebracht werden (Seite 14).

Basteln und Gestalten

Welche Materialien schwimmen auf dem Wasser, welche gehen unter, wie kommt Geschwindigkeit auf dem Wasser zustande, und wie lassen sich seine spezifischen Eigenheiten ästhetisch einsetzen? Unter diesen Aspekten sind die hier vorgeschlagenen Bastelanleitungen einzuordnen. So lernen Kinder etwas über das Wasser, indem sie praktisch damit umgehen und es gestalten, also in ihren Wirkungsbereich aufnehmen (Seite 18, 28, 34).

Poesie und Musik

Das gleichbleibende Fließen von Wasser, seine immerwährende Konti-

nuität versinnbildlicht das Lied von der Mühle, die am Bach klappert. Wenn das Kind mit zwei dicken Hölzern das Klappern hörbar machen kann, wird der Rhythmus auch auf körperlicher Ebene ausagiert und das Lied noch beeindruckender empfunden. Verse und Reime regen die Phantasie an, besonders wenn sie vielleicht noch in entsprechender Umgebung vorgelesen werden (Seite 20).

Spiel und Spaß

Spiele mit Wasser sind fast immer möglich, denn Wasser, Gläser, Flaschen und Papier gibt es über-

all. Die Langeweile bei einem Restaurantbesuch kann mit einem Glas Wasser, einem Bleistift und einem Zettel beendet werden (Seite 22).

Hantieren und Probieren

Wasser ist ein faszinierendes Material und vielfältig veränderbar. Wasser hat Kraft, entsteht und verschwindet, ohne daß man dabei direkt zusehen kann. Wasser ist leicht, aber in Massen unendlich schwer. Wasser und Licht sind weiß, wenn sie jedoch miteinander zu tun haben, erzeugen sie alle Farben des Regenbogens. Um diese Rätsel aufzuklären, werden spannende und leicht ausführbare Experimente vorgestellt (Seite 26).

Wissen und Lernen

Ab dem Grundschulalter möchte das Kind mehr über die Naturerscheinung Wasser erfahren. Es interessiert sich für die Entstehung des Regens und will wissen, wie ein und dasselbe Material in drei verschiedenen Zuständen auftreten kann. Im Winter wundert es

sich, wo die Fische bleiben, wenn die Seen zufrieren, und im Herbst fragt es, weshalb das Badewasser im See wärmer ist als im Frühjahr, obwohl die Sonne gleich lang und gleich stark scheint (Seite 30).

Berufe

In dem Maße, in dem das Kind die Bedeutung von Wasser für Mensch, Tier, kurz, für das ganze Leben erfaßt, wächst sein Respekt davor. Mit großen Augen wird es Fischer und Schiffskapitäne bestaunen, die mit diesem beeindruckenden Element souverän umgehen. Die Gefahren in den tiefsten Tiefen des Meeres zu meistern, tosenden Stürmen die Stirn zu bieten sind Wunschbilder für einen zukünftigen Schaffensbereich (Seite 32).

Längst vertraut

Wasser am Anfang des Lebens

Im Laufe der ersten drei Jahre ist das Kind vor allem damit beschäftigt, sich aufzurichten und seine Bewegungen zu koordinieren: Augen und Hände, Arme und Beine, Kopf und Körper.

1. Jahr Wasser spielt im Leben Ihres Kindes von Anfang an eine große Rolle. Das Kind hat bereits neun Monate darin zugebracht. Im Wasser entspannt es sich; im Wasser fühlt es sich geborgen. Seine Haut ist sein größtes Sinnesorgan und bereit, alle Reize aufzunehmen. Etwa ab dem vierten Monat ist Wasser auch Spielmaterial mit hohem Erlebnis- und Spielwert. Greifen, Loslassen und Kopfkontrolle helfen ihm dabei.

Spezielle Angebote: Sobald Ihr Kind sein Köpfchen ohne Unterstützung tragen kann, sobald sich Greifen und Loslassen sinnvoll ergänzen, sollten Sie Spielzeug bereithalten: große und kleine Plastikbecher in unterschiedlichen Farben und Formen, große und kleine Bällchen, die schwimmen können, und Schwimmtiere.
Stellen Sie die Babywanne auf eine rutschfeste Unterlage in die große Badewanne, so ist Überschwappen kein Problem mehr. Die Brause darf auch mitspielen. Einfüllen, Umfüllen, Ausleeren ist im ersten Jahr das bevorzugte Wasserspiel in und außerhalb der Badewanne.

Mitte des zweiten Lebensjahres können fast alle Kinder Mamma oder Papa sagen. Jedes Kind entscheidet jedoch selbst, wann es sein erstes Wort klar und deutlich ausspricht. Also keinen Druck ausüben, sondern dem Kind mit klarer, deutlicher Aussprache die Nachahmung erleichtern. Dabei ist es gleichgültig, ob dies im Dialekt oder in der Hochsprache geschieht.

2. Jahr Augen und Hände können jetzt perfekt zusammenarbeiten. Wichtige Worte formen sich in Ansätzen. Das Kind versteht aber mehr, als man oft denkt. Sobald die Fortbewegung klappt, hat das Kind nur ein Ziel: seiner Bezugsperson auf die Pelle rücken und tun, was sie auch tut. Der Bewegungsdrang ist oft kaum zu bremsen. Der Wille ist erwacht, aber das Können steht zum Wollen in einem unsicheren Verhältnis, und deshalb kommt es hin und wieder zu heftigen Wutausbrüchen.

Spezielle Angebote: Die große Badewanne ist jetzt mehr und mehr die Bühne aufregender Badefeste. Zwei Kinder in der Wanne spielen hingebungsvoll miteinander. Aufsicht ist unerläßlich!

Außerhalb der Badewanne ist Wasser genauso heiß begehrt. Ihr Kind darf ruhig die Fliesen schrubben, Puppenwäsche waschen oder Plastikgeschirr spülen. Lassen Sie es in einem Eimer – am sicheren Ort – probieren, was untergeht und was schwimmen kann. Geben Sie ihm ein Litermaß und kleine Gefäße zum Umfüllen. Flaschen und Trichter faszinieren das Kind. Es lernt jetzt Raumbegriffe wie: innen, außen, unter, zwischen, über, neben, vor und hinter.

3. Jahr Die Sprache hat Riesenfortschritte gemacht. Erste Sätze formen sich. Das Kind sagt »wir« und mag plötzlich mit anderen Kindern spielen. Es kann abwarten, ohne in Geschrei auszubrechen. Es kann zwischen mehreren Angeboten etwas auswählen. Sein Humor und Sinn für Witz und Übertreibungen ist erwacht. Es muß nicht mehr dauernd herumrennen, sondern kann sich kurze Zeit auf eine Sache konzentrieren.

Spezielle Angebote: Wo? Was? Warum? Wer? Wie? Ihr Kind interessiert sich jetzt für Zusammenhänge, denkt nach, stellt Fragen und probiert alles aus. Wasser bekommt einen anderen Stellenwert. Wasser kann Material verändern. Lassen Sie solche Versuche zu, sie fördern Verstand und Kreativität. In Wasser aufgeweichte Zeitungen lassen sich kneten. Wasser macht Sand und Erde formbar. Wasser mit Spülmittel macht Luftblasen möglich. Geben Sie dem Kind ein Stück durchsichtigen Schlauch, damit es Wasser »umleiten« kann. Wasser kann immer nur runterlaufen – wie es rauflaufen kann, läßt sich mit einem Joghurtbecher mit vielen Löchern veranschaulichen. Immer noch interessant: Was geht unter, was kann schwimmen?

Das Kind möchte nun selbst ebenfalls schwimmen können. Wenn es nicht frieren muß und am Wasser gefallen hat, ist die Zeit zum Schwimmenlernen reif. Schwimmflügel sind unerläßlich – und Geduld!

Wasser ist ein faszinierendes Material. Es ist fest und verändert dennoch die Form, es ist warm oder kalt, es benetzt die Haut großflächig, und schließlich kann man es sogar trinken: unendliche Spielmöglichkeiten.

13

Wie ein Fisch
im Wasser

Das nasse Element wird jetzt gründlich erforscht

Jetzt geschehen große Veränderungen im Spielverhalten. Das Kind nimmt immer stärker Anteil an seiner Umwelt, will viel mit anderen Kindern zu tun haben und den Dingen, die es umgeben, wißbegierig auf den Grund gehen.

4. Jahr Der dritte Geburtstag bringt meist eine Art Wende: Sprache und Sozialverhalten schlagen oft über Nacht »Purzelbäume«. Das Kind will mit anderen Kindern kommunizieren und gut auskommen. Gemeinsam schmieden sie Pläne und peilen Ziele an. Der Weg zum Ziel ist dabei von ausschlaggebender Bedeutung, während Erwachsene eher am Ergebnis, also am Ziel, orientiert sind. Die Phantasie blüht. Rollen werden übernommen und mit Leidenschaft gespielt.

Spezielle Angebote: Schwimmbad oder Hallenbad sollten auf dem Wochenplan stehen. Dort ist nicht nur Schwimmenlernen angesagt, sondern ebenso Wassergymnastik und Wasserballspiele. Zwei oder drei andere Kinder sollten mitspielen, weil sich das Kind mittlerweile in Kleingruppen sehr wohl fühlt.
Vater-Mutter-Kind-Spiele sind sehr beliebt, alle Haushaltsspiele inbegriffen. Wasser spielt eine große Rolle dabei. Phantasieessen (mit Gras und Sand) werden zubereitet, große Wäsche gemacht, geschrubbt und geputzt wie im richtigen Leben.

Wenn Ihr Kind schon viel und gern mit Wasser gespielt hat, kann es von seiner motorischen Entwicklung her mit fünf Jahren das Schwimmen lernen. Aber überlassen Sie ihm selbst die Initiative, und drängen Sie es nicht.

5. Jahr Erfahrungen geben der Sprache des Kindes immer mehr Sinn. Es kann jetzt von gestern berichten oder etwas erzählen von damals: »Wie ich noch klein war.« Das Kind möchte wissen und stellt jetzt völlig andere Fragen als noch vor einem Jahr. Daß Wasser aus dem Hahn kommt, reicht als Antwort nicht mehr aus. Es geht den Dingen auf den Grund. Informationen jedoch, die es nicht unmittelbar zur Lösung des Problems braucht, vergißt es wieder. Oft geht die Phantasie mit ihm durch, und der Verstand bleibt ein wenig auf der Strecke.

Spezielle Angebote: Naturbeobachtungen werden jetzt sehr wichtig. Flüsse und Seen vermitteln das Gefühl von Größe und Weite. Die Welt des Kindes wird größer, das Begreifen tiefer, der Wortschatz reicher. Wiederholungen festigen Wissen und Erfahrung. Gehen Sie mit Ihrem Kind immer wieder an dieselbe Stelle. Es kann dann Veränderungen besser wahrnehmen. Die Jahreszeiten rücken allmählich in sein Bewußtsein. Lassen sie das Kind malen, was es gesehen hat. Es hat dann einen Vergleich, wie sich die Jahreszeiten verändern, und es stärkt sein Erinnerungsvermögen.

6. Jahr Am Ende dieses Jahres findet der Schulreifetest statt. Fünfjährige behaupten gern, daß sie ganz bald sechs werden. Eine gewisse Aufbruchstimmung zeichnet sich ab, symbolisiert durch Zahnwechsel und Längenwachstum, wodurch das babyhaft-niedliche Aussehen oft gänzlich verschwindet.
Sozialkontakte gewinnen immer mehr an Bedeutung. Die Zugehörigkeit zu einer Clique wird enorm wichtig. Die Kinder wollen zusammen Abenteuer erleben und scheuen dabei nicht vor Gefahren zurück. Jetzt muß ihr Umfeld spannend und kreativ sein.

Spezielle Angebote: Ausflüge in die nähere Umgebung sind fast lebenswichtig. Abstrakte Begriffe wie Heimat, Abenteuer oder Freundschaft gewinnen starke Bedeutung. Nehmen Sie Ihr Kind und seine Kumpels weit hinaus in die Natur, wann immer Sie die Zeit dazu aufbringen können. Im Wiedererkennen und Wiederholen liegen große Lernchancen, die Sie nutzen sollten – den Kindern zuliebe. Tier- und Natursendungen im Fernsehen werden mit Interesse verfolgt, aber nur bedingt verstanden. Ein Erwachsener sollte immer dabeisein, um Fragen zu beantworten und Spannungen auflösen zu helfen.

Mit dem Eintritt in die Schule beginnt ein neuer Lebensabschnitt. Nun ist wesentlich mehr Selbständigkeit gefordert. In der Schule hilft niemand mehr beim Anziehen, die Hefte müssen morgens eingepackt und nach dem Unterricht wieder mit nach Hause genommen werden, und wer seine Sportsachen vergißt, muß zuschauen und wird auch noch gerügt. Auch für die Eltern ist der Schulbeginn ihres Sprößlings ein Zeichen: die »Klein-Kindheit« ist zu Ende und Sohn oder Tochter werden jetzt einen größeren Teil ihrer Zeit ohne die Eltern gestalten. Es ist ein kleiner Abschied. Nicht umsonst haben Eltern am ersten Schultag hochrote Köpfe und sind aufgeregter als die Kinder.

Wieviel Wasser paßt ins Meer?

Wasser in Theorie und Praxis für das Grundschulkind

7. Jahr Nach der Einschulung ist nichts mehr wie vorher. Das Kind verändert sich. Abstrakte Begriffe wie Pflicht, Verantwortung, Respekt und Leistung halten Einzug. Das Kind hat etwa 3000 Worte gespeichert und lernt täglich neue dazu. Das Lernen der Kulturtechniken erschließt dem Verstand neue Räume. Unterschiede und Ähnlichkeiten, Handlungen und ihre Folgen beginnen zu interessieren. Wissen wird in Handlung umgesetzt. Über den Tag hinaus geht das Denken aber selten. Das mag daran liegen, daß die Tage des Schulkindes voller Spannung und meist viel zu kurz sind.

Dem Regen wird jetzt oft mystische Bedeutung zugemessen. Das Kind möchte wissen, woher der Regen kommt, wie er entsteht, wohin das Wasser verschwindet und ob die Erde vielleicht sogar überschwemmt werden kann.

Spezielle Angebote: Geben Sie der Schule ein Gegengewicht, indem Sie viel Material bereithalten, mit dem das Kind gestalten kann. Es hat konkrete Vorstellungen, die es umsetzen möchte. Das Kapitel »Wasser« in diesem Buch bietet Ihrem Kind jetzt Anregungen und Möglichkeiten zur handelnden Auseinandersetzung mit diesem Interessengebiet. Kinder bleiben gerne am Thema und gehen es von allen Seiten an. Mit Hilfe der Erwachsenen können sie in diesem Alter ein einfaches Aquarium betreuen und das Element Wasser so in ihren Alltag integrieren. Das Kind ist nicht allein verantwortlich, aber auch verantwortlich. Es muß lernen, sich Wissen anzueignen, damit die Fische artgerecht leben können und alles bekommen, was sie brauchen. Beschäftigung tut Ihrem Kind gut!

8. Jahr

Schreiben, Lesen, Rechnen und die Begegnung mit Kunst und anderen Unterrichtsfächern formen die kindliche Persönlichkeit mehr und mehr. Es findet eine Art Abschied von der Kindheit statt.

Was Erwachsene sagen, wird immer kritischer überprüft. Die Gruppe hingegen findet bedingungslose Akzeptanz. Der Stärkere wird höher geschätzt als der Kluge. Basteln, Gestalten, etwas aufbauen, womit man spielen und hantieren kann, gewinnt große Bedeutung. Es darf nur nicht nach »Kleinkinderkram« riechen. Hier sollte der Erwachsene Hilfestellung geben, Klippen umschiffen und Probleme lösen helfen. Einmischung wird nicht gerne gesehen, aber konstruktive Vorschläge werden angenommen. Oft überschätzen sich Achtjährige. Dann muß der Erwachsene die gestellte Aufgabe in kleine Schritte zerlegen, damit das Kind den Überblick behält und Erfolg hat. Die Vorpubertät meldet sich bezugsnahe an. Alternativen zum Fernsehen zeigen dem Kind, daß Aktivität und Kreativität größeren Spaß machen als passives Konsumieren.

Spezielle Angebote: Ihr Kind will mehr wissen, weil es allmählich die Macht des Wissens entdeckt. Die Rubriken »Wissen und Lernen«, »Hantieren und Probieren« sowie »Poesie und Musik« sollen Türen aufstoßen, hinter denen wahre Schätze liegen: Bücher. Das Kind ist jetzt stolz darauf, im Lexikon etwas zu finden, was seine Sicht der Dinge erweitert, ja sogar korrigiert.

Achtjährige möchten plötzlich kochen oder backen, wobei sie sich akribisch ans Rezept halten. Etwas nach Anleitung basteln stellt eine Herausforderung dar, die sie mutig angehen. Hilfe in kniffeligen Fällen kommt vom unaufdringlichen Erwachsenen.

Modellschiffe sind sehr beliebt, vor allem, wenn Wasser in der Nähe ist. Kinder sind aber mit nahezu fast jeder Gebrauchsanleitung überfordert. Geduldiges Miteinander von Kind und Erwachsenen führt langsam zum Ziel. Schlittschuhe sind jetzt willkommen. Ihr Kind soll kein Eiskünstler werden, sondern mit anderen Kindern Spaß haben und sich nach dem langen Sitzen in der Schule einfach etwas bewegen.

Wenn Ihr Kind Lust dazu hat, kann es damit anfangen, verschiedene Schwimmstile auszuprobieren: Brustschwimmen, Kraulen, Rückenschwimmen. Im Winter ist Eislaufen auf fest zugefrorenen Seen und Bächen angesagt.

Wir bauen ein Wasserschloß

Und so wird's gemacht

1 Auf die Styroporplatte wird der Umriß der Insel aufgemalt und mit dem Universalmesser ausgeschnitten.

2 Wer will, kann mit Styroporresten schichtweise eine kleine Erhebung bauen. Auf die Plattform dieser Erhebung wird anschließend das Schloß gebaut.

3 Mit den Schachteln, Papprollen und dem Styropor wird nun das Schloß gebaut. Die Papprollen eignen sich als Türme. Die Schachteln ergeben Gebäudeteile. Aus dem Styropor lassen sich Wände herausschneiden.

4 Nicht vergessen, Fenster und Türen einzuschneiden! Der Phantasie sind bei der Gestaltung keine Grenzen gesetzt. Falltüren, orientalische Rundbögen, kreisrunde Aussichtsfenster, Balkone, zinnenbewehrte Umlaufmauern, Innenhöfe, Stallungen, Herrschafts-häuser, Kerker, Glockentürme, ein See, der ins Styroporplateau gebohrt wird und eine Zugbrücke an einer Kette, die rasselnd hochgezogen und herabgelassen werden kann, wenn die Schloßbewohner einen Ausflug machen möchten.

5 Sobald man ungefähr weiß, wie man die einzelnen Teile zusammenfügen möchte, kann mit dem Kleben begonnen werden. Dazu wird am besten weißer Holzleim genommen.

6 Steht das Schloß, wird das Umfeld gestaltet. Die Strände fallen sanft ins »Wasser« ab, indem man das Styropor am Rande etwas abbröselt. Wenn man etwas Tapetenkleister auf den »Strand« streicht und darüber feinen Sand rieseln läßt, wirkt er fast echt. Aus grünem Papier kann man sich Palmwedel ausschneiden und diese an die Spitze eines mit braunem Papier umklebten Schaschlikspießes kleben.

Materialien

- Styroporplatte (50 x 50 x 2 cm)
- Styroporplattenreste (1,5 cm stark)
- Klopapierrollen, Küchenrollen, Schachteln in verschiedenen Größen und Formen (z. B. Medikamentenschachteln usw.)
- Eisschirmchen, Glanzpapier, Kreppapier u. a. zum Verzieren
- Weißer Holzleim
- Deckfarben

Werkzeuge

- Bleistift
- Universalmesser (Cutter)
- Schere
- Pinsel

18

7 Zum Schluß wird die Insel mit ihrem Schloß schön bemalt. Mit Bäumen, Schirmchen, Glitter und etwas Glanzpapier werden Akzente gesetzt. Die Fenster können mit buntem Transparentpapier hinterklebt werden.

8 Sobald alles getrocknet ist, kann das Wasserschloß in einen Teich gesetzt werden. Wer Angst hat, daß es davonschwimmt, kann eine Schnur an seiner Insel anbringen, indem ein Loch in die Styroporplatte gebohrt, eine Schnur durchgezogen und verknotet wird.

Hier müssen Schloßgespenster schwimmen können.

Es klappert die Mühle am rauschenden Bach

1. Es klap-pert die Müh-le am rau-schen-den Bach: klipp,
Bei Tag und bei Nacht ist der Mül-ler stets wach: klipp,

klapp.
klapp.
Er mah-let das Korn zu dem kräf-ti-gen

Brot, und ha-ben wir die-ses, dann hat's kei-ne Not. Klipp,

klapp, klipp, klapp, klipp, klapp,———— klipp, klapp.

2. Flink laufen die Räder und drehen den
Stein, klipp klapp! Klipp klapp!
Und mahlen den Weizen zu Mehl uns so
fein, klipp klapp! Klipp klapp!
Der Bäcker dann Zwieback und Kuchen
draus bäckt,
Der immer den Kindern besonders gut
schmeckt. Klipp klapp, klipp klapp,
klipp klapp!

3. Wenn reichliche Körner das Ackerfeld
trägt, klipp klapp! Klipp klapp!
Die Mühle dann flink ihre Räder bewegt,
klipp klapp! Klipp klapp!
Und schenkt uns der Himmel nur immer-
dar Brot,
so sind wir geborgen und leiden
nicht Not. Klipp klapp, klipp
klapp, klipp klapp!

Text: Ernst Anschütz (1824), (volkstüml. Anfang 19. Jh.)

Im See

Heute ist das Wasser warm,
Heute kann's nichts schaden,
Schnell hinunter an den See!
Heute gehn wir baden!

Eins, zwei, drei – die Hosen aus,
Stiefel, Wams und Wäsche!
Und dann – plumps ins Wasser rein!
Grade wie die Frösche!

Und der schönste Sonnenschein
Brennt uns nach dem Bade
Brust und Buckel knusperbraun,
Braun wie Schokolade!

Adolf Holst

Wasserspiele

Zauberwasser 1

Dieser Trick geht wie folgt: Ein Pfeil, der nach rechts zeigt, wird auf ein Blatt gemalt. Wie kann der Pfeil nach links zeigen, ohne daß das Blatt umgedreht wird? Ganz einfach: Das Papier aufrecht hinter ein mit Wasser gefülltes Glas halten – und schon zeigt der Pfeil in die andere Richtung!

Wasser

Zauberwasser 2

Man bindet die Öffnung einer leeren Flasche mit Gaze oder Verbandsmull zu (mit einem Gummiring) und füllt dann vor den Zuschauern durch die Gaze hindurch (!) Wasser hinein. Die Flasche umdrehen – das Wasser läuft nicht aus! Damit kann man Zuschauer bei einer Zaubervorführung verblüffen. (Erklärung: Die Wasserhaut »verstopft« die winzigen Öffnungen im Stoff.)

Wetten, daß …

Ein Glas wird randvoll mit Wasser gefüllt. Jetzt kann man mit seinen Freunden eine Wette abschließen: Wetten, daß man 100 einzelne Pfennige vorsichtig in das Glas legen kann, ohne daß das Wasser überläuft? Das wird gelingen, wegen der Oberflächenspannung des Wassers. Der Wasserspiegel wölbt sich sogar über das Glas hinaus!

Wassermusik

Verschiedene Gläser oder Flaschen unterschiedlich hoch mit Wasser füllen. Wenn man sie leicht mit einem Löffel anschlägt, fangen sie an zu klingen. Höher gefüllte Gläser klingen heller, niedriger gefüllte dunkler. So können alle Töne der Tonleiter produziert werden, und man kann sogar richtige Lieder spielen.

Wasserorgel

Noch schönere, nämlich summende, »Wassermusik« erklingt, indem man mit einem nassen Finger mehrmals um den (glatten!) Gläser- oder Flaschenrand kreist. Die Gläser sind

unterschiedlich hoch mit Wasser aufgefüllt. Ein schönes Spiel nach dem Abendessen!

Wasserrakete

Man taucht einen leichten Gegenstand, der gut schwimmt (Styropor, Wasserball, Korken), mit aller Kraft tief ins Wasser und hält ihn dort fest. Der Widerstand, der entgegendrückt, ist so besonders gut zu spüren. Wenn man plötzlich losläßt, schießt der Ball oder der Korken raketenartig über die Wasseroberfläche hinaus.

Tauchermännchen

Eine zu einem Viertel gefüllte Eiswürfelschale wird im Kühlfach gefroren. Dann kleine (nicht hohle!) Figürchen aus der Spielekiste in die einzelnen Würfelfächer legen, mit Wasser vollgießen und wieder einfrieren lassen. Wenn die Eiswürfel in einen großen, hohen Glasbehälter mit Wasser gelegt werden, schwimmen sie zuerst oben – doch je mehr das Eis schmilzt, desto tiefer sinken allmählich die Tauchermännchen nach unten. Das Spiel funktioniert auch mit Knöpfen, Schrauben, Glasperlen usw.

Regenbogen

Man stellt sich im Garten mit dem Rücken zur Sonne und läßt einen Partner in einiger Entfernung vor sich den Gartenschlauch vorne fest zusammendrücken, so daß das Wasser fein versprüht. Dann entsteht ein Regenbogen.

Flutschballon

Ein kleinerer Ballon wird in einen größeren gestopft, und zwar so, daß der Hals des kleineren Ballons noch ein wenig herausschaut. Diesen über einen Wasserhahn stülpen und den kleinen Ballon etwa zur Hälfte mit Wasser auffüllen; noch ein wenig Luft hineinpusten und zuknoten. Dann wird er ganz in den großen Ballon gestopft, der jetzt voll aufgeblasen und auch zugeknotet wird. Heraus kommt ein witziges Wurfgeschoß, es eiert lustig durch die Luft, und es ist fast unmöglich, damit ein Ziel zu treffen!

Am Spülsaum der Meere findet man nach Rückgang der Flut allerhand interessantes »Spielzeug«: Kork, Nixentaschen (die leeren Eikapseln von Rochen), Schulpe (die kalkigen Schalenstücke der Tintenfische), Treibholz mit Fraßspuren vom Schiffsbohrwurm, Seeigelgehäuse u. v. m.

Schwimmen

Es gibt kaum etwas, das beim Schwimmenlernen schädlicher ist als der Ehrgeiz der Eltern. Wasser ist ein großes Vergnügen. Schwimmen ist eine Möglichkeit, das Vergnügen zu steigern.

Schwimmen zu können ist der Traum aller Kinder. Fachleute wissen: Je früher ein Kind schwimmen lernt, desto besser. Ein Kind, das schwimmen kann, lebt weniger gefährlich, und es profitiert an Körper und Seele. Schwimmen stärkt das Selbstbewußtsein, aber auch die Wirbelsäule und die Muskulatur des gesamten Körpers.

● Wer schwimmen will, muß Wasser mögen.

● Wasser kann man nur mögen, wenn man nicht friert.

● Wer bis über die Schultern im Wasser steckt, friert weit weniger als jemand, der nur zögerlich mal diesen, mal jenen Körperteil ins Wasser hält.

● Kleine Kinder nimmt man am besten auf den Arm,

Für Kinder, die schon mit dem Wasser vertraut sind und wenigstens etwas schwimmen können, sind Schwimmreifen oder Luftmatratzen die idealen Spielzeuge beim Baden.

drückt sie fest an sich und geht so durch das Wasser, daß der Kopf herausschaut. Kinder müssen alles neugierig betrachten können. Das ist wichtig.

● Hat das Kind Spaß an diesem Spaziergang durchs Wasser gefunden, kann man es unter den Achseln fassen, anschauen und ein wenig aus dem Wasser heben. Dabei ermuntert man es zu laufen, zu strampeln oder zu treten. Das Kind merkt, daß es etwas bewegen kann, nämlich die Wassermassen unter seinen Beinen und Füßen. Zusätzlich kann man das Kind schwenken und mit ihm das Wasser regelrecht umherrühren, solange es Spaß macht!

● Hat das Kind noch immer Vergnügen am nassen Element, kann man es, nach Tagen oder Wochen, über die eigenen Unterarme legen, bäuchlings und so, daß Kopf, Arme und Beine frei beweglich sind. Geht man dabei wieder im Wasser spazieren, wird das Kind mitrudern.

● Da die Beinbewegungen meist problemlos ablaufen, braucht das Kind Anreize, auch die Arme zu bewegen. Am besten geht das, wenn eine zweite Person in der Nähe steht und das Kind mit ausgestreckten Armen lockt. Ganz instinktiv wird es nun Arme und Beine bewegen, um die andere Person zu erreichen.

● Wenn das Kind begriffen hat, daß es im Wasser etwas tun kann und das Wasser gewissermaßen gehorcht, kann man es in einen Schwimmring stecken, durch den es nicht hindurchrutschen kann. Unter den Achseln muß er gut sitzen. An die Ärmchen kommen Schwimmflügel. Nun kann das Kind der Länge nach im Wasser stehen. Man kann eine Hand unter sein Kinn legen und es sachte durchs Wasser ziehen.

● Eine zweite Person lockt wieder das Kind an. Kommt es angepaddelt, wird es gelobt, umgedreht und wieder von der ersten Person angelockt. Ein Meter zwischen beiden Personen ist optimal. Später wird der Abstand vergrößert. Zur Sicherheit hat ein Erwachsener stets die Hand unterm Kinn oder unterm Bauch des Kindes.

● Wenn das Kind im ersten Sommer Spaß am Wasser bekommt, im zweiten mit Schwimmhilfen paddelt, wird es im dritten vermutlich frei schwimmen. Jeder Ehrgeiz ist schädlich, Freude hingegen der beste Lehrmeister.

Ein wenig mit der Gießkanne anspritzen, und schon haben auch die Kleinsten sofort Spaß am nassen Element. Am besten fängt man mit Spielen im Planschbecken an, denn da gerät der Kopf auch beim wilden Toben nicht so leicht unter Wasser. Viel Vergnügen macht es, wenn man sich dann den Schwimmlehrling auf Brust oder Rücken legt und mit kräftigen Zügen oder gemütlichem Treibenlassen das Schwimmbecken durchquert. Das Kind fühlt die rhythmischen Bewegungen und wird sie bald schon zu imitieren versuchen.

Experimente mit Wasser

Salzwasser trägt besser als Süßwasser, denn es hat eine höhere Dichte und deshalb mehr Auftrieb. Wer das nachprüfen will, legt ein beladenes Holzschiffchen mal in normales, mal in stark gesalzenes Wasser – im Salzwasser hat das Schiff weniger Tiefgang.

Metall auf Wasser schwimmen lassen

Metalle (wie Eisen) sind schwerer als Wasser, sie gehen deshalb unter. Trotzdem kann eine Stecknadel, ja sogar eine Büroklammer aus Metall, auf dem Wasser schwimmen, wenn sie nur vorsichtig genug daraufgelegt wird: Die Oberflächenspannung trägt den eigentlich viel zu schweren Gegenstand! Wird aber ein Tropfen Spülmittel ins Glas (es entspannt das Wasser) gegeben, ist der Zauber vorbei, die Nadel sinkt zu Boden!

Wasser machen

An einem warmen Sommerabend wird eine leere Flasche mit einem Trichter in den Garten oder auf den Balkon gestellt. Frühmorgens hat sich etwas Wasser in der Flasche gesammelt – Tau! Woher kommt das Wasser? Aus der Luft! Der Trichter hat sich über Nacht schneller und stärker abgekühlt als das in der Luft enthaltene Wasser. Wenn die warme Luft an eine kalte Fläche stößt, kondensiert das Wasser zu kleinen Tröpfchen und setzt sich an der kalten Fläche ab. Tau liegt frühmorgens auch auf Gräsern, Blättern oder auf Spinnennetzen und glitzert in der Sonne.

Regenbogenfarben herbeizaubern

Das Sonnenlicht ist weiß. Es kann jedoch zu einem grandiosen Farbenspektrum aufgefächert werden, wenn es durch Wasser gebrochen wird. Ein Glas (mit geraden Wänden) wird mit Wasser gefüllt und auf die Fensterbank auf ein weißes Blatt Papier gestellt. Ein schwarzes Stück Pappe mit einem einen Zentimeter breiten, hohen Schlitz wird aufrecht zwischen Fenster und Wasserglas gestellt, so daß das Sonnenlicht von hinten durch den Schlitz und durch das Wasser auf das weiße Blatt fällt. Dann erscheinen alle Farben des Regenbogens!

Wasser zum Vergrößern nutzen

Manche Lineale haben an einer Seite ein Loch. Wenn man von einem Finger vorsichtig einen dicken Tropfen Wasser in dieses Loch plumpsen läßt, wird sich der Wassertropfen dort »festhalten« und das Loch ganz ausfüllen. Jetzt kann der gewölbte Wassertropfen als Linse (Vergrößerungs- oder Brennglas) gebraucht werden.

Wasserdruck sichtbar machen

Je tiefer man taucht, desto höher wird der Druck, den das Wasser auf den Taucher ausübt. Das ist ganz leicht auszuprobieren: In eine hohe Plastikflasche wird in Abständen von 5 bis 8 cm eine Reihe von drei gleich großen Löchern untereinander gebohrt. Wenn die Flasche ganz mit Wasser gefüllt ist, wird der Wasserstrahl aus dem unteren Loch viel weiter herausschießen als der aus dem mittleren oder gar der aus dem oberen Loch. Er wird nämlich mit höherem Druck herausgepreßt!

Erosion durch Regen

Auf einen flachen Teller wird ein kleiner Berg Sand oder Gartenerde aufgehäuft und an drei Stellen je eine Münze flach daraufgelegt. Die Schale kommt dann ins Freie, wo es daraufregnen kann. Der Regen wird die Erde oder den Sand langsam abtragen und ebnen – doch an den Stellen, wo die Münzen liegen, bleiben Säulen stehen. Auch in der Natur wird weiches Gestein durch hartes geschützt.

Meist kündigt sich Regen an, wenn die Luft sehr feucht ist. Bei hoher Luftfeuchtigkeit schließen Tannen- oder Kiefernzapfen ihre Schuppen, um die dazwischen versteckten Samen zu schützen. Lege einen Kiefernzapfen in ein Glas mit Wasser – er schließt sich. Trockne ihn auf der Heizung – er öffnet sich wieder.

Wie trinken Pflanzen Wasser?

Steckt man einen dicken und einen möglichst dünnen Strohhalm in ein Glas mit Wasser, wird das Wasser in den Strohhalmen ein Stück hinaufklettern, über den Wasserspiegel hinaus, und zwar im dünneren Strohhalm höher als im dicken. Dieser Vorgang wird durch Kapillarkräfte ausgelöst: Flüssigkeiten steigen durch dünne Röhrchen (Kapillaren) immer von selbst nach oben. Solche hauchdünnen Röhrchen befinden sich auch in den Stengeln und Blättern sowie Blütenblättern der Pflanzen. Stellt man eine weiße Tulpe in blaue Tinte, werden sich die Blütenblätter bald blau färben.

Boot mit Gummimotor

Ein Schaufelraddampfer wie auf dem Mississippi. Er braust nicht nur in der Badewanne ab, sondern macht auch in jedem See oder Bach flotte Fahrt.

So wird's gemacht

1 Es werden zwei Holzleisten mit 29 cm und drei mit 13 cm Länge abgesägt.

2 Zwei der kürzeren Holzleisten werden an jeweils einer ihrer schmalen Seiten mit Leim bestrichen und aneinandergeklebt. Trocknen lassen.

3 Nun wird die Lage der hinteren Querleiste auf beiden langen Leisten angezeichnet (7,5 cm vom Ende). An beiden Enden der kurzen Leiste wird etwa 1 cm vom Rand entfernt ein Loch gebohrt. Dann wird die kurze Leiste auf die beiden langen aufgeklebt und mit

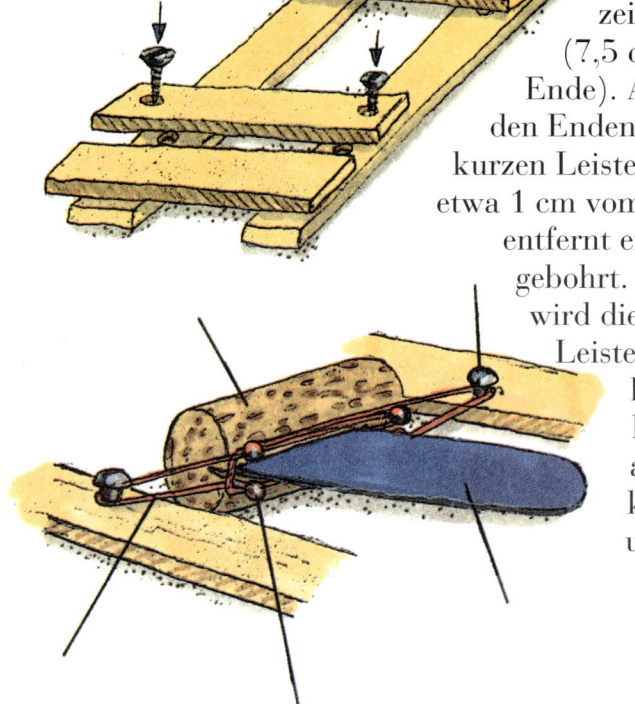

zwei Schrauben durch die vorgebohrten Löcher befestigt.

4 Während des Trocknens kann das Ruder angefertigt werden. Dazu wird ein 11 cm langes Stück von der Holzleiste abgesägt und mit Raspel, Taschenmesser und Feile in Form gebracht und geglättet.

5 Jetzt werden die beiden zusammengeklebten, kurzen Leisten vorne auf die langen Leisten aufgeleimt und verschraubt.

6 Für das Schaufelrad wird ein Flaschenkorken der Länge nach von vier Seiten etwa 1/2 cm tief mit dem Taschenmesser eingeschnitten.

7 Aus dem Plastikkörbchen schneidet man vier Schaufeln aus, etwa 3,5 cm breit und 6 cm lang.

8 Mit Klebstoff werden die Schaufelräder in die Korkenschlitze eingeklebt.

9 Die acht Dekonadeln

werden jeweils an den beiden Seiten der Schaufeln schräg in den Korken gedrückt. Sie dürfen nicht ganz durchgesteckt werden!

10 Sobald der Leim am Bootskörper getrocknet ist, kann mit dem Raspeln, Feilen und Schleifen begonnen werden. Der Bug des Schiffes wird abgerundet. Ebenso rundet man die langen Leisten an ihren Enden ab und schrägt den zum Heck zeigenden Rand der hinteren Querleiste ab.

11 Alle Holzteile lackieren, damit sie sich nicht mit Wasser vollsaugen.

12 Nach dem Trocknen werden die zwei Schrauben zur Befestigung des Schaufelrades genau in der Mitte

zwischen der hinteren und der vorderen Querleiste ein Stück weit eingedreht.

13 Das Schaufelrad wird in die Mitte des Bootes gelegt. Dann hängt man die Gummiringe ein, indem man sie um eine Schraube legt, dann um eine Schaufel sowie einen Stecknadelkopf herumführt und auf der anderen Seite wieder zurück zur Schraube führt. Die Gummis werden von beiden Seiten eingehängt. Je nach Länge der Gummis können vier bis acht Stück verwendet werden.

14 Nun wird das Ruder noch in der Mitte der hinteren Querleiste mit einer Schraube befestigt.

15 Gummimotor aufziehen – und Schiff ahoi!

Materialien

- 1 Holzleiste (2 x 1 x 100 cm)
- 1 Korken
- 4–6 Haushaltsgummiringe
- 7 Holzschrauben (1,5 cm)
- 8 Dekostifte oder Stecknadeln mit Kunststoffköpfen
- 1 Plastikkörbchen (Abfall)
- Wasserfester Lack

Werkzeuge

- Holzsäge, Feile oder Holzraspel, Schleifpapier,
- Schleifklötzchen, Schraubenzieher, Handbohrer (2 mm) oder Vorstecher, Schere, Taschenmesser
- Holzleim oder Alleskleber
- Pinsel

So sieht der fertige Raddampfer aus. Die Holzteile werden mit wasserfestem Lack überzogen.

29

Die Erde – ein Wasserplanet

Wissenswertes über das kostbare Naß

Überall Wasser!

Das Wasser in Bächen und Flüssen wäscht Salze aus dem Erdreich und dem Gestein heraus. Das Salz wird dann ins Meer transportiert. Beim Verdunsten des Wassers bleibt das Salz im Meer zurück.

Fast drei Viertel der Erdoberfläche sind von Wasser bedeckt: Es sprudelt aus Quellen, füllt Bäche, Flüsse, Seen und Ozeane und überzieht (z. B. an den Polen) riesige Land- und Seemassen mit einer dicken Eisschicht. Wasser ist aber nicht nur da, wo man es sehen und anfassen kann: In der Lufthülle der Erde, und zwar dort, wo das Wettergeschehen stattfindet, ist so viel Wasser enthalten, daß dieses, würde es auf einmal herunterfallen, unseren »blauen Planeten« einen ganzen Meter hoch überschwemmen könnte! Aber keine Angst: Hier ist das nasse Element zu Wasserdampf verdunstet und schwebt feinst verteilt in der Luft. Wasser fließt auch unterirdisch als Grundwasser, es versickert ins Erdreich und wird dort gereinigt und gespeichert. Auch der menschliche Körper besteht zu etwa 70 Prozent aus Wasser. Ohne gesundes Trinkwasser würden wir innerhalb kürzester Zeit austrocknen und verdursten.

Immer in Bewegung

Steter Tropfen höhlt den Stein und läßt sich auch prima dazu verwenden, das Verrinnen der Zeit zu messen. Das wußten schon die alten Ägypter, weshalb die Wasseruhr neben der Sonnenuhr der älteste Zeitmesser der Menschheit ist.

Über den Ozeanen, den Seen und anderen Gewässern, aber auch über dem Blattwerk der Pflanzen (besonders über dem tropischen Regenwald) verdunstet Wasser, weil es von der Sonne erwärmt wurde. Es steigt unsichtbar (als Wasserdampf) mit der Luft nach oben, kühlt dort aber wieder ab und bildet schließlich erst feine, dann immer dickere Tröpfchen, die sich zu Wolken zusammenballen. Der Wind bläst die Wolken übers Land. Sind die Wassertröpfchen in den Wolken dick und schwer genug geworden, so fallen sie als Niederschlag – nämlich als Regen, Graupel, Hagel oder Schnee – wieder auf die Erde zurück und füllen erneut das Grundwasser, Bäche, Flüsse, Seen und Ozeane.

Dreimal das gleiche – und doch nicht gleich!

Wasser hat ganz erstaunliche Eigenschaften: Es kann sich nämlich verwandeln! Je nach Temperatur ist es fest (Eis), flüssig oder sogar gasförmig (Wasserdampf) – und bleibt dabei immer Wasserstoff verbunden mit Sauerstoff.

Wasser hat aber noch andere »Zaubereigenschaften«:

● Enorme Kraft

Beim Übergang von einem zu einem anderen Aggregatzustand (gasförmig, fest oder flüssig) dehnt es sich aus oder zieht sich zusammen, d.h., es nimmt mehr oder weniger Raum ein und kann dabei riesige Kräfte entwickeln. Gefriert Wasser in Felsspalten zu Eis, so sprengt es härtesten Stein! Entweicht es als heißer Dampf aus einem Kessel, kann es schwere Maschinen bewegen (z. B. eine Dampflok vorwärtstreiben oder Turbinen drehen, mit denen dann elektrischer Strom erzeugt wird). Wasser läßt sich aber als Flüssigkeit durch keine Kraft der Welt zusammendrücken!

● »Unnormales« Verhalten

Normalerweise dehnen sich Stoffe bei Erwärmung stetig aus und werden leichter, während sie sich beim Abkühlen stetig zusammenziehen und schwerer werden (größere Dichte haben). Das Wasser verhält sich ab 4 °Celsius jedoch völlig unnormal: Sinkt die Temperatur weiter ab, so wird es nicht etwa schwerer, sondern leichter! Deshalb ist Eis (ab 0 °Celsius) leichter als flüssiges Wasser und schwimmt immer oben. Gewässer frieren von oben nach unten zu (wäre es umgekehrt, könnten die Fische im Winter nicht überleben).

Die Oberflächenspannung des Wassers bewirkt, daß Tropfen zu runden Kügelchen zusammengehalten werden und an einer glatten Fläche abperlen; sie macht es sogar möglich, daß Insekten (wie der Wasserläufer) auf dem Wasser herumspazieren können.

Wegen ihrer kugeligen Gestalt brechen Wassertropfen das Licht, d.h., sie lassen das weiße Sonnenlicht in allen Regenbogenfarben schillern.

Nimm mich mit, Kapitän...

Berufe, die mit Wasser zu tun haben

Fischer, Hochseefischer

Seit Menschengedenken nutzen wir das Wasser nicht nur, um unseren Durst zu löschen oder darin zu baden, sondern auch, um uns (eiweißreich) zu ernähren: Fische u. a. Lebewesen bevölkern das Wasser in einer Vielfalt und einer Vielzahl wie kein anderes Element! Deshalb ist der älteste Beruf, der mit dem Wasser zusammenhängt, natürlich der des Fischers.

Meeresbiologe, Tiefseeforscher

Das Leben im Wasser, besonders in den tiefsten Tiefen der Weltmeere, ist erst zu einem geringen Bruchteil erforscht. Ist in der absoluten Finsternis von 10 000 Metern unter dem Wasserspiegel überhaupt noch Leben möglich? Wie passen sich die Lebewesen den extremen Bedingungen an? Welche Organismen finden wir dort? Wovon ernähren sich Tiere in solchen Regionen, in denen kochendheißes Wasser aus der Erde sprudelt? Wie entstanden Tiefseegräben und -gebirge? Warum dehnen sich die Ozeane aus? Solche Fragen interessieren Tiefseeforscher und Meeresbiologen.

Kapitän, Seemann, Schiffer, Lotse, Matrose

Flüsse werden als natürliche Verbindungsstraßen genutzt, Meere und Ozeane von Segelschiffen, Luxuslinern, gigantischen Tankern und Containerschiffen durchkreuzt. Kein Winkel der Weltmeere ist heute unbefahren! Klar, daß die Seeleute, insbesondere die Kapitäne der Öltanker oder die Lotsen, die Schiffe mit gefährlicher Fracht durch Untiefen steuern, eine Menge Verantwortung tragen! Kein Job für jemanden mit schwachen Nerven! Trotz modernster Technik müssen die Seeleute wetterfest sein, um ihr Schiff sicher in den Hafen zu bringen.

Der Glaziologe beschäftigt sich nicht etwa mit Haarausfall, sondern er untersucht Gletschereis. Durch tiefe Bohrungen kann er z. B. feststellen, welche Schadstoffe oder Schmutzpartikel sich wann in welcher Menge angesammelt haben.

Sie bringt kleinen und großen Leuten das Schwimmen bei und sorgt für Sicherheit am Badestrand oder im Hallenbad. Als Rettungsschwimmerin hilft sie im Ernstfall, Badegäste und Wassersportler vor dem Ertrinken zu bewahren: die Schwimmeisterin.

Mein kleiner Wassergarten

Sie heißen Froschlöffel und Seekanne, Pfeilkraut und Hechtkraut und sind nur einige der vielen Sorten, die im niedrigen Wasser gedeihen.

Als Gefäße für den Wassergarten eignen sich große Glasschüsseln – oder für den, der es eher rustikal mag – schöne Ton- oder Keramikschalen besonders gut.

Am besten ist es, sich Ableger schenken zu lassen. Für einen Wassergarten, der nur die kurze Herbstzeit halten soll, tut es auch ein Ableger der Grünlilie oder ein anderer Ableger von Pflanzen, die Luftwurzeln bilden.

In Geschäften für Aquarienbedarf finden sich ebenfalls Pflanzen, die sich für einen Wassergarten im Zimmer eignen. Hier gibt es auch den Kies zu kaufen, mit dem der Wassergarten zur Hälfte ausgefüllt ist. Darüber werden Steine gelegt, die man an jeder Baustelle finden kann: Kieselsteine. In der Glasschale wirken kleine Steine gut, die Tonschale verträgt größere Brocken.

Pflanzen, die es mögen, »mit den Füßen« im Wasser zu stehen, werden in kleine Blumentöpfe gepflanzt und auf die Kieselsteine gesetzt. Die freie Wasserfläche wird mit bunten Schwimmkerzen ausgefüllt.

Wassergartenromantik

Wenn die Tage kürzer und die Abende länger werden, kann man es sich vor dem Wassergarten gemütlich machen: vorlesen, sich unterhalten oder ganz einfach Abendbrot essen. Eine stimmungsvolle Beleuchtung sorgt für die richtige Herbstromantik und regt zum Träumen und Erzählen an.

Ein Wassergarten im Zimmer weckt die Erinnerungen an den Sommer.

So ein Wassergarten, wie er hier abgebildet ist, ist keine Einrichtung für die Ewigkeit. Im Frühjahr werden die Pflanzen wieder ausquartiert, nach draußen, wo sie sehnsüchtig auf den Sommer warten.

Gurkenschiffe und Tomatenkapitäne

Ein Sommerfestessen

Zutaten

4 Tomaten • 2 kleine Salatgurken • 2 hartgekochte Eier • 150 g gekochter Schinken • 4 Scheiben Goudakäse • Basilikum • Schnittlauch • Dill 4 Zahnstocher • 4 Schaschlikstäbchen

Zubereitung

1 Gurken halbieren, aushöhlen. Von den Tomaten kleine Deckel abschneiden, Tomaten und Deckel aushöhlen.

2 Zwei Scheiben Käse, den Schinken und den Schnittlauch kleinschneiden

und mit dem Inneren der Tomaten und Gurken vermischen.

3 Pfeffer und Salz zugeben und die Tomaten und Gurken damit füllen.

4 Die hartgekochten Eier halbieren und als Köpfe auf die Tomaten setzen.

5 Die Deckel als Mützen darüberstülpen und mit Zahnstocher feststecken.

6 Die beiden Käsescheiben in vier Dreiecke schneiden und mit Schaschlikspießen als Segel auf dem Gurkenschiffchen befestigen.

Guten Appetit!

Gurken und Tomaten sind im Sommer die idealen Durstlöscher, weil sie fast nur aus Wasser bestehen.

Erde

Wer einmal einem verantwortungsbewußten Bauern zugesehen hat, mit wieviel Sorgfalt er mit der Erde auf seinem Acker umgeht, begreift, daß wir unsere Natur pfleglich behandeln müssen, damit sie uns erhalten und weiterhin fruchtbar bleibt. Wie der Mensch braucht auch die Natur ihre Ruhepausen, um sich erholen zu können und neue Kraft zu schöpfen. Dabei darf sie nicht gestört werden. Die Äcker liegen dann brach und werden nicht bebaut. Viele scheinen dies vergessen zu haben und beuten die Erde unbarmherzig aus, entreißen ihr ihre Bodenschätze, bepflanzen und düngen sie ununterbrochen, um auf dem Markt konkurrenzfähig zu bleiben, oder roden ganze Wälder ab und legen Skipisten an. Die Folgen bleiben nicht aus: Nährstoffarme Nahrung, die Lawinen- und Erdrutschgefahr nimmt zu, das Waldsterben schreitet voran. Noch ist Zeit, innezuhalten und sich um die Natur zu kümmern, denn sie kann sehr wohl ohne den Menschen existieren, aber nicht umgekehrt.

Spielen und Lernen

Zu Beginn des Lebens ist das Kind der Erde noch sehr nahe. Auf dem Bauch robben, auf allen vieren krabbeln, sich beim Sitzen schon ein wenig vom Boden entfernen und dann stehen und laufen. Später ist es spannend, in der Erde herumzuwühlen, mit Ton zu kneten und die ersten Pflanzen zu betreuen. Das Grundschulkind schließlich verfügt bereits über eine gewisse Abstraktionsfähigkeit und interessiert sich für die Erde und ihre Geschichte. Es möchte hören, wie es in der Steinzeit war und wie andere Völker leben. Wahrscheinlich wird es dann auch nach der Entstehung der Erde fragen (Seite 42).

Basteln und Gestalten

Als kleiner Bauer kann sich jedes Kind fühlen,

wenn es ein Fleckchen Erde, und sei es auch noch so klein, sein eigen nennen und darin schalten und walten darf. Da kann es säen, pflanzen, gießen, Blumen beim Wachsen zusehen und vielleicht sogar Erdbeeren ernten (Seite 48, 62).

Poesie und Musik

Eine poetische Aufforderung, die tiefe Verbundenheit zur Erde, und zwar sowohl im Sinne von »Boden unter den Füßen« als auch im Sinne von »Welt«, neu zu erleben (Seite 50).

Kinderküche

Unter der Erde wachsen sie und sind zum Basteln vielseitig verwendbar. Natürlich kann man sie auch essen! Der Phantasie sind keine Grenzen gesetzt: Suppe, Salat, Hauptgericht, Nachspeise... Alles ist mit Erdäpfeln möglich. Noch dazu sind sie große Kraftspender mit vielen Vitaminen (Seite 64).

Basteln und Gestalten

Es war einmal vor langer Zeit eine schöne und

kluge Prinzessin in einem prächtigen Schloß. Die Prinzessin war sehr traurig, weil ein schrecklicher, feuerspeiender Drache ihr Land bedrohte. Da kam sie auf die Idee, ein Ebenbild von ihm zu bauen, das genauso wie er selbst Feuer speit, und

ihn damit zu erschrecken und zu vertreiben. Tatsächlich verschlug es dem Drachen bei diesem Anblick seinen heißen Atem, und er rannte schnell davon (Seite 56).

Spiel und Spaß

Kneten, Bauen und Gestalten mit Erde heißt, sie mit den Händen zu erfahren, ihre Konsistenz zu erleben und mit anderen Materialien in Beziehung zu setzen (Seite 52).

Hantieren und Probieren

Wie findet man heraus, wer alles in der Erde lebt,

was geschieht, wenn Erde naß wird? Diese und andere Fragen werden mit Hilfe kleiner Experimente geklärt (Seite 54).

Wissen und Lernen

Wie die Erde beschaffen ist und welche Schätze sie birgt, muß man wissen, um verstehen zu können, wie der Mensch sie ausbeutet und wie gefährlich das für unser aller Existenz ist (Seite 58).

Berufe

Seit alters gibt es Menschen, die sich auf eine Tätigkeit spezialisiert haben, bei der Erde eine wesentliche Rolle spielt. Es sind Berufe, die – wenn sie nicht übertrieben ehrgeizig ausgeführt werden – viel Vitalität vermitteln (Seite 60).

Mit Händen und Füßen

Das Kleinkind entdeckt die Erde

Die Schwerkraft der Erde erfährt der Säugling nach der Geburt, wenn er auf den Armen von Mama oder Papa getragen wird. Er versucht sie zu überwinden, indem er Arme und Beine reckt und bewegt, strampelt und sich mit den Armen abstützt. Dabei entwickeln sich Nerven-, Muskel- und Skelettstrukturen. Indem er sich auf der Erde wälzt und rollt, probiert er seine Rückenmuskulatur aus, die er später braucht, um sich aufzusetzen und zum Stehen zu kommen. Etwa ein Jahr lang übt er sich darin, bevor er sich aus eigenem Impuls von der Erde wegstemmt, auf die Füße kommt und die Phase einleitet, in der sich die Eltern seufzend immer wieder daran machen, den Knirps irgendwo einzufangen..

1. Jahr »Auf die Erde kommen«, »ein Erdenbürger sein« sind Umschreibungen für die Tatsache des Geborenwerdens. Auf die Erde zu kommen bedeutet für ein Baby, daß es nun selbständig atmen muß. Im Fruchtwasser war es im Zustand der Schwerelosigkeit. Jetzt unterliegt es der Anziehungskraft der Erde, und die macht es fast bewegungslos. Kälte und Licht gehen von der Erde aus. Mit der Geburt beginnt für das Baby ein harter Überlebenskampf. Liebe und Geborgenheit machen es fit für das Erdenleben.

Spezielle Angebote: Schauen und Staunen auf dem Arm der Mutter füllt Stunden aus. Später wird die Welt vom Kinderwagen aus bewundert.
Kinder sind der Erde sehr viel näher als Erwachsene, deshalb finden sie auch so manches, was der Erwachsene gar nicht mag. Lassen Sie Ihr Kind ruhig einmal auf der Erde sitzen, über die Erde kriechen, über die Erde die ersten Schritte gehen. In vielen Kulturen ist ausschließlich die »Mutter Erde« der Spielplatz der Kinder. Allzu große Hygiene schwächt das noch von der Schwangerschaft her stabile Immunsystem. Erde kann man abwaschen, aber ihr Geruch bleibt in der Nase und wird zur Erinnerung.

2. Jahr Die Erde wird immer attraktiver. Schon Ende des ersten Lebensjahres läßt Ihr Kind liebend gern Gegenstände auf die Erde fallen. Aber durch die Schwerkraft bleiben sie liegen und kehren nicht zurück. Das ist ein schwieriger Lernprozeß, der viel Unterstützung braucht. Schauen und Beobachten ist die große Qualität Ihres Kindes. Das Greifen mit den Händen und das Begreifen im Kopf sind sein Tor zur Welt. Es interessiert sich jetzt für Oberflächen. Begriffe wie rauh, glatt, hart, weich, matschig, krümelig, warm, kalt, klebrig und klumpig stehen auf der Lernskala ganz oben.

Spezielle Angebote: Anfassen, Hantieren, Probieren, Untersuchen ist Nahrung für Hirn und Hände. Erde ist etwas anderes als Sand und kein Ersatz dafür.
Erde und Wasser gehören zusammen. Wenn Sie einen Garten haben, geben Sie Ihrem Kind die Chance, in einem Erdloch wühlen, kramen und moddern zu dürfen. Wenn es dort Knöpfe anbauen will und Schwimmenten sät, dann freuen Sie sich über die Kreativität Ihres Kindes. Auf dem Balkon ist es oft etwas eng, aber ein Eimer tut es auch. Erde kann man am besten mit den Händen begreifen. Ihr Kind weiß das.

3. Jahr Der Forschergeist ist voll erwacht. Nichts ist zu hoch, zu schwer oder zu weit. Mit Dingen hantieren und ausprobieren, wie sie untereinander zusammenhängen, beginnt Ihr Kind immer stärker zu faszinieren. Es kann begreifen, daß Pflanzen in der Erde wachsen. Die Zeit rückt ins Bewußtsein. Das Kind unterscheidet zwischen »jetzt« und »später«, zwischen »heute« und »morgen«. Es kann nun einen Prozeß, etwa die Entwicklung von der Tulpenzwiebel zur blühenden Tulpe, abwarten und trotzdem mit Interesse verfolgen. Verse und Reime werden mit Hingebung wiederholt, vor allem, wenn sie typische Bewegungen integrieren.

Spezielle Angebote: Gegen Ende des dritten Jahres wird das Kind behutsamer, seine Bewegungen werden zielgerichteter. Sie können jetzt mit ihm zusammen Bohnen pflanzen oder Blumenzwiebeln stecken. Vereinbaren Sie die Gießmenge, damit die Pflanzen nicht ertrinken müssen. Seine Gießleidenschaft darf das Kind in der Badewanne befriedigen.
Ihr Kind empfindet die Erde wirklich als »Mutter Erde«, wenn es sieht und erlebt, wie die Pflanzen sich zum Licht recken und täglich mehr wachsen.
Machen Sie es auf die Jahreszeiten aufmerksam und auf die Veränderungen der Erde. Jahreszeiten helfen, die Zeit zu begreifen. Lesen Sie jahreszeitliche Gedichte, Geschichten und Verse vor. Sie vertiefen das erwachende Gefühl für den Lauf der Zeit.

Sinnliche Wahrnehmung steht im Vordergrund. Alles muß befühlt, angefaßt und in den Mund gesteckt werden. Auf diese Weise erfaßt das Kind das Wesen der Dinge auf vorbewußter Ebene. Lassen Sie es im Gras, auf und mit Erde spielen, dann bekommt es eine tiefverwurzelte Beziehung zur Natur.

So riecht Erde

Jetzt sind sinnliche Naturerfahrungen wichtig

4. Jahr Ihr Kind guckt über den Tellerrand hinaus und bekommt in Ansätzen abstrakte Vorstellungen etwa von der Erde, die mehr ist als das, was man in der Hand halten oder mit Wasser verändern kann. Ein Globus erweckt sein Staunen und sein Interesse.

Räumliches und zeitliches Vorstellungsvermögen entwickeln sich, d.h., »fern« und »nah« werden langsam unterschieden, ebenso wird »vor langer, langer Zeit« oder »es war einmal« begriffen.

Spezielle Angebote: Geben Sie Ihrem Kind gut knetbaren Ton oder eine andere ungefährliche Knetmasse, damit es seinen räumlichen Vorstellungen Gestalt geben kann. Die Erde ist ein unerschöpfliches Thema, sie hat Berge und Täler, Flüsse und Seen, Wälder und Wiesen, Häuser und Kirchen, Straßen und Wege. Dreijährige wollen gestalten und sind gar nicht kritisch, wenn sie ihr Werk betrachten. Wenn sie die Erde gestaltet haben, sind sie ganz sicher, daß alle anderen das erkennen. Ihre Phantasie hat Flügel, und das ist gut so.

5. Jahr Das Sprachverständnis nimmt rasant zu. Es mag jetzt von anderen Ländern hören und von anderen Kindern, wie diese leben, was diese essen, wie deren Alltag aussieht.

Geschichten mag es für sein Leben gern hören, wenn es dabei mitreden darf.

Sie können Ihrem Kind einen Blumentopf anvertrauen, den es gewissenhaft betreuen wird. Kaufen Sie für Balkon oder Garten Stiefmütterchen oder Primeln in allen Farben, die leicht zu pflegen sind. Ein Knöterich beispielsweise, der sich irgendwo hochranken darf, muß zwar täglich gegossen werden, wächst jedoch ungeheuer rasch, so daß das Kind schnell ein Erfolgserlebnis hat. Mehrere Kinder mögen gern zusammen gärtnern. Wald und Wiese, aber auch Bauernhöfe oder Gärtnereien sind große Attraktionen.

Spezielle Angebote: Ein erleuchteter Globus regt die Phantasie Ihres Kindes an: So sieht die Erde aus in den Köpfen von Geographen! Vielleicht hat Ihr Kind schon Urlaubserfahrungen und kennt ein Zipfelchen mehr Erde als sein Heimatland. Zeigen Sie ihm das, wonach es fragt. Länder- und andere Namen merkt es sich gern und schnell. Da sein Gedächtnis noch unbelastet ist, findet es auch auf dem Globus rasch wieder, was Sie ihm gezeigt haben.

6. Jahr Ihr Kind ist stolz, wenn es die Namen von Pflanzen, Blumen und Bäumen kennt.
Es kommt bald in die Schule und will »groß« sein. Erste Sachbücher werden aufmerksam betrachtet. Wissen wird noch immer nach Interessenlagen gefiltert. Augenblicklich Wichtiges wird nicht nur gespeichert, sondern auch angewendet. In die Tiefe gehen mag es nicht. Ein Kastanienbaum ist ein Kastanienbaum, weil er Kastanien abwirft. Legt man aber Kastanien unter eine Birke, so ist diese gleichfalls ein Kastanienbaum. Das Denken des sechsjährigen Kindes ist sehr konkret und vordergründig. Mit der Schulreife ändert sich das.

Ihr Kind entwickelt immer stärker seinen Gestaltungswillen. Es will kneten, formen, bauen, und die Natur kann dabei mit einbezogen werden.

Spezielle Angebote: Die Natur begeistert Kinder in dem Maße, in dem sie Natur erleben dürfen. Der Kreislauf des Jahres wird immer bewußter. Die Erde wird mit all ihren jahreszeitlichen Veränderungen immer aufmerksamer wahrgenommen. Nehmen Sie Ihr Kind mit zum Wochenmarkt. Dort kann es sehr anschaulich sehen, schmecken und riechen, was die Erde zu welcher Zeit hervorbringt. Kochen und Zubereiten von Mahlzeiten beginnt Ihr Kind zu interessieren. So kann es handelnd lernen, welchen Nutzen die Erde für uns hat – sie sorgt für uns, damit wir satt werden und wachsen können.

»Und sie bewegt sich doch!«

Die Erde in der Welt des Grundschulkindes

7. Jahr Sachkunde und Heimatkunde sind Unterrichtsfächer, die dem Schulanfänger, aber auch dem älteren Kind besonders liegen. Sein Horizont erweitert sich fast täglich, begierig nimmt es neues Wissen auf. Dieses Wissen muß aber noch ziemlich konkret sein. Was jenseits der Vorstellungskraft liegt, bleibt außen vor.
Wie die Menschen früher gelebt haben, in Höhlen oder gar auf Bäumen, beschäftigt seine Phantasie gewaltig. An der Evolution zeigt es kein Interesse, aber an vorsintflutlichen Jagdmethoden. Das bewegt die Vorstellungskraft, da kann es sich hineinversetzen, und das kann es mit seinen Freunden nachspielen. Das Schulkind schlüpft mühelos in die Rolle eines Indianers, Steinzeitmenschen oder Eskimos und verfolgt stundenlang den schrecklichen Grizzlybären! Geben Sie ihm Bücher in die Hand, die ihm unsere Erde nahebringen und seine Begeisterung dafür wecken.

Spezielle Angebote: Gespräche über Sachprobleme fesseln den Schulanfänger. Erste Berufswünsche werden formuliert. Deshalb zeigt dieses Buch auch in jedem Kapitel Berufe, die sich mit der Materie des Kapitels beschäftigen. Sechsjährige mögen es gerne konkret. Schauen Sie mit Ihrem Kind Menschen bei der Berufsausübung zu. Alles, was mit den Händen geschieht und sichtbar gemacht werden kann, das prägt sich Ihrem Kind tief ein. Kein Kind möchte Richter am Verwaltungsgericht werden, weil es sich das nicht vorstellen kann. »Bauer« oder »Gärtner« ist da schon konkreter. In früheren Zeiten war »Lokführer« sehr beliebt. Berufswünsche sind erste gedankliche Identifikationen mit der Arbeitswelt der Erwachsenen, auf die Kinder mit Sehnsucht blicken. Differenziert wird erst später. Jetzt werden erst mal Träume gehegt.

Mit zunehmendem Alter wachsen die Vorstellungskraft und das Abstraktionsvermögen. Ihr Kind möchte wissen, wo auf der Erde Menschen leben und wie sie leben.

8. Jahr Ihr Kind macht große Fortschritte im Erkennen von Zusammenhängen. Wenn es Sie erwischt, wie Sie gerade den Müll nicht sorgfältig genug trennen, sieht es die gesamte Erde in Gefahr. Die einmal begriffene Linie verläßt es ungern. Wenn es gehört hat, daß die Erde im Müll erstickt, nimmt es das wörtlich und überaus ernst. Sein moralisches Empfinden ist sehr ausgeprägt, aber noch wenig differenziert. Die Dinge werden als schwarz oder weiß gesehen, gut oder böse, falsch oder richtig. Es ist aber noch ungeübt, Zusammenhänge richtig zu erfassen, und glaubt daher, sich an alles festklammern zu müssen, um es nicht wieder zu verlieren. Daß es nach Zusammenhängen überhaupt fragt, ist ein riesengroßer intellektueller Fortschritt, über den Sie sich freuen sollten. Mit zunehmenden Erkenntnissen verschwindet die für dieses Alter typische Halsstarrigkeit wieder. Zehnjährige können bereits Sinnfragen stellen und nach der Herkunft der Erde fragen, ob Gott sie gemacht hat und was die Eltern wirklich glauben. Sein inneres Weltbild nimmt nach und nach Konturen an.

Spezielle Angebote: Alles, was im Kapitel »Erde« vorgestellt wird, hilft Ihrem Kind, der Erde näherzukommen. Dazu braucht es Ihre Hilfe. Wenn kleinere Kinder da sind, so kann man sie mühelos mit einbeziehen. Kleine mögen es, wenn Größere etwas tun, wobei sie zusehen und etappenweise mittun können. Am Ergebnis profitieren dann alle.
Der Garten oder ein eigener Blumenkübel behält nach wie vor seine Faszination, falls das Kind genügend Spielraum für eigene Ideen bekommt. Baumableger regen die Phantasie gewaltig an. Man findet sie meist unter großen Bäumen, wo sie nach einer Weile wegen Lichtmangels eingehen oder ausgerupft werden, weil sie stören. Lassen Sie dem Kind das Vergnügen, Bäume oder Kartoffeln zu züchten, von Riesensonnenblumen oder Radieschen zu träumen. Unterstützen Sie es kräftig. Erfahrungen machen klug. Und Beschäftigung gegen Langeweile ist auf alle Fälle positiv, auch wenn gelegentlich beim Hobeln Späne fallen.

Die Schule dominiert und strukturiert das Leben. Alles, was bisher entwickelt wurde, festigt sich jetzt. Kinder nehmen ihre Umwelt realistischer wahr, und moralische Vorstellungen, die lange Zeit eher rigide waren und sich auf »gut« und »böse« beschränkten, werden mit zunehmendem Alter differenzierter. Langsam wird eine Identität gefunden, die sich erst in der Pubertät wieder ändert.

Jede Menge Leben im Erdkasten

Blumen, Gräser, Sprossen – alles wächst im selbstgemachten Erdkasten. Eine flache Tonschale mit schönen Verzierungen bringt selbst im Winter einen Hauch von Frühling. Heute säen und jeden Tag beobachten, wie die Samen gedeihen.

Wer einen Garten oder Balkon hat, kann diese Tonschale auch als Vogeltränke im Sommer oder als Futterstelle im Winter verwenden. Vielleicht gelingt es ja, einen kleinen Vogel aus Ton zu formen und ihn auf den Rand der Schale zu setzen.

Natürlich gibt es noch viele andere Verzierungen! Rund um die Erdschale können sich Schnecken, Schmetterlinge, Igel, Vögel, Schäfchen usw. tummeln!

So wird's gemacht

1 Ein Klumpen Ton wird auf einem trockenen Leinenlappen (z. B. einem Küchenhandtuch) mit dem Wellholz fingerdick ausgerollt.

2 Nun wird die Form des Bodens der Erdschale ausgeschnitten (rund, oval oder eckig, ganz nach Belieben) und auf das Frühstücksbrettchen gelegt.

3 Aus dem Rest der Tonplatte werden etwa 3 cm breite Streifen ausgeschnitten und von außen so um den Boden herumgelegt, daß ein Rand entsteht. Innen mit Ton verstreichen.

4 Die Kanten werden mit den Fingern glattgestrichen und abgerundet.

Röschen als Verzierung

5 Zunächst werden zehn bis zwölf möglichst dünne, tropfenförmige Tonblätter mit den Fingern geformt. Sie sollten verschieden groß sein, die kleinsten etwa 1 cm, die größten etwa 2 cm groß. Wichtig ist, daß die Blätter sehr dünn sind! Wer mag, kann mit einer Nadel feine Linien auf die Blätter ritzen.

6 Das kleinste Blatt aufnehmen und der Länge nach falten. Dann das nächstgrößere ungefaltet anlegen und den Ton unten leicht miteinander verstreichen. Andrücken allein reicht nicht!

7 Ringsum werden nun immer größere Blätter gelegt, bis die Blüte fertig ist. Zum Schluß werden die Blätter leicht nach außen gedrückt, um die Blüte etwas zu öffnen.

8 Nach einer Trockenzeit von etwa 14 Tagen sollte die Schale gebrannt und glasiert werden.

Schäfchen rund um den Erdkasten

Eine richtig kleine Miniaturlandschaft bekommt man, wenn man rings um die Erdschale ein paar Tonschafe legt. Aus einem nicht zu großen Tonklumpen wird zuerst ein liegendes Schaf geformt. Aus einer taubeneigroßen Form läßt es sich am leichtesten gestalten. Wichtig ist, daß Ohren und Beine eng am Körper liegen. Abstehende Teile brechen sehr leicht ab, wenn sie zu dünn sind.

An das liegende Mutterschaf kann man ein Lamm anbauen, das eng an die Bauchseite seiner Mutter gekuschelt liegt. Ein anderes liegendes Schaf legt seinen Kopf auf den Rücken des ersten. Auf diese Weise bekommt man eine kleine Gruppe. Je kompakter die Tonform ist, um so robuster ist sie. Die Hände immer wieder naß machen, dann klebt der Ton nicht. Während einer Pause hält ein feuchtes Tuch den Ton weich und knetbar.

Materialien
- Ton, fein schamottiert
- Eventuell eine Glasur

Werkzeuge
- Wellholz
- Frühstücksbrettchen als Unterlage
- Messer
- Leinenlappen

Über die Erde

Über die Erde sollst du barfuß gehen.
Zieh die Schuhe aus,
Schuhe machen dich blind.
Du kannst doch den Weg
mit deinen Zehen sehen.
Auch das Wasser und den Wind.

Sollst mit deinen Sohlen
die Steine berühren,
mit ganz nackter Haut.
Dann wirst du bald spüren,
daß dir die Erde vertraut.

Spür das nasse Gras
unter deinen Füßen
und den trockenen Staub.
Laß dir vom Moos
die Sohlen streicheln und küssen,
und fühl das Knistern
          im Laub.

Steig hinein, steig hinein in den Bach,
und lauf aufwärts dem Wasser entgegen.
Halt dein Gesicht unter den Wasserfall.
Und dann sollst du dich in die Sonne
                                    legen.

Leg deine Wange an die Erde,
riech ihren Duft und spür,
wie aufsteigt aus ihr eine
ganz große Ruh'.

Und dann ist die Erde ganz nah bei dir,
und du weißt:
Du bist ein Teil von Allem
und gehörst dazu.

Rainer Schnurre

Erdpyramide, Klicker und mehr

Lustige Spiele mit Erde für groß und klein

Klicker und Ziegelsteine backen

Aus gekauftem Ton, aber auch aus toniger oder lehmiger Erde kann man Kügelchen rollen oder sogar Miniziegel für die Kinderzimmer-Baustelle formen und im Backofen trocknen lassen (tonige und lehmige Erde erkennt man daran, daß sie sehr feinkörnig und gut formbar ist). Auch wenn die Klicker und Ziegel bald zerfallen sollten, es gibt nichts Schöneres für Kinder, als nach Herzenslust mit »Matsche« herumzupatschen! Hier gilt, wie so oft, die Devise: »Der Weg ist das Ziel!«

Würfelspiel mit Pyramide dreidimensional!

Man türmt eine Pyramide aus etwas feuchter Erde auf, je größer, desto besser. Um die Seiten der Pyramide läuft spiralig eine etwa streichholzbreite Rampe bis zur abgeflachten, weil noch fehlenden Spitze. Die Rampe wird in regelmäßigen, etwa zwei Zentimeter breiten Abständen mit querliegenden Streichhölzern bestückt. Dann braucht man noch 10 bis 15 längere Hölzchen, z.B. hölzerne Eisstiele; an jeweils einem Ende dieser Hölzchen wird ein Richtungspfeil aufgemalt, und man steckt sie, mal mit dem Pfeil nach oben, mal nach unten weisend, senkrecht an verschiedenen Stellen der Rampe auf. Jeder Mitspieler erhält eine unverwechselbare Spielfigur (z.B. Stein, Kastanie, Nuß) und stellt diese am unteren Ende der Rampe auf. Jetzt wird der Reihe nach gewürfelt, und die Spielfiguren rücken jeweils entsprechend der gewürfelten Zahl vor. Muß man auf

einem Abschnitt mit Pfeil anhalten, dann folgt man diesem beim nächsten Wurf: rauf oder runter! So kann man den Weg nach oben abkürzen, oder aber man muß einen Streckenabschnitt zweimal laufen. Wer als erster oben ankommt, hat gewonnen und darf den goldenen Schlußstein der Pyramide setzen (eine kleine Pyramide aus Goldfolie, ersatzweise eine Münze).

Fußspurendetektiv

In weicher, besonders in feuchter oder lehmiger Erde drücken sich Fußspuren deutlich ab. Werden die Spuren von Tieren hinterlassen, nennt man sie Trittsiegel. Solche Abdrücke kann man in Gips gießen und mit nach Hause nehmen: Um den Fußabdruck herum legt man eine Manschette aus einem zwei Zentimeter hohen Pappstreifen (die Enden zusammentackern). Dann rührt man in einer Plastikschüssel Gips mit Wasser an und gießt die Fußspur bis zum oberen Rand der Manschette aus. Sobald der Gips hart geworden ist, kann man ihn abheben. Jetzt hat man ein Negativ des Trittsiegels. Wer bringt die interessantesten Abdrücke aus Wald und Feld? Wer kann »seine« Fußspur (anhand eines Naturführers) identifizieren?

Will man ein Positiv des Fußabdrucks, muß man das Negativ mit Wachs einreiben. Dann legt man eine vier Zentimeter hohe Pappmanschette darum und gießt diese noch einmal ganz mit Gips aus.

Grabowski läßt grüßen

Viele Kinder fürchten sich vor der Dunkelheit und mögen schon deshalb gar nicht gern ins Bett, es sei denn, man macht eine kuschelige Zeremonie, ein Spiel daraus, etwa so: Nachdem man eine Maulwurfsgeschichte vorgelesen oder erzählt hat, kündigt man an, daß man »Maulwurf« spielen will. Der Maulwurf lebt im Dunkeln unter der Erde, deshalb muß man natürlich das Licht im Kinderzimmer löschen. Papa und/oder Mama kuscheln sich dann an ihr Kind und erzählen vom Maulwurf; daß er kaum etwas sieht, dafür aber besonders gut fühlen kann. Man läßt das Kind nun mit seinen Händen Gegenstände ertasten und erraten: verschiedene Kuscheltiere, das Gesicht von Papa oder Mama, etwas Weiches, etwas Hartes usw. Das gibt dem Kind mit der Zeit Sicherheit und Vertrauen in der Dunkelheit. Zum Schluß gräbt sich das kleine »Maulwurfskind« ganz tief in seine Kissen ein.

vorher : nachher

Zum Messen kein gewöhnliches Fieberthermometer mit Quecksilber verwenden, die Temperatur im Kasten kann auf 70 °C klettern, das Quecksilberthermometer würde platzen!

Was wächst denn da? Blick unter die Erde

Lehrreiche Experimente mit Erde

Regenwurm im Einmachglas

Es ist kaum zu glauben, wie fix ein einziger Regenwurm den Boden durchwühlt! In ein Einmachglas wird folgendes säuberlich übereinandergeschichtet: feuchte Gartenerde, Sand, Blätter, feuchte Gartenerde, Sand, kleine Hölzchen, feuchte Gartenerde – und zwar so, daß die verschiedenen Schichten gut voneinander unterscheidbar bleiben, wenn das Glas von der Seite betrachtet wird. Dann kommt ein Regenwurm in das Glas, und es wird mit einem dunklen Tuch zugedeckt. Wird es nach wenigen Stunden wieder gelüftet, sind die einzelnen Schichten nicht mehr zu erkennen: Der Wurm hat alles durchwühlt!

Heißer »Abfall«!

Beim Verrotten von Pflanzenresten (z.B. im Kompost) entwickelt sich unter Luftabschluß beträchtliche Wärme. Stopft man ein paar Handvoll Grasschnitt aus dem Park oder Garten in eine Styroporschachtel und verschließt sie dann fest (z.B. eine Vorratsschachtel für Speiseeis), ist das Gras nach nur ein paar Stunden warm, wenn nicht sogar heiß geworden! Mißt man mit einem Digitalfieberthermometer nach, piepst es erst bei 42 °C!

Winzige Bodenorganismen hervorlocken

Was kreucht und fleucht in der Erde? Nicht nur Käfer, Asseln und Regenwürmer, sondern auch unzählige, winzig kleine Tierchen: Springschwänze z.B., Milben oder Fadenwürmer. Diese kleinen Erdbewohner leben in der Dunkelheit, sie fürchten das Licht. Man stellt einen Trichter in ein Einmachglas, legt ein Küchensieb darauf und füllt in dieses eine Handvoll Wald- oder Gartenerde. Das Sieb wird von oben mit einer hellen Schreibtischlampe beleuchtet –

die Kleinstlebewesen krabbeln vom Licht weg nach unten und fallen nach etwa einer Stunde durch den Trichter in das Glas. Jetzt kann man sie auf ein weißes Blatt legen und unter der Lupe oder dem Mikroskop genauestens betrachten!

Echt sauer!

In der Apotheke gibt es blaues Lackmuspapier, und vom nächsten Ausflug in ein Moor wird ein wenig Moorboden mitgebracht. Man gibt etwas Moorboden in ein Honigglas, füllt dieses zur Hälfte mit Wasser auf, verschließt das Glas und schüttelt kräftig und lange. Wenn sich der Moorboden unten abgesetzt hat, kann man den Lackmusstreifen ein Stück weit ins Wasser tauchen: Er färbt sich rot! Ein Zeichen für Säure. (Bei kalkhaltigem Boden färbt sich rotes Lackmuspapier blau.)

Wasserspeicher

Boden kann Wasser speichern, besonders Moorboden! Er saugt das Wasser auf und hält es fest wie ein Schwamm! Torf ist getrockneter Moorboden. Ein paar Torftabletten, mit denen man Pflänzchen zieht, kann man im Blumenladen kaufen. Langsam Wasser auf eine der Tabletten gießen, und sie wächst in die Höhe und wird dreimal so groß, wie sie vorher war!

Laß die Luft raus!

Erde besteht je nach Bodenart aus mehr oder weniger großen Körnchen, die durch Wasser zu Krumen zusammengepappt werden. Die Hohlräume zwischen den Krumen sind mit Luft ausgefüllt (bei patschnasser Erde durch Wasser). Ein Meßbecher wird bis zum Meßstrich für 200 Milliliter mit trockenem, grobkörnigem Boden gefüllt, und dann werden noch mal genau 200 Milliliter Wasser aufgegossen. Das Wasser müßte jetzt bei 400 Milliliter stehen, tut's aber nicht! (Warum? Weil es jetzt statt der Luft die Hohlräume zwischen den Krumen ausgefüllt hat). Wird der gleiche Versuch mit feinkörnigem Boden, z.B. mit Ton oder Lehm, gemacht, steigt das Wasser höher, denn er enthält viel weniger Luft!

Rotkohl zeigt Säure an: Man gib einen kleingehackten Rotkohl in heißes Wasser und läßt ihn 30 Minuten darin ziehen. Dan legt man verschiedene Bodenproben in verschiedene Gläser und gießt abgesiebtes Rotkohlwasser darauf. Das Wasser verfärbt sich dann: Je mehr rot es wird, desto saurer ist der Boden, je mehr blau, desto alkalischer.

Feuerspuckende Tondrachen

MATERIAL

• Fein schamottierter
Ton

WERKZEUGE

• Frühstücksbrett
als Unterlage

• Messer

• Verschiedene Formen
zum Prägen

• Brennofen: Die mei-
sten Töpfereien bren-
nen private Tonarbei-
ten mit. Außerdem
gibt es in sehr vielen
Schulen Brennöfen.
Die Lehrer brennen
kleinere Dinge in der
Regel gerne mit!

*Feuerdrache in
Aktion. Eine
Wunderkerze sorgt für
die Lichteffekte.*

Mit einem Klumpen Ton und ein paar Wunderkerzen läßt sich ein richtiger Drachen-Feuer-Zauber machen. Mit dieser einfachen Aufbaukeramiktechnik können schon kleine Kinder Erstaunliches leisten. Besonders schön sehen die fertigen Drachen aus, wenn sie Feuer speien. Dafür muß man ihnen nur eine Wunderkerze in den geöffneten Schlund stecken und anzünden. Im dämmernden Abendlicht hat man dann wirklich das Gefühl, daß die Zeit der Ritter und Drachen wieder lebendig wird.

Und so wird's gemacht

1 Der Bauch des Drachen wird in der sogenannten Aufbaukeramik hergestellt, d.h., er ist innen hohl, damit er später gebrannt werden kann. Ton ist jedoch auch in ungebranntem Zustand recht haltbar.
2 Auf einer glatten Unterlage werden mit den flachen Händen fingerdicke Tonwülste gerollt.
3 Der erste Tonwulst wird auf dem Brettchen in Form eines etwa 20 cm langen Tropfens ausgelegt. Die dicke Leibung bildet den Bauch, die Spitze wird der Schwanz des Drachen.
4 Auf diese erste Lage werden nun immer weitere Wülste aufgelegt und mit der unteren Schicht innen und außen gut verstrichen. Während des Aufbauens wird die Form des Drachen bestimmt, indem man die Wülste nicht direkt übereinanderlegt, sondern jeweils etwas weiter außen oder mehr nach innen verlegt. Dadurch wird die Form bauchiger oder enger wie z. B. beim Hals des Drachen.
5 Die Beine formen und seitlich fest anfügen.
6 Zum Schluß schneidet man mit dem Messer die Rückenzacken ein und drückt die Formen des Schuppenpanzers ein – große am Bauch und kleinere an den Beinen, am Rücken, auf dem Schwanz.
7 Bevor der Drache gebrannt wird, sollte er 14 Tage gut austrocknen.

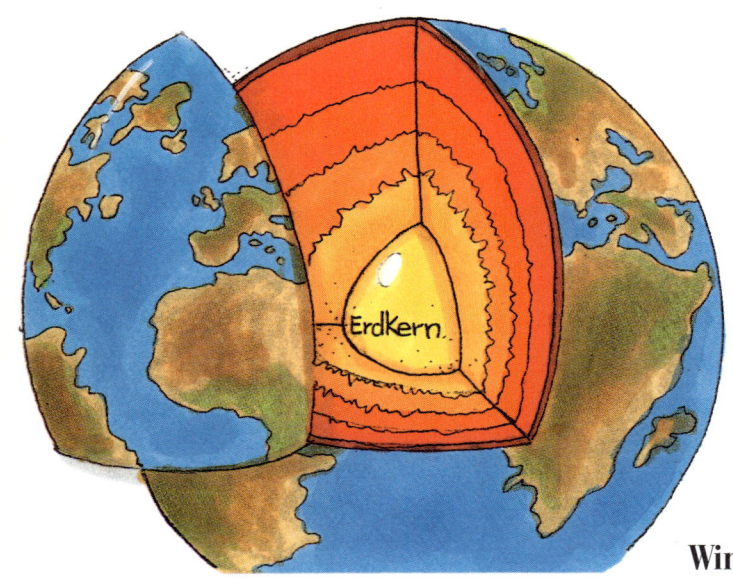

Harte Schale, weicher Kern

Winzige Kugel im Weltall

Wenn man das Wort »Erde« hört, denkt man zuerst an den Planeten, auf dem wir leben: die Erde. Sie ist, vereinfacht gesagt, ein an zwei Seiten leicht eingedellter, in der Mitte etwas ausgebeulter, also nicht ganz kugelrunder »Ball«, der um die Sonne flitzt und sich dabei noch um sich selbst dreht – rasend schnell und doch so, daß wir es kaum bemerken, gäbe es nicht den Unterschied zwischen Tag und Nacht.

Harte Schale, glühender Kern

Diese Kugel besteht aus einem glühenden, festen Eisen- (und Nickel-)kern, um den herum sich glühendes, flüssiges Gestein bewegt. Außen drauf schwimmt eine dünne, harte Schicht: die Erdkruste. Sie ist an manchen Stellen nur fünf Kilometer dick, an anderen Stellen z. B. 25 Kilometer, eine Entfernung, die man mit dem Auto locker in einem Viertelstündchen abfahren könnte. Vergleicht man die Erdkugel mit einer Orange, so wäre die Erdkruste etwa so dick wie die Orangenschale.

Verborgene Schätze

Unermeßliche Schätze liegen in der Erdkruste verborgen: Kohle und Erdöl als Brennstoff und Energiespender, Metalle wie Gold und Eisen, schimmernde Edelsteine wie der Diamant – und sie alle erzählen eine Menge über die jahrmilliardenalte Geschichte der Erde. Doch bisher hat man nicht tiefer als zwölf Kilometer weit in diese Kruste hineinbohren können.

Die Erdoberfläche ist in etwa 20 einzelne Platten zerrissen, die auf dem Erdmantel herumschwimmen und manchmal aneinanderstoßen. Wenn das passiert, gibt's ein Erdbeben, Vulkane brechen aus, Gebirge und Inseln entstehen.

Boden ist nicht gleich Boden

Es gibt viele verschiedene Bodenarten, je nachdem, woraus sie zusammengesetzt, wie und wo sie entstanden sind
und was auf ihnen wächst. Alle haben jedoch eines
gemeinsam: einen Anteil verwittertes, zerfallenes, zerriebenes lebloses Gestein. Doch davon könnten weder Pflanzen noch Tiere leben! Interessant wird es erst da, wo
organischer, »lebender« Abfall hinzukommt: verrottende,
verfaulende Pflanzen und Tiere, die durch unzählige kleine Bodentierchen, Bakterien und Pilze zerkleinert und in
Nährstoffe umgewandelt werden – Nährstoffe für nach-
wachsende Pflanzen, für Tiere und schließlich auch für
uns (denn wir essen ja z. B. Getreide, Salat oder Gemüse).

Kostbarer Humus

Humus (»Mutterboden«) besteht fast ausschließlich aus
organischen Abfällen. Er ist deshalb sehr, sehr fruchtbar.
Humus findet man z. B. im Garten, in der Walderde, aber
auch unten im Komposthaufen. Häufelt man totes Pflan-
zenmaterial, Gemüseabfälle, Kartoffelschalen, Teeblätter,
Kaffeesatz, zerkleinerte Eierschalen, dünne Zweige, Gras
usw. aufeinander, deckt man das Ganze mit Erde ab und
hält es durch Gießen feucht, kann man selbst Humus
machen und weniger fruchtbare Erde damit anreichern.

Viele Tiere helfen mit

Ohne die unzähligen
Bodenbewohner von der
kleinsten Milbe über
Käfer und Spinnen-
tierchen bis zum
Regenwurm würde
aus der guten Erde
nichts: Sie wäre
schlecht durchlüftet,
schlecht durch-
mischt, schlecht
bewässert, würde
zusammenbacken, ver-
säuern und verfaulen.

Regenwürmer fressen
Erde – was unverdaulich
ist, scheiden sie in
Kothäufchen wieder aus.
Sie hinterlassen auf
ihrem Weg unzählige
Röhren, die den Boden
gut durchlüften. Und
warum heißen sie Regen-
würmer? Weil sie an die
Oberfläche kriechen,
wenn der Boden durch
Regen sehr naß wird; sie
würden nämlich sonst
ertrinken!

59

Auf dem Boden der Tatsachen

Die Einführung des Ackerbaus zog unendlich viele wichtige andere Leistungen nach sich: wie beispielsweise das Töpfern, weil die Vorräte in Behältnissen aufbewahrt und transportiert werden mußten, die Töpferscheibe als Vorläufer der Radachse und das Bauen von festen Häusern, weil die Menschen nicht mehr herumziehen mußten.

Berufe, die mit Erde zu tun haben

Die bedeutendste kulturelle Leistung, die die Menschheit je hervorgebracht hat, war wohl diese: den Boden zu kultivieren – nämlich nicht einfach nur aufzusammeln, was irgendwo zufällig wuchs, sondern die Erde zu bepflanzen, zu bewässern, zu verbessern und systematisch für die Ernährung vieler zu nutzen. Freilich bedeutete der Ackerbau auch einen krassen Eingriff in die Natur: Riesige Wälder wurden gerodet, der Boden durch übermäßigen Anbau immer gleicher Pflanzen ausgelaugt, die Gewässer durch Überdüngung verpestet. Immer mehr Landwirte versuchen heute, den Boden – unsere Lebensgrundlage – behutsam zu nutzen und die Natur nicht weiter zu belasten. Deshalb liegt der Beruf des Biobauern im Trend.

Kunstmaler

Schon die Höhlenmenschen der Jungsteinzeit, also der Zeit zwischen etwa 30 000 und 10 000 v. Ch., verwendeten Erdfarben, um damit ihre Beutetiere oder gefährliche Raubtiere besser »in den Griff« zu bekommen und in roten und gelben Tönen an den Felsen zu »bannen«. Das Malen war eine beschwörende Handlung. Sie rührten dazu Erde mit Wasser oder Tierfetten zu Pasten an und trugen sie mit den Fingern, mit Pinseln oder Stiften auf; manchmal sprühten sie sie sogar mit Röhrenknochen an die Wand. Für die schwarzen Tierumrisse verwendeten sie Kohle und Mangan. Noch heute werden Erdfarben zum Malen verwendet, z. B. Ocker, Rötel, Umbra (Erdbraun). Je nach ihrem Anteil an bestimmten Metallen erhält Erde eine dunklere oder hellere, eine eher schwarze, gelbliche oder rötliche Farbe. Ihr Ursprungsort, die Stadt Siena in der Toskana, gibt einer gelblichen Erdfarbe ihren Namen: Terra di Siena.

Das Töpferhandwerk ist über 5000 Jahre alt und wurde u. a. in Ägypten und in China erfunden. Grundmaterial für das Töpfern ist der Ton, eigentlich keine richtige Erde, sondern Gesteinsmehl; es wird mit bestimmten Zusätzen vermischt, geformt, in Öfen gebrannt und farbig glasiert.

Kartoffelmonster und Erdnußzwerge

Kartoffelmonster

1 Schrumpelige, ausgetriebene Kartoffeln aus dem Keller sind das tollste Material, um Kartoffelmonster zu machen. Oft geben die Triebe allein der Kartoffel ein monsterhaftes Aussehen. Wie Krebse, Spinnen, Krabbeltiere sehen sie aus. Mit etwas Nachhilfe erhält man ein richtiges Kartoffelmonster-Gruselkabinett.

2 Um geeignete Kartoffelmonster zu finden, muß man sich inspirieren lassen. Am besten nimmt man verschiedene ausgetriebene Kartoffeln in die Hand, dreht sie und versucht sie so hinzulegen, daß die Triebe wie Arme, Beine, Fühler, Schwänze, Tentakel, Stielaugen usw. aussehen.

3 Nun werden Akzente gesetzt. Mit Holzperlen, die durch Stecknadeln gesteckt werden, bekommen die Monster Augen. Sie können z. B. auf eine Triebspitze gepikt werden. Mit Farbe und Pinsel werden Mäuler und Nasen aufgemalt. Eine andere Möglichkeit ist, mit dem Messer ein Maul in die Kartoffel einzuschneiden und dann eine Zunge aus farbigem Papier einzukleben. Zähne mit weißer Farbe aufmalen. Mit bunten Stecknadeln können Rückenschuppen gesteckt werden. Wer will, kann dem Monster Papierflügel bauen – damit es ein Drache wird!

4 Die fertigen Monster werden zum Schluß in eine Erdlandschaft gesetzt. Dafür schüttet man in eine Kiste etwas Blumenerde und setzt seine Monster möglichst lebensecht hinein.

Erdnußzwerge

Aus Erdnüssen können kleine Zwerge gemacht werden. Im Gegensatz zu den Kartoffelmonstern sehen sie sehr viel lustiger, erdiger, ungefährlicher aus.

Setzt man sie zu den Kartoffelmonstern in den Erdkasten, sieht es aus, als ob die kleinen Wichte gegen die gefährlichen Monster zögen.

Die zweigeteilte Erdnußform eignet sich besonders für Männchen. Die obere Rundung ergibt den Kopf. Ein Eichelhütchen wird der Helm. Haare können aus Wollfäden aufgeklebt werden. Mit Pinsel und Farbe werden die Gesichter und Kleider gemalt. Ein Streichholz oder kleines Ästlein ergibt die Lanze.

MATERIALIEN

- Kartoffeln mit Trieben
- Erdnüsse
- Farbige Holzperlen
- Stecknadeln mit farbigen Köpfchen
- Wolle
- Eicheln, andere Naturmaterialien
- Deckfarben
- Kleber
- Erde

WERKZEUGE

- Messer
- Pinsel

Die Monster und Zwerge kann man in eine Erdlandschaft setzen und so lustige Spielszenarien darstellen.

Einladung zur Kartoffelparty

Wir backen Kartoffelwaffeln

Zutaten
- 1 kg mehlige Kartoffeln
- 2 Zwiebeln
- 2 Eier
- 1 Eigelb
- 40 g Leinsamen
- Salz, weißer Peffer

Und so wird's gemacht
1 Die Kartoffeln und Zwiebeln schälen, auf einer Raffel zerreiben oder in der Küchenmaschine zerkleinern.

2 Die Masse in einem Tuch etwas auspressen und mit den Eiern, dem Eigelb und den geschroteten Leinsamen in einer Schüssel sehr gut verrühren.

3 Mit etwas Salz und einer Prise frisch gemahlenen Pfeffers würzen, nochmals gut verrühren und zugedeckt für etwa ein bis zwei Stunden quellen lassen.

4 Ein Waffeleisen erhitzen, mit Öl einfetten und aus dem Teig knusprige Waffeln ausbacken.

5 Die frischen Waffeln noch warm zusammen mit einem Kräuterquark oder einem grünen Salat servieren.

Guten Appetit!

Steine

Daß das Weiche das Harte besiegt, ist kein Geheimnis, aber wenn man sieht, wie das Wasser eines kleinen Baches über die Jahre gewaltige Steinbrocken abschleift, ist das besonders beeindruckend. Überdimensionale Monumente aus Stein, so stehen sie da, die Gebirgsmassive, still, ehrfurchtgebietend und vor unendlich langer Zeit entstanden. Als würden sie in aller Ewigkeit so bleiben, und doch werden sie im Laufe der Zeit abgetragen und von Bächen abtransportiert. Dann sind sie große und kleine Kieselsteine am Flußufer und auf Kiesbänken. Steckt man so einen glatten Stein in die Tasche, hat man immer sein eigenes kleines Gebirge dabei, das einem vielleicht in manchen Situationen Ruhe und Kraft gibt.

Spielen und Lernen

Nichts ist geeigneter für die feinmotorische Entwicklung des Kleinkindes, als das Hantieren mit Steinen. Fassen, Loslassen, Werfen oder Sortieren. Irgendwann kommen die Fragen nach den Gebirgen oder der Herkunft der Steine im Flußbett, und das Kind möchte wissen, wie so ein Stein beschaffen ist (Seite 70).

Basteln und Gestalten

Beim Gestalten mit Stein kommt es darauf an, die Eigenarten der Form zu erkennen. Wie passen sie zusammen, was drücken sie aus. Das geht nur mit Anfassen und Erspüren der Ecken, Kanten und Vertiefungen (Seite 76).

Poesie und Musik

Manchmal ist es ganz schön schwierig, Freunde zu gewinnen. Da wird man zurückgewiesen, und der andere ist mißtrauisch. Ein kleines Geschenk, das einem selbst am Herzen liegt, so wie ein wohlgehüteter Stein, kann da Wunder wirken (Seite 78).

Spiel und Spaß

Wie öde und langweilig sind die Sonntagnachmittagsspaziergänge in der

Stadt oder in schön angelegten Parks. Aber wieviel Spaß machen kleine Wanderungen am Flußufer entlang, wo es mit Steinen, Ästen und Laubblättern viel Baumaterial für Wasserräder, Minihafenanlagen und Holzschiffchen gibt (Seite 80).

Hantieren und Probieren

Ein Vulkanausbruch in der Küche? Der Meeresboden im Kinderzimmer? Gut vorbereitet und mit einigen Regeln ist das alles möglich. Die Wohnung muß danach nicht renoviert werden, und es gibt neue Erkenntnisse für alle (Seite 82).

Basteln und Gestalten

Interessant geformte und gemusterte Steine ergeben Kunstwerke für Augen, die sich an der Schönheit natürlicher Materialien erfreuen können. Geschenke für sich selbst oder für Freunde und Freundinnen (Seite 84).

Wissen und Lernen

Kaum zu glauben, daß dort, wo heute Gebirge in den Himmel ragen, früher nur Wasser war. Dann müssen die Berge ja aus gepreßtem Wasser sein. Das ist wohl nicht gut möglich, wie aus dem Wasser-Kapitel zu entnehmen ist. Aber woraus sind die Steine (Seite 86)?

Berufe

Mächtige, steinerne Kathedralen, die ägyptischen Pyramiden, aber auch der winzige Edelstein im Ring: Alle diese Kunstwerke, aber auch die Wärme aus dem Kohleofen und unser Wissen über Saurier sind Menschen zu verdanken, die sich beruflich mit Steinen befassen (Seite 88).

Basteln und Gestalten

Spielen und Toben an der frischen Luft macht Hunger. Neben der kleinen Hafenanlage am Ufer entsteht schnell ein selbstgebauter Steinofen, auf dem von der Wurst bis zur Banane alles mögliche gegrillt werden kann. Abends beim Feuerschein ist es dann ganz still, nur eine Amsel singt ihr Lied, und die Wellen plätschern auf ihrem Weg ins Meer (Seite 90).

Kinderküche

Brote aus dem Steinofen des Bäckers schmecken besonders würzig. Lustig aufgeschnitten, mit vielen feinen Sachen belegt und einfallsreich verziert, sind sie der Höhepunkt auf jeder Kindergeburtstagsfeier (Seite 92).

Groß und klein – mein und dein

Steine, das ideale Spielzeug für Kleinkinder

1. Jahr Sobald das Kind krabbeln oder gar laufen kann, wird die Erde mit den Augen begehrlich abgesucht. Die Stadt ist dafür leider kein geeignetes Pflaster. Aber schon ein paar Schritte weiter, im Park oder Garten, am Wiesenrand oder auf wenig begangenen Wegen ändert sich die Lage: Steine werden sichtbar.

Steine in der Kinderhand sind eine »heißbegehrte Ware«. Sie dürfen allerdings keine verschluckbare Größe haben. Ein handgroßer Stein wird liebevoll von einer in die andere Hand gedrückt. An einem zweiten besteht oft gar kein Interesse.

Spezielle Angebote: Steine sind ein ganz natürliches Spielmaterial. Wenn Sie wollen, waschen sie die mitgebrachten Steine ruhig ab. Legen Sie verschieden große Steine in verschiedene Behälter – außer Glas ist alles erlaubt! –, und verschließen Sie diese. Jetzt hat Ihr Kind herrliche Klapperinstrumente mit ganz verschiedenen Tonhöhen und Klängen.

2. Jahr Ihr Kind unterscheidet jetzt zwischen »eins« und »zwei« und »viel«. Alles, was poltert und Krach macht, steht hoch im Kurs. Verstecken und Suchen ist noch immer die bevorzugte Beschäftigung. Es reiht gern Dinge aneinander. Die Hände werden immer geschickter und die Koordination von Augen und Händen immer besser. Bauklötzchen oder ähnliches aufeinanderzusetzen klappt noch nicht, weil sich das Kind bezüglich der Größenunterschiede noch nicht so recht bewußt ist. Dabei kann es sich durchaus über längere Zeit hinweg (10 bis 20 Minuten) konzentrieren.

Besonders beim Krabbeln und Robben in der freien Natur wird die Beschaffenheit des Bodens intensiv wahrgenommen. Steine fühlen sich glatt oder rauh, rund oder kantig an. Etwa bis zum zehnten Monat nimmt sie Ihr Kind in die Hand und läßt sie wieder fallen oder wirft sie unermüdlich weg. Dann beginnt die Phase des Sammelns und Sortierens in verschieden große Behälter.

Spezielle Angebote: Ihr Kind sortiert für sein Leben gern.
Es kann dann zu regelrechten Wutausbrüchen kommen,
bei denen es schreit, sich auf den Boden wirft und sein
Spielzeug in die Ecke feuert. Manchmal passen Wollen
und Können eben noch nicht so recht zusammen. Wenn
es einen Vorrat an Kieselsteinen besitzt, wird es die nuß-
großen herauspicken und in eine Reihe legen. Oder es legt
eine Reihe nur weiße Steine. Das Bedürfnis zu reihen,
zu ordnen und zu strukturieren geht bis zu pedantischer
Ordnungsliebe. Hühnereigroße Steine erhalten ebenfalls
eine eigene Reihe. Stört man diese Ordnung, kann Wut
die Quittung sein. Geben Sie dem Kind genügend Behälter für seine Schätze.

3. Jahr Bilder von bekannten Gegenständen werden interessiert betrachtet. Dabei greift das Kind gern ins
Bild hinein, als ob es Gegenstände herausnehmen
wollte. Mit einem Spiegel geschieht genau dasselbe. Langsam bildet sich ein Bewußtsein für Bild und Wirklichkeit.
Die Wahrnehmungsfähigkeit verbessert sich, und schon
bald erkennt es Dinge auf einen Blick, ohne sie mit den
Händen »betrachten« zu müssen. Es entwickelt auch in
Ansätzen ein Ortsgedächtnis, kann sich erinnern und
möchte dort wieder hingehen. Dazu kommt das immer
stärker werdende Bewußtsein darüber, wer es ist, daß es
von anderen Personen getrennt ist und über einen eigenen
Wirkungskreis verfügt.

Spezielle Angebote: Besitz ist ganz wichtig geworden:
»Das gehört mir!« Stofftiere und Spielzeugautos werden
vehement verteidigt. Viele Kinder horten Steine und lassen sie sich von niemandem wegnehmen. Es kommt zu
ersten heftigen Auseinandersetzungen mit Gleichaltrigen
im Sandkasten. Zeigen Sie Ihrem Kind, daß Sie ebenfalls
Steine mögen. Machen Sie Steinspiele mit Ihrem Kind.
Zeigen Sie ihm Bilder, auf denen Steine abgebildet sind.
Es mag die Steine auch im Rasierspiegel – groß und normal – betrachten. Einfüllen, Umfüllen und Ausleeren mit
Getöse macht noch immer riesig Spaß.

Faszinierend ist die
Entwicklung des
Kleinkindes in Hinblick
auf seine Selbstsicht.
Anfangs empfindet es
sich als Mittelpunkt der
Welt. Es kann noch nicht
zwischen sich, der Mutter
und anderen Dingen
unterscheiden. Mit der
Zeit wird es »objektiver«,
es kann die Wünsche von
anderen wahrnehmen,
sich danach richten und
sich in andere
hineinversetzen. Damit
einher geht die
Vorstellung von Besitz.
Sammeln und Ordnen
machen großen Spaß.
Dazu gehören Kartons,
Eimerchen, Säckchen
oder kleine
Plastikschüsseln.

Da nahm der Prinz den Edelstein

Die Bedeutung von Steinen für das Kindergartenkind

4. Jahr Die »Als-ob-Spiele« werden immer intensiver. Ein Stein ist eine Kaffeetasse oder ein Stück Kuchen. Das Kind pendelt zwischen Realität und Wirklichkeit hin und her. Andere werden in die Rollenspiele miteinbezogen. Dann wird der Kaffeeklatsch von Mama, Papa, Onkel und Tante nachgespielt. Wer dabei unbemerkt zusieht, wird überrascht sein, wie er vom Kind wahrgenommen wird. Zuhören klappt jetzt besser, und die Aufmerksamkeitsspanne verlängert sich von Woche zu Woche. Der Sinn von Geheimnissen erschließt sich: »Im tiefen, tiefen Wald lebte einst ...« Das erregt Aufmerksamkeit und erzeugt Spannung. Die Phantasie läßt jetzt schon das Weiterspinnen von Geschichten zu oder das Einbeziehen von bekannten Dingen. Vorsicht! Bei der so heißgeliebten Wiederholung muß die Wortwahl immer die gleiche sein.

Spezielle Angebote: Ein großer Stein im Wald oder Park kann zur Attraktion werden, wenn er Gegenstand einer Geschichte wird. In Millionen Jahren hat er ziemlich viel erlebt. Einige Dinosaurier kannte er sogar persönlich! Das Kind ist in der Lage, geographische Heimatgeschichte zu verstehen, wenn sie an einem so imposanten Gegenstand festgemacht wird, wie ein uralter Stein es ist.

5. Jahr Ordnung, Struktur und Gleichgewicht sind ganz wichtig, wenn es um Dinge geht. Beim Malen wird das am größten gezeichnet, was dem Kind am wichtigsten ist. Nun wird viel gebaut: Landschaften, Burgen, Städte mit Stadtmauern, Brücken oder zoologische Gärten mit vielen zu betreuenden Tieren. Neben dem noch immer häufig gefragten »Warum« ist das »Woher« in Grenzen interessant. Daß die Äpfel vom Apfelbaum kommen, befriedigt seine Neugier vollauf. Aber den Apfelbaum muß es unbedingt sehen und prüfen.

Spezielle Angebote: »Schwer« und »leicht«, »schwerer« und »leichter« läßt sich gut an Steinen demonstrieren. Sie liegen gut in der Hand und in der Hosentasche, sensibilisieren die Handinnenflächen und trainieren die Feinmotorik. Die Schule rückt näher, und diese Fertigkeit ist gefragt, wenn Ihr Kind das erste »i« aufs Papier bringen soll. Für seine Bauvorhaben sind verschieden geformte Steine, zum Aufeinandertürmen ideal. Kleine Figuren beleben das Ganze.

6. Jahr Oft bricht jetzt die große Tauschleidenschaft aus. Das Kind möchte nahezu alles Begehrenswerte besitzen, muß aber feststellen, daß ihm dazu die Mittel fehlen. Also greift das Kind auf eine menschheitsgeschichtliche Entwicklungsstufe zurück: Es tauscht. Dabei sind die Tauschwerte zuweilen ganz außergewöhnlich. Kinder sind durchaus bereit sich von – im Verständnis von Erwachsenen – wertvollen Gegenständen zu trennen, um dafür das einzutauschen, was ihnen im Augenblick begehrenswert erscheint – auch wenn es scheinbar wertlos ist. Kinder haben eben andere, noch unverfälschte Wertvorstellungen. Auch das Sammeln von allen möglichen Objekten ist in dieser Altersstufe sehr beliebt. Beides – das Sammeln und Tauschen – gehören zusammen.

Spezielle Angebote: Mit zunehmender Handgeschicklichkeit möchte Ihr Kind basteln sowie gestalten und etwas Sichtbares vorzeigen können. Steine können mit Fingerfarben angemalt werden. Schöne Steine sind wunderbare Sammelobjekte oder finden als Tauschwährung Verwendung. Wundern Sie sich also nicht, wenn Ihr Kind aus den Ferien am Meer einen Koffer voller Steine mitbringt.

Fünfjährige gehen bereits nach Plan vor. Sie malen nicht mehr drauflos, sondern möchten ein Malergebnis erzielen. Als Eltern sollte man darauf achten, daß das Ergebnis zwar wichtig ist, aber nicht so bewertet wird, daß Kinder ihre Unschuld und dadurch ihre Kreativität verlieren. Auf diese Weise können sie sich ihre Fähigkeit erhalten, Empfindungen unzensiert zum Ausdruck zu bringen.

Steinreich

Das Objekt Stein wird differenzierter wahrgenommen

Ihr Kind will jetzt immer mehr wissen und auf keinen Fall weiter als Kleinkind behandelt werden. Lassen Sie es unterschiedliche Steinarten sammeln, erklären Sie ihm Herkunft und Beschaffenheit, und kaufen Sie ihm ein Bestimmungsbuch.

7. Jahr Das Grundschulkind im ersten Schuljahr möchte sich ganz deutlich vom Kindergartenkind absetzen. Und ein Zweitkläßler wird fuchsteufelswild, wenn man ihn für einen Erstkläßler hält. Das sind keineswegs nur Äußerlichkeiten oder Eitelkeiten. Das Kind will jetzt können und erkennen, wissen und lernen. Beim Spiel wird immer mehr Wert auf Gesellschaft gelegt. Durch die Schule gibt es mehr Freundschaften, und erstmals werden Beziehungen gezielter organisiert. Soziale Fähigkeiten werden erprobt, Strategien entwickelt und miteinander kooperiert. Bei Regelspielen wird Gewinnen und Verlieren geübt. Rollenspiele werden immer weiter ausgebaut. Die Phantasie spielt noch immer eine sehr große Rolle. Wenn Sie Ihrem Kind von der Steinzeit erzählen oder Bücher zu diesem Thema in die Hand geben, nimmt es das Wissen begierig auf, schlüpft aber gleichzeitig auch in eine Rolle, die es fesselt. Das kann bis hin zu Tagträumen gehen. Ihr Kind ist dann wirklich und wahrhaftig ein Steinzeitmensch. Aber keine Bange, in zwei Monaten identifiziert es sich mit einer anderen »Traumrolle«. Was daraus wird? Ein kerngesundes Ich!

Spezielle Angebote: Bestimmungsbücher rücken ins Blickfeld des Grundschulkindes. Steine sind nicht mehr nur Objekte zum Zählen, Reihen oder Anmalen, sie haben mit der Erdgeschichte zu tun und tragen Namen. Wenn das Grundschulkind Steine sammelt, dann müssen es besondere Steine sein. Ablagerungen, Herkunft, Alter, in groben Zügen auch die Zusammensetzung der Steine interessieren jetzt, wenn das Angebot an Wissen nicht zu sehr in die Tiefe geht. Ein Setzkasten nimmt alle Steinschätze gut sicht- und sortierbar auf und ist der ganze Stolz des Kindes.

8. Jahr

Probieren geht allemal über Studieren! Lernend erfaßt das Kind die Welt. Aber Lernen ist nicht nur Lesen, Schreiben und Rechnen. Auch die Kultur, in der das Kind aufwächst, muß übend bewältigt werden. Womit eckt man an? Wie bekommt man Freunde? Die Gegenwart ist spannend und läßt für die Zukunft keine Energie übrig. Achtjährige sehen die Welt völlig neu. Der Jahreskreis, die Jahreszeiten, das Wetter, Feste und Feierlichkeiten bilden einen stabilen Rhythmus, den das Kind in sein kulturelles Bewußtsein integriert. Der unmittelbare Wettkampf untereinander wird noch vermieden. Die Devise »Einer für alle, alle für einen« ist vorherrschend. Dennoch fängt eine geschlechtsspezifische Distanzierung an: Jungen und Mädchen mögen nun plötzlich nicht mehr so gern zusammen spielen. Jede Gruppe fühlt sich der anderen haushoch überlegen, bis nach der Pupertät das Interesse neu erwacht.
Jungen und Mädchen mögen nun plötzlich nicht mehr so gern zusammen spielen. Jede Gruppe fühlt sich der anderen haushoch überlegen, bis nach der Pubertät das Interesse neu erwacht.

Spezielle Angebote: Das sich anschließende »Steine«-Kapitel bietet Anregungen für alle Sinne des Kindes. Kleinere Geschwister werden mit einbezogen und dürfen Teilaufgaben übernehmen. Bis zum zwölften Lebensjahr braucht das Kind beim Basteln und Gestalten Hilfestellung bei seinem gestalterischen Tun, weil die Einteilung in logische Schrittfolgen noch Probleme macht. Zu interessant ist das Ziel, um den Weg akribisch zu gehen. Oft wird der zweite vor dem ersten Schritt getan. Da ist der Erwachsene dann als Lenker der Dinge, aber auch als Mutmacher gefragt. Erfolg ist nötig, um das wachsende Selbstwertgefühl zu stabilisieren. Mit Beginn der Pubertät geht die eigentliche Spielzeit zu Ende. Die alten Spielsachen sind nicht mehr interessant. Neue Unabhängigkeiten werden eingefordert, was zu anderen Freizeitaktivitäten führt: Mountainbiking, Bergsteigen oder Wildwasserfahren. Kunst, beispielsweise Skulpturen und Plastiken beginnen zu interessieren.

Ab dem dritten Lebensjahr erkennt das Kleinkind nach und nach, was es bedeutet, männlich oder weiblich zu sein. Doktorspiele, um zu erkennen, was es mit dem kleinen Unterschied auf sich hat, sind beliebt. Dabei gibt es keinen Grund, sich Sorgen zu machen, daß sich die Kinder dabei verletzen. Die sexuelle Identität ist noch unklar. Mädchen werben sowohl um den Vater als auch um die Mutter. Zwischen dem sechsten und dem zehnten Lebensjahr kommt es zu konkreteren sexuellen Handlungen, gleichzeitig distanzieren sich Jungen und Mädchen voneinander und bilden eigene Cliquen. Jedoch wird immer wieder die Nähe gesucht.

Familie Stein vom Rhein

Aus unterschiedlich geformten und gefärbten Steinen werden diese Figuren gebildet.

Uralt ist die Familie Stein vom Rhein, fast so alt wie die Welt. Vater Stein singt gerade aus vollem Halse ein Wasserlied. Mutter Stein sitzt links neben ihm und hört wohlgefällig zu. Was sie auf dem Kopf trägt, ist allerneueste Steinzeitmode.

Ganz links sitzt der Hund der Familie. Die drei Kinder Stein sind modisch ebenfalls gut rausgeputzt. Alle miteinander hocken auf einem großen Stein,

wie er zum Einfassen von Steingärten gebraucht wird.

Wer auch solch eine Urzeitfamilie bei sich zu Hause haben möchte, muß fleißig Steine sammeln. Kein Spaziergang mehr ohne Frühstücksbeutel in der Hosentasche! In solch einem Beutel kann man sehr praktisch Steine heimtragen. Das Schöne am Steinesammeln ist das Sortieren zu

Hause: Was nicht gefällt, wird beim nächsten Spaziergang wieder in die Natur zurückgebracht. Farbige Steine werden Kopfbedeckungen, oder es werden ganze Familien in einer einzigen Farbe gehalten. Endlich hat man dann Kopf und Bauch und Hut und Beine beieinander.

So wird's gemacht

1 Zunächst einmal die gewünschten Figuren zusammenstecken. Ohne Klebstoff! Das ist ganz wichtig, weil die Steine nur gut verklebt werden können, wenn sie »freiwillig« beieinander bleiben.

2 Wenn eine Figur so aussieht, wie sie aussehen soll, mit wenig Sofortkleber die Einzelteile befestigen und trocknen lassen. Auf der Blumenfensterbank fühlt sie sich besonders wohl!

3 Mit Wasserfarben oder Filzstiften bemalt, sieht die Familie Stein noch lustiger aus. Damit die Farben halten, werden sie am Ende mit Klarlack fixiert.
Viel Spaß mit der Familie Stein vom Rhein.

Natürlich muß die Familie Stein auch irgendwo wohnen. Auf einem großen Tablett, im Erdkasten (siehe S. 48/49) oder im Freien wird für sie eine Landschaft gebaut. Aus Sand, Erde und Steinen werden Inseln angelegt und mit Wäldern aus Ästen und Gräsern bepflanzt. Dort können die Steinkinder Verstecken spielen. Zwischen den Inseln gibt es Brücken aus Holzresten, über die die Familie Stein vom Rhein auf eine andere Insel gelangt, um dort vielleicht die Familie Stein vom Main zu besuchen und ein wenig Steinkuchen zu essen.

Das Tigerauge

von Lisa Marie Blum

»Guten Tag«, sagte das kleine Mädchen und blieb bei dem Jungen stehen. Der hob kaum den Kopf. Er arbeitete. Er kniete am Strand und formte aus Sand und Wasser etwas Langes, Gewölbtes.

»Wird das ein Walfisch?«

»Nein«, knurrte er, »eine Kuh. Hau ab! Ich spiel' nicht mit Mädchen.«

»Ich kann Blue jeans anziehen und meine Haare hochbinden«, fing das Mädchen wieder an. »Soll ich dir Wasser holen?«

Er sah in den Eimer. Es stimmte, er war leer. Die Sonne brannte. Der Sand wurde schnell trocken. »Meinetwegen. Da! In den Eimer. Aber voll genug!«

Die dünnen Beine rannten weg. Sie kamen schneller zurück, als er erwartet hatte.

»Gib her!« Er griff so hastig nach dem Eimer, daß alles ausfloß!

»Ich hole neues Wasser.« Das kleine Mädchen lief wieder ans Meer und kam zurück. Diesmal waren sie beide sehr vorsichtig.

»Es sieht wie ein Walfisch aus«, sagte es wieder, »ich hab' mal einen gesehen.«

»Ja, im Bilderbuch«, brummte er geringschätzig, »oder gehst du schon in die Schule?«

Das kleine Mädchen sah auf ihn herunter. Der Strohhut beschattete das runde Gesicht.

»Ich bin sieben Jahre«, sagte es freundlich, »ich heiße Sonne.«

Jetzt hob er den Kopf und sah das Mädchen mit offenem Mund an.

»Sonne?« Er lachte.

»Blöd, so etwas gibt es doch nicht. Dann bin ich der Mond.«

»Ah so. Nein. Eigentlich heiße ich Suneva.

aber meine Brüder rufen nur Sonne.«

»Spiel doch mit deinen Brüdern.«
Er begann schon wieder zu formen.

»Die haben keine Zeit«, log Sonne.

»Ich auch nicht.« Er goß Wasser über den Sand.

»Verschwinde!«

Das Mädchen blieb trotzdem stehen. »Hier.«

Es griff in die Hosentasche. »Ich habe einen Stein, der kann das Auge sein.«

Es hielt ihm die geöffnete Hand entgegen. Ein grauer Stein, ganz rund mit einem kleinen schwarzen Punkt in der Mitte. Er wußte nicht, daß Sonne ihn sehr hütete.

»Wenn du willst, meinetwegen. Er paßt. Wenn die Flut kommt, ist er weg.« Der Junge legte ihn auf den Kopf des Tieres.

»Das macht nichts.« Sonne hockte jetzt auch auf den Fersen und betrachtete das Sandtier.

»Gestern warst du weiter oben am Strand. Was hast du da geformt? Es sah aus wie ein Kuchen.«

»Ein Huhn, aber Hühner sind schwer. Ich bin deshalb auch hierher gegangen. Dahinten trampeln die Kinder immer darauf herum.«

»Aber hier sieht es doch niemand.«

»Das schadet nichts«, sagte der Junge, stand auf und sah jetzt viel größer aus. »Es soll ein Fisch sein, ein großer, ein Walfisch, wenn du willst. Ich heiße Pedro«, sagte er, »und ich muß jetzt nach Hause.«

Er goß den Rest Wasser über den Sand, ging noch einmal um das Sandtier herum. »Morgen versuche ich einen Tiger.«

»Es sieht wirklich wie ein Walfisch aus«, sagte das kleine Mädchen. »Vielleicht ist er morgen noch da. Ich habe noch mehr Steine, auch einen schwarzen, ganz blank mit gelben Streifen.«

»Bring ihn mit«, sagte Pedro, »ich nehme ihn als Tigerauge. Aber nicht vergessen.« Er drehte sich um und rannte über den Strand zu den Dünen.

Das kleine Mädchen ging langsam zu den Strandkörben zurück. Wenn die Flut kommt, würde morgen auch der schwarze Stein verschwinden.

»Den gibt es ganz selten«, hatte der Vater gesagt, »heb ihn gut auf, Sonne.«

Aber ein Tiger ohne Auge ist doch kein Tiger.

Hafenspiele am Steinstrand

Bach- oder Flußufer mit steinigen Stränden sind ein natürliches Kinderparadies. Mit etwas Zeit, Spaß an der Natur und Lust am Bauen lassen sich die tollsten Sachen anstellen. Das Baumaterial sind Steine und herumliegende Äste.

Spielen mit Steinen

Steine haben die unterschiedlichsten Formen. Es gibt große, kleine, rundliche, eckige, eiförmige, längliche, flache, fast quadratische... Manche haben Bruchkanten, mit denen man schaben kann, andere fühlen sich einfach nur schön in der Hand an. Man kann mit ihnen bauen, sie aufeinandertürmen, hintereinander zu einer Schlange oder anderen Gebilden legen. Im Wasser werden aus grauen Steinen wunderschön farbige »Edelsteine«. Flache Steine kann man auf dem Wasser hüpfen lassen. Wichtig ist, daß sie möglichst flach auf die Wasseroberfläche treffen. Mit roten Ziegelsteinen lassen sich Zauberzeichen auf Kieselsteine malen. Runde, gleich große Steinchen kann man sogar als Murmeln verwenden.

Schiff ahoi im Steinhafen

Mit ein bißchen Kreativität entstehen die tollsten Hafenanlagen. Mit großen Steinen wird zunächst ein Hafenbecken errichtet. Die Ausfahrt aus dem Hafen sollte immer quer zur Flußrichtung liegen, weil sonst die Schiffe zwar in den Hafen rein-, aber gegen die Strömung kaum mehr rauskönnen. In das Hafenbecken kann man Molen bauen, an denen die Schiffe anlegen können. Vor der Hafeneinfahrt sollte ein großer Leuchtturm stehen. Geeignete Schiffe finden sich leicht am Ufer. Ein Schwemmholzstück, das angeschwemmte Brett, ein großes Blatt, das man leicht nach oben biegt.

Handschmeichler werden ganz glatt abgeschliffene Steine oder Holzstücke genannt, die so angenehm in der Hand liegen. Man kann sie in der Jackentasche tragen und sie darin jederzeit befühlen.

Wasserrad aus Ruten

Mit etwas Geschick ist schnell ein einfaches Wasserrad gebaut, wie es das Bild zeigt. Man braucht eine etwa 60 Zentimeter lange und einen Zentimeter dicke, saftige Rute und zwei Astgabeln, die man parallel zur Flußrichtung ins Wasser steckt. Dann werden von der Rute zwei etwa 15 Zentimeter lange Stücke abgeschnitten. Das sind die Schaufelräder. Mit dem Taschenmesser etwas abflachen und den Rest der Rute in der Mitte, wie auf der Zeichnung, zweimal spalten. In die Spalten werden die Schaufelräder geschoben. Dann legt man das Querstück auf die beiden im Wasser stehenden Astgabeln.

Rindensegelschiff

In ein Papierquadrat werden einen Zentimeter vom Rand entfernt zwei gegenüberliegende Löcher gestochen. Einen Zahnstocher durchstecken und die Spitze in ein Rindenstück bohren. Wenn hinter dem Segel ein brennendes Teelicht steht, fährt das Schiffchen auch ohne Wind.

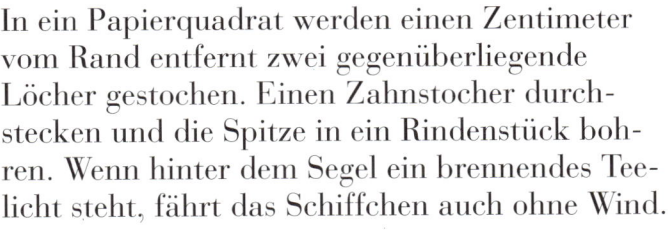

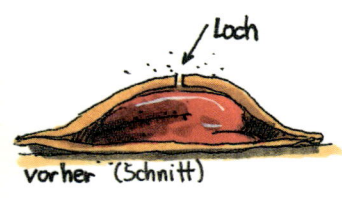

Loch

vorher (Schnitt)

nacher

Magmakammer

Die Alpen auf dem Küchentisch

Lehreiche Experimente mit Steinen

Vulkan im Backofen

Einen Vulkanausbruch kann man prima mit Marmeladenplätzchen demonstrieren. Man setzt auf eine Platte ausgerollten Mürbeteig in regelmäßigen Abständen dicke Häufchen Erdbeermarmelade. Darauf wird wieder eine Platte Teig gelegt. Wo sich die Marmeladenhäufchen abbilden, werden runde Plätzchen ausgestochen und diese an den Rändern fest zusammengedrückt. Dann macht man über jedem Marmeladenhäufchen ein kleines Loch in den Teigdeckel, legt die Plätzchen auf ein mit Backpapier ausgelegtes Backblech und schiebt sie in den vorgeheizten Backofen. Sobald die Marmelade heiß wird, fließt sie durch das Loch nach oben aus – wie Lava aus einem Vulkan!

Wie Gebirgsketten entstehen

Wo Vulkane ausbrechen, wachsen kegelförmige Berge empor. Gebirgsketten wie die Alpen oder der Himalaja bestehen aber nicht aus lauter nebeneinandergesetzten Vulkanen, sondern sie wurden anders gebildet. Das kann man leicht verstehen, wenn man vier bis fünf verschiedenfarbige Frotteehandtücher übereinander auf einen glatten Tisch legt und damit die übereinander abgelagerten Schichten von Gestein darstellt. Schiebt man nun die Tücher mit beiden Händen von weit außen nach innen zusammen, so bilden sich lauter Falten und Aufwerfungen. So entstanden die Alpen, als vor Zigmillionen von Jahren die afrikanische Platte mit Europa zusammenstieß.

Steine sammeln und untersuchen

Steine zu bestimmen ist gefährlich, denn hierzu muß man sie zertrümmern und mit verdünnter Salzsäure beispielsweise chemisch analysieren. Es lohnt sich aber, einfach eine

Vulkane brechen aus, weil unter der harten Erdkruste heißes Magma fließt. Es steht unter großem Druck und drängt durch Risse und Spalten nach oben. Beim Aufsteigen bilden sich Gase im flüssigen Gestein. Diese dehnen sich stark aus und schleudern schließlich das Magma mit großer Gewalt heraus.

82

hübsche Steinsammlung anzulegen und in detektivischer Kleinarbeit herauszufinden, durch welche äußeren Einflüsse diese Steine wohl geformt wurden; dabei gibt der Fundort schon recht gute Aufschlüsse: Steine aus Flüssen und Bergbächen sind z. B. glatt und gerundet, weil sie vom fließenden Wasser bearbeitet wurden. Man kann darüber hinaus auch noch folgendes ausprobieren:

● Welcher Stein ritzt einen anderen? Der Stein, der Ritzen in den anderen macht, ist jedenfalls der härtere!

● Kann man mit dem Stein malen oder nicht, und wenn ja: Welche Farbe hat der Strich? Manche Steine haben eine andere Farbe als ihr Strich; z. B. hinterläßt der stahlgraue Hämatit einen roten Strich, der metallgelbe Pyrit einen grünschwarzen. Am besten malt man auf der rauhen Rückseite einer Kachel.

● Wie fühlt sich der Stein an? Rauh, glatt?

● Kann man mit bloßem Auge oder unter der Lupe Kristalle erkennen?

● Lassen sich mit einem Nagel Körnchen abkratzen? (Wenn nicht, hat man vielleicht Quarz, Gneis oder Granit gefunden.)

● Will man doch einmal einen Stein zerklopfen, um seine Spaltbarkeit und Bruchfähigkeit zu erkunden, so sollte man ihn mit einem Tuch abdecken, damit keine Splitter ins Auge fliegen.

Schon kleine Kinder haben sehr viel Spaß daran, wunderbar weichen Gasbeton nach Herzenslust zu bearbeiten: Er läßt sich kratzen, feilen, sägen, behauen; man kann mit wenig Kraft Nägel hineintreiben oder Schrauben eindrehen.

Was liegt oben, was liegt unten?

Macht man einen Querschnitt durch eine einzelne Gesteinsschicht, die sich am Meeresboden abgesetzt hat, stellt man fest, daß unten jeweils dickere Bröckchen und Körnchen liegen als oben. Das Wasser hat die abgesetzten Teilchen bewegt und quasi »sortiert«, und die dickeren Teilchen sinken schneller ab als die feinen. Das kann man ausprobieren, indem man eine durchsichtige Plastikflasche etwa zehn Zentimeter hoch mit feinem Schlamm, mit Sand und kleinen Kieselsteinchen füllt, dann Wasser aufgießt und alles kräftig durcheinanderschüttelt. Läßt man die Flasche ein paar Tage ruhen, haben sich die dicksten Steinchen unten abgesetzt, die mittleren (Sand) in der Mitte und die feinsten (Schlamm) ganz oben.

Kieselsteincollagen

Alles, was man braucht, ist ein ausrangiertes Küchensieb und eine Dose für die Beute. Und natürlich einen Sandhaufen an einer Baustelle oder Kiesgrube.

Wer Kieselsteincollagen machen möchte, braucht erst einmal einen ordentlichen Kieselsteinvorrat. Dieser Vorrat allein ist schon ein großes Vergnügen. Gerade unter den kleinen, etwa linsen- oder erbsengroßen Kieselsteinen gibt es vielfältige Formen und Farben: flache, runde, weiße, schwarze, braune, gelbe, graue und gesprenkelte. Die ganze Pracht vor dem Beginn der Arbeit erst einmal sortieren: Wozu reicht dieses Material aus, zu welchem Muster lädt es ein?

Dann braucht man noch ein kleines Holzbrett oder einen steifen Karton oder ganz einfach Bierdeckel, die mit Schmirgel- oder Sandpapier überklebt werden. Erst das Muster legen und korrigieren, was nicht gefällt. Dann mit wenig, nicht tropfender Klebe die Steine einzeln auf die Unterlage kleben.

Wer will, kann auf freie Stellen Klebe auftragen und groben Sand darüberstreuen. Etwas andrücken und nach dem Trocknen den Überschuß wegnehmen. Einen Bildaufhänger befestigen. Fertig. Wenn man außer den ganz kleinen Kieselsteinen einen oder mehrere große in die Gestaltung des Bildes einbeziehen möchte, nimmt man als Bildträger am besten eine Schicht Gips. Je nachdem, ob eine runde oder ovale Form gewünscht wird, wählt man einen Teller o.ä. als Gießform. Die Gipsmasse wird nach Anweisung auf der Packung angerührt und in die Form gegossen. Nicht zuviel Gips verwenden, weil das Bild zusammen mit den Steinen am Ende vielleicht zu schwer wird. Nun werden die Steine ein wenig in die Masse gedrückt, so daß sie gut haften. Ist der Gips trocken, kann das Bild aus der Form genommen werden. Unter den oberen Rand wird nun das Loch für einen Nagel gestochen. Der Gips muß jetzt noch weitertrocknen und richtig fest werden.

Ganz besonders wertvoll wird eine Kieselsteincollage mit einem kleinen Halbedelstein als Höhepunkt. Wenn es ein Geschenk für jemanden sein soll, kann es dessen Monatsstein sein, also der Stein, der in der Astrologie dem Geburtsmonat zugeordnet ist. Er soll Glück bringen!

Mit den steinernen Collagen kann man ganze Panoramen schaffen.

Kiesel, Fels und Edelstein

Vom Leben der Steine

Hart wie Stein

Sand fühlt sich weich an, aber Steine sind hart – steinhart
eben! Viel mehr weiß manch ein Erwachsener über Steine
nicht. Kinder aber fragen früher oder später: Können Steine wachsen? Warum kann man in manche Steine Rillen
einritzen, in andere nicht? Warum kann man mit einigen
Steinen Hüpfhäuschen auf dem Bürgersteig malen, mit
anderen nicht? Warum sind Steine rot, weiß, grau oder
braun? Warum schimmern und glitzern einige so schön?

Der Stoff, aus dem die Steine sind

Muschelkalk und Kreide
bildeten sich aus
tierischen Resten, Kohle
aus Bäumen, die vor 300
Millionen Jahren in den
Urzeitsümpfen umfielen
und zusammengedrückt
wurden.

Alle Steine, vom einfachen Kieselstein bis zum kostbarsten
Edelstein, vom Hinkelstein des Obelix bis zum dicksten
Felsbrocken, der sich im Gebirge auftürmt, bestehen aus
Mineralen; sie werden deshalb auch Minerale oder Minera-
lien genannt. Minerale sind Grundstoffe oder Verbindun-
gen, die überall in der Erdkruste vorkommen, aber auch
auf dem Mond oder in Meteoriten, den außerirdischen
Gesteinsbrocken, die am Himmel als Sternschnuppen ver-
glühen. Wir unterscheiden bis heute mehr als 2000 Minerale, doch nur 10 bis 30 davon kommen wirklich sehr, sehr
häufig in der Erdkruste vor. Sie bauen diese sogar fast ganz
allein auf.

Was bewirkt den Unterschied?

Verschiedene Steine bestehen aus unterschiedlichen Mineralen, entweder nur aus einer »Sorte« oder aus zwei, drei,
sechs veschiedenen. Das erklärt aber noch nicht alles, denn
der härteste Stein der Welt, der kostbare, kristallklare Diamant, und das weiche Graphit, das mit Bleistift auf Papier
gerieben wird und schwarze Striche hinterläßt, bestehen
aus haargenau dem gleichen Grundstoff. Da muß doch

noch etwas anderes eine Rolle spielen! Es ist die Art und Weise, wie der Stein entstanden ist. Nämlich durch Hitze, durch Druck oder durch »Verwandlung«.

Vulkangestein: Dort, wo die harte Erdkuste sehr dünn ist oder (z. B. durch Erdbeben) Risse bekommt, brechen Vulkane aus: Mit gewaltigem Druck wird glühendes Gestein (Magma) aus dem Erdinneren herausgeschleudert. Der mehr als kochendheiße »Sirup« erkaltet dann und erstarrt schließlich zu Stein. Doch je nachdem, ob das Lava (Magma) schnell oder langsam erstarrt, weil es weiter oben oder tiefer unten liegt, bilden sich andere Kristallformen, bekommt der Stein eine ganz andere Beschaffenheit.

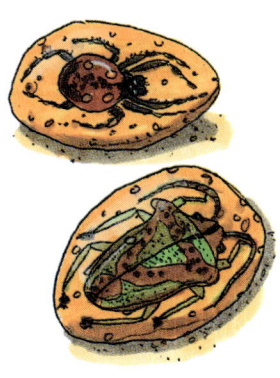

Abgesetztes Gestein: Das Gestein an der Erdoberfläche verwittert ständig. Es wird durch gefrierendes Wasser in Brocken zersprengt. wird von Gletschern, Bächen und Flüssen mitgerissen, wird durch Wind, Eis und Geröll abgeschliffen und fein zermahlen, bis es schließlich zu Sand zerfallen ist und am Meeresboden landet. Dort liegen auch, in teils kilometerdicken Schichten, die Überreste von Pflanzen und Tieren, die vor Jahrmillionen die Erde bevölkerten. Solche Ablagerungen, verwittertes Gestein wie abgestorbene Lebewesen, werden durch das Gewicht der Ozeane, aber auch durch ihr eigenes fest und immer fester zusammengedrückt – und versteinern dann.

Umgewandeltes, verändertes Gestein: Nun kann es aber auch passieren, daß auf bereits fertiges Gestein erneut Kräfte wie Hitze oder Druck (oder sogar beide) einwirken. Dann verwandelt sich das Gestein, es bekommt eine andere Struktur und Beschaffenheit und wird zu einem ganz neuen Gestein. Z. B. verwandelt sich Kalkstein, wenn er mit Magma in Berührung kommt, wegen der großen Hitze im Umkreis von einem Kilometer zu Marmor. Unter hohem Druck bilden sich aus reinem Kohlenstoff Diamanten, aus anderem »gewöhnlichen« Gestein kostbare Edelsteine. In Hohlräumen und Rissen von Quarz entsteht durch Hitze und Druck Gold.

Dort, wo heute die Alpen sind, war früher Meer. Woher wissen wir das? Die Steine verraten es uns! Fossilien, versteinerte Meerestiere und Pflanzen aus der Urzeit, bringen uns auf die Spur der Geschichte der Erde, aber auch der Lebewesen, die sie vor Ur-Zeiten nach und nach bevölkerten und die (wie die Dinosaurier) längst ausgestorben sind – zu einer Zeit, da noch kein Mensch das Licht der Welt erblickt hatte.

Der Steiger kommt...

Interessante Berufe mit dem Werkstoff Stein

Bergmann

Seit dem 17. Jahrhundert wird Kohle aus unterirdischen Flözen gefördert, und schon im Altertum gab es Gold- und Kupferminen. Doch die ersten Stollen wurden von Bergleuten bereits in der Steinzeit ins Erdreich getrieben, um Feuerstein abzubauen! Daraus machten unsere Vorfahren ihre Werkzeuge. Und sie schlugen Funken aus dem Stein und beherrschten somit das Feuer.

Architekt, Bildhauer, Steinmetz, Mosaikleger

Die Pyramiden der Ägypter, die Brücken der Römer, die Kathedralen des Mittelalters – sie sind aus Steinen erbaut. Sollen Gebäude aus tonnenschweren Quadern nicht in sich zusammenkrachen, müssen sie sorgfältig geplant und berechnet werden, von Baumeistern, heute Architekten. Die Kathedralen wurden von Steinmetzen mit Ornamenten geschmückt, berühmte Bildhauer schufen aus Marmor herrliche Skulpturen. Mosaikkünstler arbeiten mit Stein oder glasierten Keramikstückchen.

Geologe, Paläontologe

Geologen untersuchen wissenschaftlich die Entstehung und Entwicklung der Erde. Klar, daß sie sich vor allem mit Gesteinen befassen. Ein Spezialgebiet der Geologie ist die Paläontologie; Paläontologen suchen und untersuchen Fossilien: versteinerte Tiere und Pflanzen aus der Urzeit, z.B. Ammoniten, Dinosaurier, Reptilien und Urvögel.

Juwelier, Edelsteinschleifer

Sie bearbeiten kostbare Juwelen, Edelsteine und Halbedelsteine, indem sie sie polieren und ihnen den richtigen Schliff geben. Durchsichtige Juwelen werden oft mit einem Brillantschliff versehen, d.h., man schneidet rundherum viele kleine Ecken zu und poliert die Flächen, damit der Edelstein richtig funkelt.

Grillen wie die alten Germanen im Steinofen

Als der Mensch das Feuer entdeckt hatte, wurde für ihn das Leben wesentlich einfacher. Feuer bedeutet Energie, Urkraft, Leben. Kein Wunder, daß Kinder davon magisch angezogen werden. Was gibt es Schöneres, als am Lagerfeuer zu sitzen, etwas zu grillen und mit dem Stock in der Glut herumzukokeln?

Bau eines Steinofens

Als erstes müssen eine ganze Menge faustgroßer Steine gesammelt werden. Dann wird ein Ring aus Steinen mit einem Durchmesser von etwa 80 Zentimetern gelegt. Auf Lücke wird darauf eine Steinmauer hochgezogen. Sie sollte etwa 40 Zentimeter hoch sein. Als nächstes muß Feuerholz gesammelt werden. Neben großen, dicken Ästen sollten auch für das Anfeuern genügend kleinere Zweige dabeisein. Wichtig ist, daß das Holz schön trocken ist und keine Blätter oder Nadeln mehr an den Zweigen hängen. Jetzt werden die kleineren Zweige und feinen Ästchen in der Mitte des Steinofens zu einem kleinen Häufchen locker aufeinandergeschichtet und angezündet. Sobald das Holzhäufchen Feuer gefangen hat, legt man zuerst kleinere Äste und, wenn genug Glut vorhanden ist, auch größere Holzstücke darauf. Um richtig grillen zu können, braucht man eine gute Glut. Auflodernde Flammen würden das Grillgut nur schnell von außen verbrennen und innen roh lassen.

Grillspieße

Kinder lieben es, ihre Würstchen alleine über der Glut zu grillen. Als Grillspieße eignen sich Haselnußruten, aber

Vor dem Nachhausegehen darauf achten, daß die Glut nicht mehr heiß ist! Allzuleicht kann ein Windstoß das Feuer neu entfachen und aus dem Ofen hinaus ins trockene Gebüsch tragen.

Wer tagsüber grillt und danach noch viele Blätter und Zweige ins Feuer wirft, damit es heftig qualmt, kann ganz nach Art der Indianer Rauchzeichen machen. Dazu ein feuchtes (!) Tuch hoch über das Feuer halten und wieder wegziehen!

auch Zweige von anderen Sträuchern. Damit sie nicht zu
schnell Feuer fangen, sollten sie frisch von den Sträuchern geschnitten und mit dem Taschenmesser an einem
Ende zugespitzt und geschält werden. Die Würstchen
werden an beiden Enden über Kreuz eingeschnitten und
dann der Länge nach auf den Stecken gespießt. Beim
Grillen muß darauf geachtet werden, daß sie niemals in
die Flammen, sondern nur über die Glut gehalten werden. Hinter der Steinofenmauer sind auch kleinere Kinder vor dem Feuer sicher.

Das kann man grillen

Würstchen werden auf dem Stecken gegrillt, Kartoffeln
und Äpfel in Alufolie gewickelt und direkt in die Glut gelegt. Mit dem Grillspieß kann man testen, ob sie gar sind.
Fleischsteaks und Tomaten, die kreuzweise eingeschnitten
werden, kommen auf einen Rost. Beim Bau des Steinofens
kann man gleich ein Gerüst für den Rost innerhalb des
Kreises bauen. Der Rost soll etwa 20 Zentimeter über der
Glut liegen.

Stockbrot

»Bannock« ist eines der
wesentlichen Grund-
nahrungsmittel aller
Indianer und aus-
gesprochen schmackhaft.
Aus 1 kg Mehl, 2 EL
Backpulver, 2 TL Salz,
1/2 l Wasser wird ein Teig
geknetet. Etwas Teig
fingerdick um den Grill-
spieß wickeln und langsam
über dem Feuer garen, bis
es schön knusprig ist. Man
kann auch fingerdicke
Fladen formen und auf
einem flachen, im Feuer
erhitzten Stein backen (pro
Seite etwa 5 bis 10 Min.).
Am besten schmeckt
»Bannock« ganz frisch!

Steinofenbrot

Steine können Wärme ganz hervorragend speichern. Jeder hat das schon einmal erfahren, wenn er sich abends nach einem heißen Sommertag auf Steinstufen gesetzt hat. Sie sind noch immer ganz warm, obwohl die Luft bereits ziemlich abgekühlt ist. Diesen Effekt haben sich Bäcker zunutze gemacht. Im Steinofen gebackenes Brot ist sehr knusprig und schmeckt würzig. Heutzutage haben es die meisten verlernt, an einfachen Sachen wie einer Scheibe Brot Geschmack zu finden. Unser Gaumen ist fast schon zivilisationsgeschädigt und reagiert nur noch auf heftige Reize. Zurück zu den ursprünglichen, unverfälschten Nahrungsmitteln, damit unsere Geschmacksnerven wieder sensibel werden!

Zutaten:

- Steinofenbrot (beim Bäcker bestellen)
- Belag:
  Wurst, Käse, Fisch, Gemüse, frisch oder eingelegt, Obst, Quark, Butter, Erdnußbutter, Marmelade, Eier usw.

1 Steinofenbrot kann man in der Bäckerei bestellen. Damit es so aussieht wie auf der Zeichnung, muß das Brot in seiner ganzen Länge in richtig dicke Scheiben geschnitten werden. Am besten überläßt man dies dem Bäcker.

2 Die Scheiben werden, wie abgebildet, noch zweimal durchgeschnitten und so weitergeschnitten, daß viele kleine mundgerechte Häppchen entstehen.

3 Als Belag für diese Häppchen sind der Phantasie keine Grenzen gesetzt. Man kann die Schnitten auch einheitlich belegen, z.B. eine Schnitte nur mit verschiedenen Käsesorten, eine mit Wurst, eine mit Gemüse und Salat oder eine mit süßen Sachen, mit Erdnußbutter oder Schokoladencreme, mit Apfel-, Aprikosen- oder Ananasscheiben.

4 Wer mit dieser Idee einen Kindergeburtstag bestreiten will, kann auf die Fähnchen die Namen der Gäste schreiben. Lustig sind auch kleine Wimpel mit echten oder erfundenen Emblemen.

5 Natürlich müssen die Brotscheiben auch entsprechend serviert werden. Sehr passend sind nebeneinandergelegte Quadersteine. Die Brote werden auf Servietten gelegt und mit grünen Blättern außen herum verziert. Oder sie werden auf einem großen, sauberen Holztisch angerichtet.

Guten Appetit!

Gegen den Durst gibt es die sagenhaft bunten Sommerlimonaden, nämlich mit Lebensmittelfarbe eigentümlich gefärbten Sprudel oder Kirschbowle aus Kirschsaft, Sprudel, Sauerkirschen und Eiswürfeln.

Sand

Weißer, glitzernder Strand, nackte Füße im sonnengewärmten Sand, Muscheln und Seepferdchen, Plastikeimer und Schäufelchen, Sandkuchen und Sandburgen, das bedeutet Urlaub, Freiheit und Ungezwungenheit sowohl für Kinder als auch für Erwachsene. Den ganzen Tag die Seele baumeln lassen, stundenlang im badewasserwarmen Meer einem Ball hinterherjagen oder einfach nur Sandkörnchen durch die Finger rieseln lassen. Wenn man dann wieder zu Hause ist und die Urlaubskoffer auspackt, knirscht es auf dem Küchenboden, und in der Badewanne bleibt ein graubrauner Satz, nachdem sich alle Plastikschiffchen und -enten wieder im heimischen Süßwasser getummelt haben: sandige Erinnerungen.

Spielen und Lernen

Warmer Sand ist für das Krabbelkind ideal: Hände und Füße werden weich abgefedert und bekommen einen angenehmen Sinnesreiz. In einem Sandkasten kann das Kleinkind füllen und umfüllen, aufschütten, schaufeln und graben, eben nach Herzenslust

seine Umgebung kennenlernen und gestalten. Für das Kind in der Grundschule gibt es die entsprechenden Informationen dazu, beispielsweise wie der Sand ins Meer kommt (Seite 98).

Basteln und Gestalten

Wer wie so viele Kinder in der Großstadt keinen

Sandkasten in der Nähe hat, braucht dennoch nicht auf Spiele mit Sand zu verzichten. Wenn einige Vorsichtsmaßnahmen beachtet werden, kann in jeder Wohnung ein kleines Paradies aus Sand und Steinen entstehen, das Kinder stundenlang gefangenhält (Seite 104).

Poesie und Musik

Eine lustige Geschichte von zwei kleinen Mädchen, einem Dromedar und einem Kamel in der Wüste und Vorschläge für ein wahrhaft unkonventionelles Festtagsmenü direkt aus der freien Natur, das immer gelingt und auch für ganz viele Gäste reicht (Seite 106).

Spiel und Spaß

Wer mit mehreren Kindern im Urlaub ist, braucht sich am Sandstrand um nichts mehr, außer um Essen und Trinken, bei ihnen zu kümmern, wenn sie in Geschicklichkeitsspiele oder kleine Wettkämpfe vertieft sind (Seite 108).

Hantieren und Probieren

»Das Wandern ist des Müllers Lust…« Denkste, nicht nur Müller wandern gerne, sondern, man höre und staune, auch der Sand wandert, und der Teil des Strandes wird dann als Wanderküste bezeichnet. Vielleicht steht er eines Tages vor der Haustüre und begehrt Einlaß (Seite 110)!

Basteln und Gestalten

Mit Sand lassen sich sehr schöne Bilder gestalten. Also immer etwas Sand in einem gut verschließbaren Schraubglas aus dem Urlaub mitbringen. Wichtig ist, daß ganz spontan, vor allem ohne Schablone, gearbeitet wird, ohne lange nachzudenken (Seite 112).

Wissen und Lernen

Wie kommt der Sand in die Wüste? Zwei Außerirdische landen in der Sahara. Meint der eine: »Hier muß ja entsetzliches Glatteis gewesen sein.« Wundert sich der andere: »Wie kommst du denn darauf?« »Na ja, weil hier so stark aufgesandet ist.« So jedenfalls kam der Sand nicht in die Wüste. Wie es wirklich war, steht u. a. in diesem Kapitel (Seite 114).

Berufe

Ohne den Maurer würden wir noch immer in Holzhäusern leben, und ohne Sand wüßte der Maurer nicht, wie er die Steine fest miteinander verbinden sollte, damit eine tragfähige Hauswand entsteht. Auch die Perlenkette im Dekolleté einer Dame hat etwas mit Sand zu tun (Seite 116).

Basteln und Gestalten

Ist der Urlaub vorbei, bleiben die Erinnerungen. Um sie von Zeit zu Zeit aufzufrischen, werden die Mitbringsel in einem Regal untergebracht. Außen herum Sand – da riecht man den salzigen Wind und das Meerwasser (Seite 118).

Kinderküche

Keine Angst, Sandkuchen knirscht nicht zwischen den Zähnen, und man braucht auch nicht Unmengen an Saft, um den trockenen Mund zu spülen. Im Gegenteil – er ist sehr schmackhaft und eignet sich vortrefflich für ein üppiges Kuchenbuffet (Seite 120).

Mit Eimerchen und Schaufel

Spiele mit Sand fördern die Kreativität des Kleinkindes

Für die ersten Versuche des Kleinkindes, etwas zu gestalten, ist Sand ideal geeignet: Man kann ihn mit Wasser mischen und formen, in Eimern transportieren, fein sieben oder ihn einfach durch die Finger rieseln lassen und dabei seinen Gedanken und Phantasien nachhängen.

1. Jahr Im ersten Jahr braucht das Kind täglich Anregungen für seine Sinne, um seine Fähigkeiten weiterzuentwickeln. Es muß sich frei bewegen, damit es seinen Aktionsradius erweitern kann. Auf diese Weise lernt es zuerst krabbeln und dann laufen. Sand ist in dieser Hinsicht ideal. Er ist angenehm weich, so daß Herumkugeln und Hinfallen bei den ersten Gehversuchen nicht weh tut. Auch das Sitzen geht in einer kleinen Sandkuhle besser als auf der flachen Erde. Gegen Ende des Jahres ist die Handgeschicklichkeit schon fortgeschritten. Greifen und Loslassen klappt schon sehr gut, und nun ist Einfüllen, Umfüllen und Ausleeren gefragt. Ähnlich wie Wasser ist Sand dafür hervorragend geeignet. Solange noch vorwiegend der Mund zum Untersuchen der Dinge gebraucht wird, sollte man die Sandbegegnung noch ein wenig verzögern. Manche Kinder kosten nur einmal und lassen es dann für immer.

Spezielle Angebote: Urlaub am nicht sehr belebten Sandstrand ist ideal für die ganz Kleinen. Sie können ohne Windeln krabbeln, wenn die Sonne nicht zu stark ist, was sich durch Hut und Sonnenschirm verhindern läßt. Sand auf der Haut, Füße und Hände im Sand verbuddelt, das schult alle Sinne und macht obendrein noch riesigen Spaß.

2. Jahr Hände und Füße wollen etwas erleben. Das Barfußlaufen auf unterschiedlichen Oberflächenstrukturen vermittelt dem Kind vielfältige Sinnesreize, die es aufnimmt und strukturiert. Man könnte fast sagen, Barfußlaufen macht klug. Die Bewegungsspiele werden wilder, das

Kind versucht sich nicht nur im Gehen, sondern fängt an zu rennen. Für kurze Zeit spielt es auch schon konzentriert allein. Die Hände sind ebenfalls unablässige Reizzubringer zum Gehirn. Bauen, kneten, formen, etwas auffädeln oder mit den Fingern malen, all das fördert die Feinmotorik. Alles Begreifen geht über die Sinne.

Spezielle Angebote: Viele bunte Gefäße in vielen Größen, ein Lastauto, eine Gießkanne, ein Trichter und Löffel sowie Schaufeln gehören zum Sand wie der Wind zum Meer. Wenn Sie keinen Sandkasten zur Verfügung haben, geben Sie Ihrem Kind wenigstens eine Kiste oder einen Kübel mit Sand. Es geht ums Material, nicht ums Auge der Erwachsenen. Viele Sandkästen stehen leer, weil sie die Kinder überfordern. Am Sandstrand machen Wettrennen doppelt Spaß. Der fehlende Halt im Sand kräftigt die Beinmuskulatur und fördert den Gleichgewichtssinn. Wer hinfällt, wird gekitzelt oder im warmen Sand eingegraben.

3. Jahr Das Mischen und Verändern von Materialien trifft genau die psychologische Situation Ihres Kindes: Es entdeckt erste Machtgefühle. Was muß es tun, um etwas zu bewirken, das andere aufhorchen läßt? Aufgeschnappte Schimpfwörter werden auf ihre Wirkung hin getestet, oder das Kind verrührt Senf mit Marmelade, Waschpulver mit Salz oder Tinte. Stellen Sie Material bereit, damit Ihr Kind lernen kann und Sie nicht allzuoft mit unerwünschten Ergebnissen seines Gestaltungsdrangs konfrontiert sind.

Spezielle Angebote: Wenn Sie Platz haben, stellen Sie für das Kind Eimer oder Plastik-Blumenkübel auf, in denen es all das findet, was es jetzt an kreativem Material braucht: einen Kübel mit Sand, einen mit Steinen, einen mit Erde. Wasser gehört auch dazu. Und das Kind braucht eine Fläche, auf der es alle diese Kostbarkeiten verwerten kann. Die in vielen Gärten üblichen Rutschen, Schaukeln und Normsandkästen sind wenig spielgerecht. Versuchen Sie es einmal mit dem Kübelsystem!

Schon zu Beginn des zweiten Lebensjahres ist Macht ein Thema. Unzählige Male mußte es der Knirps erleben, daß ihm etwas verboten und aus der Hand genommen wurde, ohne daß er den Grund dafür nachvollziehen konnte. Jetzt ist Schluß damit, jetzt werden die Dinge selbst in die Hand genommen, und jetzt wird »nein« gesagt. Es sind die ersten Versuche, einer tiefen Abhängigkeit zu entkommen und autonom zu werden. Ab dem dritten Jahr kommen dann die Trotzphasen, die manche Mutter an den Rand der Verzweiflung, das Kind jedoch lebenstüchtig machen, weil es Selbstbehauptung lernt, auch auf die Gefahr hin, daß es abgelehnt wird.

Buddeln und Bauen

Sand als Medium für Gruppenspiele

4. Jahr Eine Art Teamgeist bahnt sich an. Im Kindergarten, wo ja meist genügend Sand zur Verfügung steht, können jetzt mehrere Kinder an einem Projekt arbeiten – und dies sogar über mehrere Tage hinweg. Die Gruppe schließt sich immer wieder freiwillig ohne Aufforderung eines Erwachsenen etwa zu einem Tunnel- oder Burgenbau zusammen. Dabei wird das Sozialverhalten eingeübt; Hilfsbereitschaft, Rücksichtnahme, aber auch die Fähigkeit, sich in die Gruppe einzubringen, werden spielerisch gelernt. Auch wenn Kinder jetzt immer öfter mit Gleichaltrigen zusammensein möchten, ist die Anwesenheit eines Erwachsenen unerläßlich. Denn gelegentlich braucht ein Projekt, wie der Sandburgenbau, neue Impulse, vielleicht ein Brett zum Abstützen oder größere Steine (Backsteine), die das Nachrücken der Sandmassen verhindern. Als Erfolg wird jedoch durchaus auch schon die abgeschlossene Gruppenarbeit empfunden.

Spezielle Angebote: Baustellen mit ihren riesigen Erdlöchern und den großen Maschinen faszinieren das Kind. Lassen Sie es getrost einmal solch einen riesigen Sandhügel erklimmen. Sand aus Socken und Schuhen ist rasch entfernt. Zu einem unvergeßlichen Erlebnis wird das Sandrutschen auf dem Hosenboden. Im Zeitalter von umweltverträglichen Waschmitteln und Waschmaschinen dürfte Schmutz eigentlich kein Hinderungsgrund sein. Hoch oben auf dem Sandhügel ist Ihr Kind der König schlechthin.

5. Jahr Mit anderen etwas zusammen tun steht weiter hoch im Kurs. Quatschmachen ist sehr beliebt. So kann ein kreatives Spiel, etwa das gemeinsame Tunnelbauen im Sand, plötzlich in wildes Sandwerfen umkippen. Das ist ganz normal. Anspannung und Entspannung wechseln sich in Phasen ab. Jetzt sind Rennen, Laufen, Springen, Hüpfen angesagt. Danach ist wieder konzentriertes Spielen möglich.

Spezielle Angebote: Sand ist immer noch, aber nicht mehr ausschließlich Manövriermasse. Woher kommt der Sand? Wie sieht es in der Wüste aus? Die Natur wird zum Thema. Geschichten und Bilder von der Natur interessieren, wenn genügend Anschaulichkeit vorhanden ist. Eine Sanduhr kann dem Kind etwas von der Zeit vermitteln, die ganz allmählich zu einem Faktor in seinem Leben wird.

6. Jahr Viele Kinder langweilen sich im Museum. Wenn sie mit Ihrem Kind und seinen Kumpels aber eine Kiesgrube besuchen, bricht ein Sturm der Begeisterung los. Es ist vor allem die Menge des Materials, die Kinder beeindruckt. Sand- oder Kieshaufen in solch eindrucksvoller Höhe bekommt man sonst nirgends zu sehen. Vorsicht ist am Wasser der Kiesgrube geboten. Die heimische Badeanstalt ist für Kinder sicherer.

Spezielle Angebote: Lassen Sie Ihr Kind Kreise, Striche, Dreiecke und Quadrate in den Sand malen, große und kleine, mit einem dicken, einem dünnen Stock und mit den Fingern. Auge und Hand können jetzt schon sehr gut zusammenarbeiten. Das Besondere ist hier die Größe, hinzu kommt der ungewohnte Abstand, in dem gemalt wird. Das ist für Ihr Kind eine große Leistung, sowohl für die Hände als auch für das Gehirn. Hindernisspringen im Sand fördert Kraft und Geschicklichkeit. Es gilt über Striche, Gräben, ja sogar Wassergräben zu springen. Ein Parcours mit Balancieren auf Linien im Sand, mit Kästchenspringen, Zielspringen. Durchrollen unter einem Hindernis, Limbotanz usw. beschäftigen Kinder einen ganzen Sommertag am Strand. Falls sich Ihr Kind schon für Buchstaben und Zahlen interessiert, können Sie diese groß in den Sand malen und es auf den Umrissen entlangwandern lassen.

Die Abenteuerlust befriedigen Sandhügel zum Runterrutschen und Erklimmen. Danach wird der Sand gründlich aus den Kleidern geschüttelt.

Dort halten's nur Kamele aus

Das Grundschulkind will alles über Sand wissen

7. Jahr Spezielle Landkarten für das Kind erregen Interesse. Es kann jetzt immer besser abstrahieren und ist stolz, wenn es Grünflächen, Wälder oder Flüsse darauf erkennen kann. Sandflächen erregen seine Aufmerksamkeit. Riesige Sandflächen, beispielsweise in Nordafrika, sind dem Kind so in der Regel noch nicht begegnet. Das erweckt seine Neugierde und spricht die Phantasie an. Wie kommt der Sand dorthin? Was wächst da? Könnten wir da einmal hinfahren? Was ist der Unterschied zur Wüste? Was der Unterschied zum Sandstrand vom letzten Urlaub? Ähnlichkeiten und Gemeinsamkeiten können jetzt wahrgenommen und bewertet werden. Wozu wird so viel Sand gebraucht?

Typische Berufe, etwa der Maurer oder Baggerführer, imponieren. Dabei spielt das direkt Sichtbare eine große Rolle: Ein Baggerführer bewegt riesige Sandhaufen, also muß er viel Kraft haben. Das beeindruckt.

Der Schaffensdrang wird immer ausgeprägter. Sandbilder, Sandlandschaften oder eine im Sand vergrabene Stadt gestaltet Ihr Kind in diesem Alter mit Begeisterung. Daneben werden Sachinformationen wichtig. Schaffen Sie ein Kinderlexikon an!

Spezielle Angebote: Sand kann jetzt auf vielerlei Arten gestaltet werden. Collagen, die oft den Eindruck eines Irrgartens erwecken, begeistern das Kind. Material hat Vorrang vor Bildgestaltung. Lassen Sie das Kind auf einer steifen Pappe Linien mit Klebe auftragen und mit Sand überstreuen. Wenn alles trocken ist, überschüssigen Sand entfernen. In die Freiräume kann es Farbe malen und kleine Steine aufkleben. In Geschäften für Aquariumsbedarf gibt es verschiedenfarbigen Sand. Auch damit lassen sich Collagen machen oder Gläser füllen – in verschiedenen Farben, unterbrochen von hübschen Steinen. Das Kind kann auch Landschaften in einem Karton gestalten, mit Hügeln, Bergen, Tälern und Seen.

8. Jahr Ausgrabungen passen in die Vorstellungskraft des Grundschulkindes. Es kann nicht genug bekommen von versunkenen Städten. »Maurer« ist als Berufsziel passé, Schliemann wird allmählich zum Idol. Das hat damit zu tun, daß die Vorstellungskraft einen Schub bekommen hat. In diesem Alter ist die Stadt – früher war es nur die Straße – zu einem räumlichen Begriff geworden. Kinder können sich jetzt vorstellen, daß diese Stadt im Sand versinkt, zugeschüttet wird bis an die Schornsteine. Und daß sie als Retter die Stadt wieder ausgraben. So ganz realistisch geht das alles nicht zu. Wenn Kinder in diesem Alter ihre Vorstellungen zeichnen oder malen, leben Wunsch und Wirklichkeit noch einträchtig beieinander.

Spezielle Angebote: Die folgenden Kapitel bieten Anregungen für die Auseinandersetzung mit dem Thema »Sand«.

Kleine Archäologen können eine Stadt aus Bauklötzen oder Schachteln bauen und mit Sand zulaufen lassen, um sie hernach ganz vorsichtig wieder auszugraben. Alles muß stehen bleiben, um es der Nachwelt zu erhalten! Das Kind möchte jetzt auch mehr über die Wüste wissen, wie die Menschen und Tiere dort leben und gelebt haben. Geschichten von ägyptischen Pharaonengräbern mit goldblinkenden Schätzen, die von Archäologen erst nach langen Jahren der Suche in der heißen Wüste gefunden wurden, lösen atemlose Spannung aus. Die Abenteuer von Beduinen, Scheichs oder die Beschreibung von Oasen in der Wüste Sahara provozieren Fragen und spornen das Kind an, mehr über die Welt, in der es lebt, zu erfahren. Ein Kinderlexikon ist für diese Altersstufe unerläßlich. Natursendungen werden gerne angeschaut, aber noch immer ist der Erwachsene beim Zuschauen wichtig. Auch im Tierreich gibt es Grausamkeiten, die Kinder nach der Hand des Erwachsenen greifen lassen, etwa wenn der Löwe Beute macht, die Schlange zupackt oder Tierkinder jämmerlich verenden. Bücher tragen zur Aufklärung bei, bieten Informationen und werden daher immer wichtiger für die geistige Entwicklung des Kindes.

Weshalb wird's in der Wüste nachts so kalt? Was ist der Fluch der Pharaonen? Ist Ägypten weit weg? Das sind Fragen, wie sie Kinder in diesem Lebensabschnitt stellen. Hilfreich bei der Beantwortung können Bilderbücher und Videos sein. Wenn dann ein Museumsbesuch angeschlossen wird, bei dem sie eine Mumie, Trinkgefäße, Schmuck oder andere Grabbeigaben bestaunen können, wird die Antike richtig lebendig. Kinder wollen vor allem konkrete Geschichten aus dem Leben von damals und keine theoretischen Erklärungen.

Für die Phantasie

Meine kleine Sandinsel

Um eine richtige Sandinsel herum ist natürlich Wasser, auf dem viele selbstgebastelte Boote fahren. Eine in Falten gelegte Plastikplane ist die Wasseroberfläche.

Kleine Kinder bekommen Bauklötze und oft auch Bäume, Tiere, Figuren und Häuser aus Holz geschenkt. Dann heißt es: Nun spiel mal schön!

Weil alles so schön bunt und handlich ist, spielen die Kinder auch eine Weile mit den kleinen Holzherrlichkeiten. Aber dann ist plötzlich »die Luft raus«. Wenn ein Lastwagen zur Hand ist, wird mit den kleinen Sachen noch ein bißchen Be- und Entladen gespielt. Und dann liegen die schönen Teile endgültig herum. Sie kommen in eine Kiste,

Anstatt eines Kuchenblechs oder eines Tabletts ist auch eine große, feste Folie, wie sie für kleine Gartenteiche verwendet wird, geeignet. Die Seiten müssen hochgeschlagen und die Ecken fest zusammengeheftet werden.

104

eine Schachtel oder Dose (schließlich war das alles ja kein bißchen billig!), und da warten sie dann auf die Erlösung vom Dornröschenschlaf – meist lange, oft vergeblich.

Ein neues Element

Ein neues Element muß her. Und dieses neue Element heißt Sand. Ja, Sie haben richtig gelesen! Sand in der Wohnung ist jedoch für manche Eltern ein Schrecken wie Hundehaare oder Kaninchenbohnen auf dem Teppich. Das hat der arme Sand nicht verdient, mußte er doch in früheren Zeiten der Hausfrau als Reinigungsmittel für viele Dinge herhalten. Bevor Sie einen Beutel Sand in einem Zoogeschäft kaufen, schauen Sie einmal in Ihren Backofen, ob dort ein Kuchenblech mit einem etwas

höheren Rand vorrätig ist. Ein Tablett aus Blech oder Kunststoff tut es auch. Nur groß genug muß es sein, weil Kinderhände Platz brauchen. Tablett oder Kuchenblech nur halbhoch füllen, damit der Sand nicht über den Rand tritt.

Und noch etwas braucht Ihr Kind: Kieselsteine und ein kleines, ganz flaches Tellerchen oder Gefäß mit Wasser, denn ohne Teich läuft nichts, außerdem brauchen alle Tiere auf der Sandinsel Wasser! Die Steine am Rand verhindern das rasche Überlaufen des Sandes. In der Mitte ist Bauland. Legen Sie genügend Zeitungen unter die Sandinsel. Auch der Platz rund um die Sandinsel wird zum Bauen gebraucht. Der Sand muß allerdings auf der Sandinsel bleiben. Mit dieser Regelung wird Ihr Kind mit Sicherheit einverstanden sein, denn das Abenteuer »Sandinsel« ist Faszination genug.

Wenn das Spiel zu Ende ist und die Figuren wieder abgeräumt sind, läßt sich mit dem verbleibenden Sand noch eine Menge anfangen. Beispielsweise kann er in einem leeren Joghurtbecher mit Fingerfarben vermischt werden. Da Fingerfarben dickflüssig sind, entsteht ein fester, farbiger Brei. Das schon vorhandene Tablett wird mit einigen Schichten Kuchenpapier abgedeckt, und dann können mit dem Sandbrei Phantasietiere oder abstrakte Formen gebildet werden.

Barbara und Isabel

Was suchte denn die Barbara
in der Wüste Sahara?
Oh, sie spielte gern mit Sand,
den sie hier auch reichlich fand.
Und wenn die Hitze furchtbar war,
saß sie unterm Dromedar.

Kinderküche

Ratet, ihr Leut',
was kochen wir heut?
Erdbrei und Grassalat
schmeckt, wenn man
Hunger hat.

Was trinkt man dazu?
Aus meinem Schuh
ein Regenbier,
das lob' ich mir.

Schlammkaffee und
Sandkuchen
könnt ihr auch versuchen,
und für arme Schlucker
ein Stück Kieselzucker.

Das Ziegelbrot
ist ein bißchen rot,
verbrannt ist es mir,
kann nichts dafür.

Aber jetzt, meine Lieben,
dageblieben
und nach dem Naschen
Geschirr abwaschen!

Richard Bletschacher

Und ihre Schwester Isabel
suchte hier ein Karamel,
das ihr knapp vor einem Jahr
aus dem Mund gefallen war.
Doch sie besaß kein Dromedar,
denn als sie in dem heißen Sand
das Karamelchen nirgends fand,
setzte sich die Isabel
hurtig unter ein Kamel.

Hans Manz

Spiele im Sand

Mit Sand läßt sich matschen, werfen, rieseln, experimentieren, bauen. Man kann ihn sieben, über den Körper rieseln lassen, damit Sanduhren, Burgen, Murmelbahnen und Straßen bauen. Mit Wasser vermischt wird er schwer, dunkel, aber leichter formbar. In trockenem Zustand ist er staubig, hell und sieht zuckerig aus.

Das Gesichterwurfspiel

Dieses Spiel läßt sich besonders gut am feinen Sandstrand spielen. Genausogut geht es aber auch in einem großen Sandkasten. Man braucht dazu nur einen kleinen Ball oder einen größeren Kieselstein.
Zuerst wird ein Gesicht von etwa anderthalb Meter

Ein lustiges Gefühl ist es, sich über die Schultern bis zum Hals im Sand einbuddeln zu lassen. Da gehört einiges an Mut dazu und Vertrauen zu den Mitspielern, weil man sich am Schluß überhaupt nicht mehr rühren kann.

Mindestens anderthalb Meter Durchmesser soll das Gesicht haben, das in den Sand gemalt wird. Die Umrißlinien werden zu kleinen Gräben erweitert und vertieft.

Durchmesser in den Sand gemalt: mit zwei großen Augen, einer runden Nase, einem lachenden Mund, zwei abstehenden Ohren und drei bis vier Haaren auf dem Kopf. Dann hebt man die Umrißlinien zu Gräben aus. Sie müssen so breit und tief sein, daß der Ball in sie hineinfallen kann.

Ein Stück vom Gesicht entfernt wird eine Linie gezogen, von der aus abwechselnd geworfen wird. Je nachdem, wohin das Kind trifft, bekommt es Punkte: daneben = 0 Punkte; Gesichtsumrandung = 1 Punkt; Mund = 2 Punkte; Nase = 3 Punkte; Augen = 4 Punkte; Ohren = 4 Punkte; Haare = 5 Punkte. Es werden fünf Runden gespielt. Wer die meisten Punkte hat, hat gewonnen.

Am Hafen ist immer etwas zu reparieren. Stundenlang, wenn es das Wetter erlaubt, können sich Kinder mit ihrem Steinhaufen, mit Wasser und Sand beschäftigen.

Sandkugelbahn

Zuerst wird der Sand etwas angefeuchtet. Dann schaufelt man ihn zu einem möglichst hohen Berg zusammen und

klopft ihn fest. Die Bahnen werden mit den Händen geformt. Wichtig ist, daß die Bahn von oben nach unten immer leicht abwärts führt. Mit glatten Stöcken können Tunnels durch den Berg gebohrt werden. Wenn der Sandberg sehr hoch ist, können auch zwei Kugelbahnen hinunterführen, die sich an manchen Stellen überschneiden. Man läßt oben zwei Kugeln gleichzeitig runterrollen. Gewonnen hat diejenige, welche zuerst unten angekommen ist. Bei sehr festem Sand kann man mit Glasmurmeln spielen. Ist der Sand weicher, sind Pappmachékugeln oder leichte Gummikugeln besser.

Bei einem Urlaub am Sandstrand dürfen folgende Spielsachen nicht fehlen: eine große und eine kleine Plastikschaufel, Plastikeimer, Sandsieb, Sandförmchen, kleine Bälle, Murmeln, Plastikente, Plastikschiff, kleine Figuren, damit die Ritterburg oder der Zoo aus Sand auch bevölkert werden kann.

Wellenbrecher und Wanderdünen

Lehrreiche Experimente mit Sand

Warum rieselt trockener Sand?

Jeder kennt das wunderbare Gefühl, wenn man feinen Sand durch die Finger rieseln läßt! Doch warum rieselt eigentlich trockener Sand, während angefeuchteter Sand kleben bleibt? Trockene Sandkörnchen haften nicht aneinander, weil die Hohlräume zwischen den einzelnen (rundlichen!) Körnern durch Luft ausgefüllt werden.

Das Luftpolster verringert den Reibungswiderstand, der bremsende Wirkung hat und bis zu einem gewissen Punkt die Schwerkraft »überlistet«. Das einfachste Experiment, das man hierzu machen kann, ist der Bau einer Sandburg: Mit ganz trockenem Sand hält sie nicht, man muß den Baustoff anfeuchten!

Spuren im Sand

Beim Urlaub am Strand wird natürlich viel herumgelaufen. Hier kann man ausprobieren, wo die Fußstapfen im Sand sichtbar bleiben und wo nicht. Im trockenen Sand verwehen sie schnell, im ganz nassen Sand (am Spülsaum) zerfließen sie sofort. Warum? Weil das zwischen den Sandkörnchen eingelagerte Wasser die gleiche Wirkung hat wie Luft: Es bringt den Sand zum Fließen, weil es die einzelnen Körnchen sogar auseinanderdrückt. Patschnasser Sand ist unstabil.

Chaos und Ordnung

Man gebe eine halbe Handvoll ganze Pfefferkörner und eine ganze Handvoll trockenes Speisesalz in ein Marmeladenglas, verschließe dieses, schüttle alles gut durcheinander und rüttele anschließend noch ein wenig. Was passiert? Das feine Salz liegt unten, die Pfefferkörner oben. Woher kommt diese geheimnisvolle Ordnung? Nicht vom

Gewicht und auch nicht von der Schwerkraft, sondern weil die größeren Körnchen (Pfeffer) wegen ihrer größeren Angriffsfläche der Schwerkraft mehr Reibungswiderstand entgegensetzen als die kleinen (Salz). Deshalb rieselt feiner Sand beim Rütteln im Sieb nach unten (und fällt schließlich durch die Löcher), die mitteldicken Körnchen liegen darüber, die dicksten aber (z. B. kleine Kieselsteinchen) ganz oben im Sieb, obwohl sie viel schwerer sind!

Wellen im Sand

Wind, aber auch bewegtes Wasser (Fluß, Meereswellen) hinterläßt Rippen im Sand, regelmäßige, langgezogene »Sandwellen«. Wie das geschieht, kann man mit einer runden Schüssel und mit einem großen, viereckigen Bottich ausprobieren. Man füllt beide Gefäße gut 10 bis 15 Zentimeter hoch mit Wasser und läßt dann feinen Sand auf deren jeweiligen Boden rieseln, so daß dieser gleichmäßig bedeckt ist. In die runde Schüssel legt man in die Mitte einen dicken Stein. Rührt man das Wasser um den Stein herum in einer Richtung um, ohne dabei den Sand zu berühren, bilden sich nach einiger Zeit regelmäßige Rippen am Boden. Das gleiche geschieht, wenn man den viereckigen Bottich sanft hin- und herschaukeln läßt und so Wellen erzeugt.

Wellenbrecher und Wanderküsten

Strandsand wandert an den Küsten entlang, wenn die Meereswellen regelmäßig schräg auftreffen. Wer wissen will, in welche Richtung der Sand wandert, muß folgendes Experiment durchführen: Man braucht nur einen Wellenbrecher senkrecht zur Küste ins Meer zu bauen, etwa aus ein paar nebeneinandergelegten, dicken Wackersteinen. An der Seite, auf der die Wellen schräg auftreffen, lagert sich bald Sand an, an der Rückseite bilden sich Vertiefungen – und der Sand wandert nicht mehr! Anders ist es, wenn man nur einen Wackerstein auf Sand ins Wasser legt: Der Sand wird rundherum weggespült, weil sich die Strömungsgeschwindigkeit des Wassers hier vergrößert. Der Stein sinkt mehr und mehr ein.

Aus zwei gleich großen Honiggläsern kann man eine einfache Sanduhr bauen. Die Deckel klebt man mit den glatten Flächen aufeinander und bohrt dann in der Mitte ein Loch. Nachdem man eines der beiden Gläser zu zwei Dritteln mit feinem, durchgesiebtem Seesand gefüllt hat, schraubt man beide Gläser an den Doppeldeckel. Während der Sand vom oberen Glas in das untere rieselt, bringt man alle zwei Minuten mit Klebestreifen eine Markierung an (Gläser umdrehen und das Ganze wiederholen). Fertig ist die Uhr aus der Natur!

Sandbilder

So wird's gemacht

1 Styropor- oder Holztafel gleichmäßig mit Tapetenkleister bestreichen.

2 Den Sand über den noch feuchten Kleister gleichmäßig rieseln lassen, bis die Tafel ganz bedeckt ist.

3 Nun werden mit dem Pinselstiel die Umrißlinien und Muster in den Sand hineingeritzt. Bei der abgebildeten Ente wurden nur Grundformen verwendet. Ein Oval für den Körper und den Flügel der Ente, eine Spiralform für den Kopf, Dreiecke für den Schnabel und die Flossen, Kreise für die Augen, ebenfalls für die Baumkrone, ein Trapez für den Baumstamm usw. Alle Gegenstände in einer Landschaft kann man stark vereinfachen, indem man sie in geometrische Formen zerlegt. Kreise, Rechtecke, Quadrate, Dreiecke, Rauten, Spiralen usw. kann man erst einmal auf Papier üben. Wichtig ist, daß man keine Hilfsmittel zur Hand nimmt, sondern frei aus der Hand zeichnet. Nur dann wirkt das Bild später auch lebendig. Auch die Natur weist immer kleine Unregelmäßigkeiten auf!

4 Die Sandtafel mit den Umrißlinien und Mustern über Nacht trocknen lassen.

5 Bevor das Bild angemalt wird, läßt man den überflüssigen Sand von der Tafel abrieseln.

6 Nun wird das Bild mit den Deckfarben bemalt.

Sehr reizvoll ist es, von Anfang an mit farbigem Sand zu arbeiten. Entweder das gesamte Bild in einer Farbe halten oder verschiedene Farben benutzen und das Bild dementsprechend gestalten, z.B. mit geometrischen Figuren. Farbiger Sand wird so hergestellt: einen Joghurtbecher halbvoll mit Wasser füllen und mit Wasserfarben die gewünschte Schattierung herstellen; reichlich Sand hineinschütten, umrühren, kurz einwirken lassen und auf einen Teller mit Küchenkrepp ausschütten; zwei Tage trocknen lassen.

Wichtig ist, daß man sich auf wenige Farben konzentriert. Ein Bild wirkt mit wenigen Farben viel stimmungsvoller. Je mehr Farben verwendet werden, desto bunter und unruhiger wird das Bild.

Reliefstruktur

Einen sehr wirkungsvollen, zusätzlichen Effekt erreicht man, indem bestimmte Teile des Bildes reliefartig hervorgehoben werden.

Dafür trägt man auf den noch unbemalten Sand an diesen Stellen zusätzlich Tapetenkleister auf. Auf dem abgebildeten Bild wurden das Schilf und die Musterung im Federkleid der Ente hervorgehoben. Durch das Relief wirkt das Bild räumlicher. Wichtig ist, daß der Tapetenkleister wieder gut trocknet, bevor man das Bild bemalt! Je nach Bemalung kann der Effekt verstärkt werden.

Materialien

- Holzbrett, Preßspanplatte oder Styroportafel (40 x 30 cm)

- Tapetenkleister

- Feiner Sand (z.B. Vogelsand)

- Deckfarben

Werkzeuge

- 1 Borstenpinsel, (20–30 mm breit)

- 1 Haar- oder Borstenpinsel (Größe 10)

Leben in der Wüste

Wissenswertes über den Sand

Nur der kleine Bruder vom Stein?

Sand ist nichts anderes als zermalmtes, zerriebenes, verwittertes, feinst zerkrümeltes Gestein. Verschiedene winzige Mineralkörnchen, die schließlich übrigblieben, wurden von Wind und Wasser irgendwohin transportiert und abgelagert: z. B. am Grund des Meeres, am Strand oder in der Wüste. In einer Handvoll Sand sind daher viele verschiedene Minerale locker miteinander vermischt. Wenn man Sand genau betrachtet, erkennt man dunkle und helle Körnchen, durchsichtig glitzernde und undurchsichtige, runde und eckige, grobe und feine. Ein einziges Sandkörnchen kann man wohl als den kleinen Bruder vom Stein bezeichnen. In einer Handvoll Sand ist jedoch mitunter eine ganze »Großfamilie« versammelt! (Aber: der schwarze Sand um die noch tätigen Vulkane Hawaiis und der fast gleißendweiße, kalkhaltige Muschelsand.)

Große Körner, kleine Körner

Betrachtet man ein Häuflein Sand unter der Lupe, dann sieht man, daß die Sandkörnchen verschieden groß sind; die Größe eines Sandkorns ergibt sich z. B. aus seinem Alter (wie lange schon ist es der Verwitterung ausgesetzt), aber auch aus seinem Grundstoff, dem Mineral, aus dem es besteht. Denn wir wissen ja bereits: Es gibt härtere und weichere Minerale, und die weichen lassen sich leichter abreiben und feiner zerkrümeln.

Wassersand und Windsand

Je nachdem, ob Sand von Wasser oder Wind transportiert wurde, unterscheidet man zwischen Flußsand, Schwemmsand, Seesand (alle vom Wasser transportiert) und Flugsand, Dünen- und Wüstensand (vom Wind transportiert). Die größten Mengen an Sand sind in und an den Meeren und in den Sandwüsten verteilt. Hier wie da ist der Sand salzig.

Sandstein entsteht, wenn Sandkörner z. B. durch Ton, Kalk oder Kiesel miteinander verkittet werden. Der Ayers Rock ist ein gigantischer, 348 Meter hoher, mit Glimmer durchsetzter Sandsteinblock. Je nach Tageszeit leuchtet er mal flammend rot, mal purpurn, mal pink und mal karminfarben. Das »rote Herz Australiens« ist 600 Millionen Jahre alt.

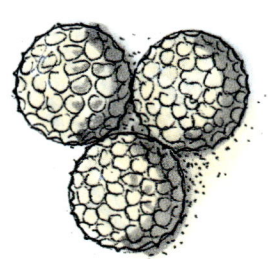

Von der Wüste zur Sandwüste

Daß Sand mit dem Wasser ins Meer gespült wird, wissen
wir bereits – aber warum »ertrinken« Sandwüsten förm-
lich im Sand, bzw. warum gibt es dort mehr Sand als
anderswo? Eine Erklärung ist diese: Die Sandwüsten bilden sich aus verwittertem Sandstein. Die andere: Sandwüsten liegen, wie z. B. die Ergs der Sahara, eingebettet
inmitten anderer Wüsten – Fels- und Schutt-, Kies-
und Geröllwüsten. Hier wie dort fehlen Wasser und
Pflanzen, der Himmel ist wolkenlos. Tagsüber kann
deshalb die Sonnenwärme ungebremst auf die Oberfläche einwirken und nachts ungehindert wieder abziehen. Deshalb gibt es in den Wüsten
zwischen Tag und Nacht riesige Temperatur-
schwankungen von -50 °C bis +70 °C! Dieses
tagtägliche Wechselbad macht den stärksten Fels
spröde, er zerfällt viel schneller als anderswo zu scharf-
kantigem Schutt. Der Wind hobelt die Kanten ab, nimmt
die kleinen Körnchen mit und verfrachtet sie so weit, bis
er schwächer wird. Dort, wo die Transportkraft des Windes nachläßt, bilden sich Flugsand, 100 Meter hohe
Sanddünen und reine Sandwüsten.

vorher   nacher

Kein Leben im Sand?

Im Gegenteil! Im Meer und an den Küsten ist der Sand
recht artenreich belebt; viele Wassertiere nutzen ihn, um
sich darin einzugraben und zu verstecken (z. B. Krebse
oder Plattfische); auch manche Pflanzen haben sich auf
das Wachsen im Sand spezialisiert und festigen ihn mit
ihren Wurzeln (z. B. Strandhafer). Im Wüstensand jedoch
finden wir zwar Leben, aber kein sehr vielfältiges. Wegen
des Wassermangels herrschen härteste
Bedingungen. Da die Wüsten erdge-
schichtlich gesehen durch Klimaverän-
derungen erst kürzlich entstanden
sind, hatten Tiere und Pflanzen
noch nicht genügend Zeit, um
sich an die extremen und
widrigen Lebensräume
anzupassen.

Dünen können einige
hundert Meter hoch
aufgetürmt werden. Weht
der Wind immer aus der
gleichen Richtung, dann
ist die dem Wind
abgewandte Seite sehr
steil. Die Sandkörnchen
purzeln hinunter, und die
Düne wandert in
Windrichtung voran.

Nicht auf Sand gebaut

Interessante Berufe, die mit Sand zu tun haben

Glasbläser, Optiker, Glasdesigner, Graveur

Die berühmtesten Glashütten und -werkstätten sind auf der Insel Murano bei Venedig. Dort wurden seit dem 13. Jahrhundert auch optische Linsen und Brillengläser hergestellt. Glasdesigner erfinden, etwa für Trinkgläser und Vasen, hübsche Formen. In manche Gläser werden durch Schleifen Ornamente eingraviert. Einfaches Fensterglas wird industriell platt gewalzt.

Schon im 3. Jahrtausend v. Chr. beherrschten die alten Ägypter die Kunst des Glasmachens; ihr Glas war jedoch noch undurchsichtig und leuchtete in kräftigen Farben. Zuerst machte man Schmuck daraus, seit 1500 v. Chr. auch Glasgefäße und sogar Flaschen: Man hängte ein mit tonigem Sand gefülltes Leinensäckchen in eine Tonform, die geschmolzene Glasmasse enthielt; das Leinen verbrannte, den Sand konnte man nach dem Erstarren des Glases durch den Flaschenhals ausschütten, die Tonform wurde abgeschlagen. Im Laufe der Geschichte hat man dann weitere Methoden erfunden, wie Glas geformt werden kann: durch Blasen, Walzen oder Pressen.

Perlenzüchter

Gerät ein Sandkorn in eine lebende Auster oder Muschel, so wehrt sich das Tier gegen den Fremdkörper und legt viele hauchdünne Schichten von Perlmutter darum. So entsteht eine weich schimmernde Perle. Echte Perlen werden von Perlentauchern oder -fischern mit den Muscheln oder Austern aus dem Meer geholt, sie sind selten und deshalb sehr teuer. Perlenzüchter »impfen« Austern mit Sand und lösen so den Abwehrmechanismus aus.

Freskenmaler

Der Maurer rührt den Mörtel an. Sand und Kalk werden gebraucht, um die Bausteine miteinander zu verbinden.

Fresken sind sehr haltbare Wandgemälde. Sie werden auf eine Putzschicht aus nassem Kalkmörtel aufgetragen. Während des Malvorgangs verbindet sich die Farbe mit dem nassen Untergrund, und der Kalk bildet an der Oberfläche eine schützende, harte Schicht.

Strandgut

Der Sommer neigt sich dem Ende zu, und die Abende werden wieder kühler. Viele waren in den Ferien verreist, am Meer, im Gebirge oder einfach auf dem Land. Jeder hat Souvenirs und Erinnerungsstücke mitgebracht: ein kleines Stück vom Lieblingsfelsen am Seeufer, ein bißchen weißen Sand und natürlich jede Menge Muscheln und seltsames Strandgut. Wohin mit all dem, was im Urlaub die Hosentaschen prall gefüllt und dann säuberlich verpackt die Heimreise mit angetreten hat? Es sind ja nicht nur die Gegenstände, die aufbewahrt werden wollen, sondern auch die damit verbundenen Erinnerungen. Ein kleines Regal muß her, das an der Wand oder im großen Regal Platz findet.

Und so wird's gemacht

1 Kleine Schachteln und Streichholzschachteln mit dem Rücken auf einen sehr steifen Karton kleben. Die Seitenteile und die Rückwand werden mit Holzspachteln verstärkt.

2 Das fertige Regal in eine offene, stabile Schachtel setzen und festkleben. Das Regal hat jetzt einen Sockel und kann stehen. Sockel mit Spachteln bekleben.

3 Regal hinlegen und füllen. Alles leicht ankleben, etwa mit doppelseitigem Klebeband.

4 Sand oder ganz winzige Dinge in ein Glas füllen und eventuell mit einem Korken verschließen. Auch ankleben, damit es beim Bewundern nicht herausfällt.

5 Wenn das Regal an der Wand hängen soll, muß es vom Sockel her gestützt werden. Man legt einen Bindfaden rund um das Regal, macht oben rechts und links je eine Schlaufe zum Aufhängen. So hält es besser.

6 Wer ganz verwegen ist, kann besondere Stellen um das Strandgut herum mit Kleber bestreichen und etwas Strandsand darüberstreuen. Das sieht dann wirklich echt wie im Urlaub aus. Und man kann sich lebhaft an all das Schöne erinnern.

Wer ganz viel Sand mitgebracht hat, kann auch zu Hause das Fußabdruck-Ratespiel machen. Auf ein Backblech viel Sand streuen und die Oberfläche glattstreichen. Ein Kind muß so lange wegschauen, bis ein anderes einen Fußabdruck im Sand hinterlassen hat. Nun muß herausgefunden werden, zu wem der Fußabdruck gehört.

118

Sandkuchen – einmal anders

Sandkuchen muß gar nicht so trocken sein. Für Kindergeburtstage und andere fröhliche Festlichkeiten ist diese Variation des klassischen Gebäcks bestens zu empfehlen. Die Kinder können beim Backen und Dekorieren kräftig mithelfen.

Dabei sollten Eltern in Kauf nehmen, daß die Küche nach dem ersten Backvergügen etwas wüst aussieht. Kinder müssen erst lernen, mit den Zutaten und den Küchengeräten umzugehen. Je früher sie damit anfangen, desto eher sind sie eine wirkliche Hilfe im Haushalt, auf die man bauen kann. Also, drücken Sie beim ersten Mal ein Auge zu.

Zutaten

- 3 Eier
- 25 g Zucker
- 1 Prise Salz
- 1 TL abgeriebene Zitronenschale
- 225 g abgeriebene Speisestärke
- 225 g Margarine
- 1 gehäufter TL Backpulver
- 2 Becher Schlagsahne
- 1 Pfund gemischte Beeren (Himbeeren, Erdbeeren, Johannisbeeren)
- Kastenform (30 cm lang)

Zubereitung

1 Eier, Zucker, Salz und Zitronenschale vermischen und kräftig schlagen, bis der Zucker aufgelöst ist.

2 Dann unter Rühren die Speisestärke zugeben.

3 Die Margarine im Topf erwärmen (schmelzen) und heiß unter die Rührmasse geben.

4 Zum Schluß Backpulver beimengen.

5 Die Kastenform mit Backpapier auslegen und den Teig einfüllen. Im vorgeheizten Backofen eine knappe Stunde bei 175 °C backen.

6 Nach etwa einer Viertelstunde den Kuchen der Länge nach mit einem Messer einritzen.

7 Kuchen aus der Form nehmen und auskühlen lassen.

8 Den Sandkuchen in Scheiben schneiden und diese – wie die Abbildung zeigt – in eine große flache Form legen.

9 Die Schlagsahne darüberverteilen und dicht mit Himbeeren, Johannisbeeren und Erdbeeren bedecken. Mit gehackten Nüssen oder Eis verzieren.

Viel Spaß und guten Appetit!

Wind

Woher er kommt – wohin er geht – letztlich bleibt es ein Geheimnis. Die Wolken am Himmel sehen aus, als würden sie erbarmungslos gejagt, und die Menschen, die vor den Trümmern ihres Hauses und der zerstörten Ernte stehen, haben seine furchtbare Kraft zu spüren bekommen. Mit einem Orkan ist wahrlich nicht zu spaßen, aber das laue Sommerlüftchen, das einem das Haar aus dem Gesicht bläst wie eine Liebkosung, das die schönen, bunten Windräder in Bewegung versetzt, die Brise für das Segelschiff und die Windmühle und sogar noch der Herbststurm, der die Blätter hochwirbelt und einem den Hut vom Kopf reißt, ist eine willkommene Abwechslung im Alltagseinerlei und macht mit seiner Energie Kindern und Erwachsenen viel Spaß.

Spielen und Lernen

Kinder können sich ausschütten vor Lachen, wenn es um sie her wild zugeht, wenn der Wind in die Bäume fährt und sie schüttelt, wenn er Papier herumfliegen läßt und Papa den Hut vom Kopf weht. Vorausgesetzt sie fühlen sich geschützt und geborgen. In warme Kleidung gesteckt, sicher im Buggy angeschnallt oder fest an der Hand der Eltern, läßt sich's gut am Toben der Natur teilnehmen (Seite 126).

Basteln und Gestalten

Einen Drachen selbst bauen und ihn dann im Herbstwind steigen zu lassen, erfordert schon einiges Geschick. Aber wie groß ist dann die Freude, wenn er nicht auseinanderfällt und sich kühn durch die Luft gen Himmel schwingt. Da kommt kein gekaufter Drachen hin (Seite 132).

Poesie und Musik

Etwas traurig ist die Geschichte von Robert, denn in ihr wird der Wind als bedrohlich geschildert, wo man gut auf sich aufpassen muß. Generationen von Kindern haben diese Geschichte schon gehört, die besser zur Vorsicht anhält als ein erhobener Zeigefinger (Seite 134).

Spiel und Spaß

Wind kann man selbst erzeugen durch Blasen. Dazu gibt es Wettpustespiele, aber auch erstaunliche und überraschende Effekte, wie das hüpfende Ei oder die Luft-Wurst (Seite 137).

Hantieren und Probieren

Man kann sie nicht sehen und nicht fassen, aber dennoch trägt sie einen beispielsweise beim Fliegen in einem Düsenflugzeug oder noch deutlicher im Segelflieger. Luft bietet Widerstand. Wer schon einmal auf einem Motorrad gesessen oder im offenen Motorboot übers Wasser geflitzt ist, weiß das (Seite 138).

Basteln und Gestalten

Im fernen Osten kann man sie an allen Tempeln aufgehängt sehen, Windklangspiele und Glöckchen. Ihre feinen Töne werden vom Lufthauch davongetragen und harmonieren auf wunderbare Weise mit dieser beschaulichen Atmosphäre. Die beste Erholung für vom Alltagslärm geplagte Ohren (Seite 140).

Wissen und Lernen

»Kräht der Gockel auf dem Mist, ändert sich das Wetter oder es bleibt wie es ist.« So einfach, wie in diesem Vers ist es nun doch nicht mit den Hochs und Tiefs, mit blauem Himmel, Kälte und Gewittern. Der Wind spielt hier eine wichtige Rolle, die Luftmassen, die sich über der Erde bewegen, entscheiden über das Klima (Seite 142).

Berufe

Sich den Wind um die Nase wehen zu lassen und Seemansgarn von Meerjungfrauen oder schuppigen Ungeheuern zu spinnen, aus luftiger Höhe die Welt betrachten, den Wolken nahe zu sein und sich wie damals Ikarus der Sonne zu nähern, sind Abenteuerphantasien nicht nur von Kindern. Es gibt viele Berufe, die mit dieser Materie zu tun haben, und wer einen davon ausübt, ist deshalb noch lange kein Luftikus (Seite 144).

Basteln und Gestalten

Schon ganz kleine Kinder haben Spaß an Windrä-

dern, wenn sie so an den Kinderwagen montiert werden, daß es durch den Fahrtwind in Bewegung gesetzt wird. Auch am Dreirad oder später am Fahrrad kommt das Windrad gut zur Geltung. Viele Windräder im Gemüsegarten aufgestellt, sind einerseits ein fröhlicher Blickfang und andererseits effektive Vogelscheuchen (Seite 146).

Kinderküche

»Als ich damals mit dem Schiff zu den Eisbergen kam, sah ich auf jedem ein Windrad stecken. Und wißt ihr warum?...« So würde Käpt'n Blaubär aus der »Sendung mit der Maus« eine Geschichte zu diesem Gericht anfangen. Wer weiß, wie sie weitergeht (Seite 148)?

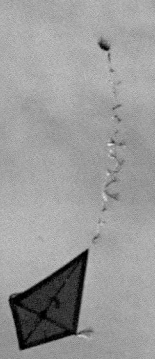

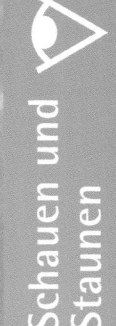

Er bringt die Blätter zum Tanzen

Kleinkinder begegnen dem Wind

1. Jahr Frische Luft ist gut für Babys, Zugluft dagegen höchst ungesund. Über etwas wird jedoch meistens nicht gesprochen: über den Wind.
Im zweiten Halbjahr vertragen Kleinkinder durchaus Wind. Sie mögen ihn sogar. Sofern sie nicht frieren müssen, ist Wind für die Haut ein großes Erlebnis. Sobald Kleinkinder an der Hand von Großen marschieren können, sollte man ihnen den Spaß gönnen, daß der Wind sie in den Rücken bläst und kräftig vorwärts treibt.

Kleine Kinder lieben es, wenn es um sie herum wild zugeht. Da ist der Wind ein richtiger Spielgefährte. Vor ihm ist nichts sicher. Seine unmittelbar sinnlich wahrnehmbare Urgewalt fasziniert und amüsiert das Kind.

Spezielle Angebote: Setzen Sie Ihr Kind in den Buggy, so daß es Sie anschaut. Schieben Sie es gegen den Wind, so daß es dem Windgeschehen nachblicken kann. Es sieht dann zugleich Sie und alles, was der Wind in Ihre Richtung bläst. Machen Sie das Kind aufmerksam, wenn besonders lustige Sachen fliegen. Befestigen Sie ein Stück Papier an einem Bindfaden, und binden Sie ihn an die Lenkstange.

2. Jahr Sobald Kinder sicher laufen können, wird der Wind für sie zum Erlebnis. Urlaub am Meer genießen sie in vollen Zügen. Aber Achtung, so ganz sicher können sie etwaigen Sturmböen noch nicht trotzen. Ein Erwachsener sollte immer schützend dabeisein. Kinder mögen die große unsichtbare Kraft, die Blätter aufwirbelt, Hüte und Halstücher über die Straße flattern läßt, daß selbst die ansonsten so allmächtig scheinenden Erwachsenen hilflos sind. Und mit Blumen und Sträuchern spielt er, als wären sie Kehrbesen. Ohren und Augen haben viel zu tun, wenn der Wind weht, die Hände auch, wenn sie Ballons oder Windrädchen festhalten müssen. Dinge, die sonst ruhig herumliegen oder sich zumindest nicht selbständig bewegen, geraten in Aufruhr und sind nicht zu bändigen.

Spezielle Angebote: Das Kind kann Wind noch nicht als solchen erkennen, sondern nimmt die vom Wind erzeugten Phänomene wahr: wenn Blätter tanzen oder Luftballons kaum zu halten sind. Es macht auch Erfahrungen mit dem Fön oder versucht, eine Kerze auszublasen. Blasen ist für Zweijährige gar keine leichte Sache, aber alle Luftzüge faszinieren das Kind. Zum Sprechenlernen gehört Blasenkönnen. Diese Übung macht sogar großen Spaß.

3. Jahr Im dritten Jahr verliert das Kind seinen Babyspeck, das Längenwachstum nimmt zu, die ganzen Proportionen verändern sich, wodurch der Körperschwerpunkt nach unten sinkt. Die Folge ist, daß Ihr Kind immer besser sein Gleichgewicht halten kann und richtig standfest wird. Um das auszuprobieren, kommt der Wind gerade recht. Hinzu kommt eine gesunde Abhärtung. Keine Angst vor Erkältungen, schließlich gibt es auch schützende Kleidung, und Sie tun Ihrem Kind nichts Gutes, wenn es in Watte gepackt aufwächst. Die Sprache vervollkommnet sich laufend, und Geschichten, Gedichte und Lieder vom Wind werden gerne gehört. Am besten begreift sie das Kind, wenn es den Wind mit seiner Heftigkeit auch wirklich erleben darf. Besonders eindrucksvoll ist der Herbstwind, wenn er das Laub von den Bäumen fegt und Drachen hoch hinaufsteigen läßt.

Spezielle Angebote: »Der Wind, der Wind, das himmlische Kind« hat etwas Geheimnisvolles, das vom Kind mehr erspürt als gewußt wird. Kommen nächtliche Stürme auf, die großen Brüder des Windes, hört das Kind oftmals ängstigende Geräusche, die es sich nicht erklären kann. So ist es hilfreich, das Kind am Tage auch einmal einen etwas stärkeren Wind erleben zu lassen, damit es eine Beziehung zu etwaigen nächtlichen Geräuschen herstellen kann.

Am besten ist ein Kind vor Wind und Wetter durch gute Abwehrkräfte geschützt. Mit ein paar einfachen Maßnahmen können sie gestärkt werden: vollwertige Ernährung, viel Bewegung in frischer Luft sowie Wechselbäder, Abreibungen und Wechselfußbäder. Bei den Güssen werden nur die Unterschenkel mit kühlem Wasser benetzt. Abreibungen mit einem nassen Tuch immer zur Körpermitte hin. Wichtig ist, daß die Haut vor der Behandlung warm ist!

Wild und unsichtbar

Der Wind als Herausforderung für den Verstand

4. Jahr Im vierten Lebensjahr wächst der Mut täglich. Was vor ein paar Monaten noch ängstigte, wird jetzt zur Mutprobe und zum Abenteuer. Zwar muß der Erwachsene noch den Drachen halten, aber der Zusammenhang zwischen Fliegen und Wind ist schon fest im Kopf verankert. Jetzt wird ausprobiert, was der Wind transportieren kann und was er liegen läßt. Eine ganze Testreihe setzt ein. Ähnlich wie beim Wasser, wo Schwimmen und Untergehen lange Zeit das Spielgeschehen bestimmen, wird jetzt der Wind getestet.

In dem Maße, in dem Ihr Kind alles über seine Umwelt wissen will, wird es auf das Phänomen Wind neugierig. Wind ist nicht faßbar, nicht zu sehen, er klingt immer wieder anders. Und wo der Wind herkommt, ist auch nicht so ganz klar. Das regt die Phantasie an.

Spezielle Angebote: Die Geschichte vom »fliegenden Robert« aus dem »Struwwelpeter«, der auf Nimmerwiedersehen in den Himmel fliegt, vorgelesen an einem richtig wilden Sturmtag, erweckt tiefen Eindruck. Ein kunterbunter Windsack, am Balkon oder Gartenzaun angebracht, macht die unsichtbare Stärke des Windes sichtbar. Lassen Sie Ihr Kind an dünnen Bindfäden Dinge befestigen, von denen es glaubt, daß sie fliegen können. Basteln Sie gemeinsam Windrädchen, damit Ihr Kind den Wind mit eigenen Augen sehen kann.

5. Jahr Der Wind ist für ein Kindergartenkind geradezu eine intellektuelle Herausforderung. Wind kann man weder sehen noch festhalten. Wasser, Erde, Sand und Steine lassen sich in Gefäße füllen, umschütten, ausleeren und anfassen. Der Wind macht da nicht mit. Deshalb bleibt er auch noch lange Zeit sehr geheimnisvoll und regt die Phantasie an. Doch den Wind kann man hören und fühlen. Und es ist ganz besonders spannend zu sehen, was er mitunter so anstellt.

Spezielle Angebote: Den Wind kann man hören. In der Ebene klingt er anders als im Wald. Gehen Sie mit dem älteren Kindergartenkind hinaus in die Natur, um dem Wind auf die Spur zu kommen. Was sagt, was raunt, was stöhnt, was flüstert der Wind? Natürlich hat der unsichtbare Wind keine Stimme, sondern »benutzt« wiederum die Dinge, um uns zu sagen, daß er da ist. Aber gerade das ist es, was Ihr Kind jetzt als Nahrung für seine Phantasie braucht. Im fünften Lebensjahr lernt ein Kind erstaunlich viel. Daher verfeinert es sein Wahrnehmungsvermögen immer mehr. Machen Sie einen kleinen Wettkampf, wer beispielsweise den Papierfetzen, der vom Wind weggeweht wird, am längsten beobachten kann; oder den Luftballon, der sich losgerissen hat und in den Himmel fliegt.

6. Jahr Viele Kinder finden jetzt Gefallen am Wetterbericht im Fernsehen, wenn er anschaulich gemacht ist. Daß der Wind die Wolken antreibt, dem Schnee oder dem Regen eine Richtung gibt oder den Wetterhahn umdreht, vermag ein Kind allmählich zu begreifen. Es quittiert alles Erlebte mit großem Staunen. Zusammenhänge erfragt es noch nicht. Es ist mit dem Staunen vollauf ausgelastet.

Spezielle Angebote: »Der Wind peitscht die See.« Erwachsene sagen das so dahin. Ein Kind horcht auf und hat sehr lebendige Bilder und Phantasien dazu. Vielleicht hat es Gelegenheit, einmal einen etwas stärkeren Wind beim Spiel mit der Wasseroberfläche zu beobachten. Das ist ein sehr beeindruckendes Schauspiel.
Im Auto erlebt es vielleicht, daß der Wind auf Brücken sogar dem Auto zusetzen kann. Der Wind hat Kraft. Und Kraft imponiert. Die mystische Seite des Windes beginnt zu interessieren. Eine Windharfe gibt der Phantasie Ihres Kindes Nahrung. Ein Windtagebuch übers ganze Jahr, in dem täglich die Windrichtung – abgelesen an einer Wetterfahne – eingetragen wird, befriedigt das Bedürfnis von Sechsjährigen nach Systematik.

Sich gegen den Wind zu stemmen und die eigene Kraft und Beweglichkeit zu spüren macht allen Kindern Spaß. Dabei lernen sie spielend ihren Körper, seine Möglichkeiten und Grenzen kennen. Kinder brauchen viel Platz, um sich auszutoben. »Hinaus bei jedem Wetter« ist das Motto – und keine Angst vor Dreck oder einer Schramme.

Strom aus der Natur

Das Kind will Sachinformationen zum Thema »Wind«

7. Jahr Das Kind nimmt in seine Sprache immer mehr Adjektive und Adverbien auf. Es kann jetzt sogar über die Nichtmaterie Wind reden.

Wenn es Fahrrad fährt, erlebt es den Wind ganz anders als der kleine Fußgänger zwischen Mama und Papa. Es muß dem Wind seine ganze Energie entgegensetzen, um voranzukommen, und ist schon zufrieden, wenn es gelingt. Auch beim Drachensteigen sieht es, wie der Wind Gegenstände in Bewegung versetzt und auf welche Weise dies geschieht. Wird die Drachenschnur nicht richtig festgehalten, zieht es den Drachen fort.

Wissen über den Wind wird jetzt begierig aufgenommen. Windkraft wird zum Thema. Segelschiffe und Windmühlen faszinieren das Kind. Es möchte erfahren, wie die Dinge funktionieren, die der Wind antreibt. Kolumbus wird zum Idol, Seemannsgarn über geblähte Segel, Meutereien und Piraten mit leuchtenden Augen gehört und dann nachgespielt. Obwohl es sich auch schon für Rennfahrer interessiert, scheint das Leben damals vor Hunderten von Jahren, als der Wind noch der einzig bekannte Motor war, doch noch abenteuerlicher als der Motorsport zu sein. Sachbücher zum Thema fördern Verstand und Phantasie.

Spezielle Angebote: Basteln steht hoch im Kurs. Widmen Sie Ihrem Kind viel Zeit, wenn es am Gestalten und Werken Interesse zeigt. Es ist ein Trugschluß, wenn Eltern glauben, in diesem Alter könnten Kinder »allein« mit ihren Ideen und dem Material, das zur Verfügung steht, umgehen und sich still beschäftigen. Weder der Fernseher noch ein Bastelvorhaben ist in der Lage, Ihr Kind »zu hüten«. Gerade das Grundschulkind ist auf Ansprechpartner angewiesen, die sich interessieren und kooperativ

Nun vergrößert sich der Aktionsradius Ihres Kindes beträchtlich, und zwar nicht nur in körperlicher, sondern auch in geistiger Hinsicht. Es sieht, hört und spürt fast wie ein Erwachsener und beherrscht seinen Körper ziemlich perfekt. Damit kann es auch die Natur und den Wind differenziert und bewußt erleben. Vergessen Sie aber nicht, daß es bei seinen Erlebnissen noch immer Ihre fürsorgliche Begleitung braucht.

sind. Neue Impulse nimmt Ihr Kind gerne auf. In diesem Alter ist das Wollen dem Können noch immer weit voraus. Dann treten Probleme auf, die das Kind entmutigen, wenn kein Erwachsener unaufdringliche Tips gibt und Alternativen zeigt.

8. Jahr Die Naturbegeisterung des Grundschulkindes findet im Wind einen Verbündeten: der Wind als Energieerzeuger. Schon Zehnjährige begreifen, daß Wind- und Sonnenenergie uns keinen Müll aufbürden und die Erde nicht plündern. Das Weltverständnis des Kindes wächst. Es kann sich jetzt durchaus schon für eine Sache engagieren, wobei dann aber leicht die Begeisterung mit ihm durchgeht. Was die Eltern sagen, wird stark in Frage gestellt, weshalb behutsame, konsequente Führung jetzt sehr wichtig ist. Autorität, die sich durch Sachkompetenz auszeichnet, wird anerkannt, Bevormundung jedoch abgelehnt. Gut aufgehoben sind Acht- bis Zwölfjährige in anerkannten Jugendvereinen, wo sie auf Vorbilder treffen, Gemeinschaft erleben und ihre Kräfte messen können. Ideologische Ausrichtungen sind abzulehnen, weil Kinder in diesem Alter leicht zu begeistern sind. Erst in der Pubertät werden sie kritischer.

Spezielle Angebote: Das anschließende Kapitel über den Wind bietet Ihnen und Ihrem Kind einen vielseitigen Einstieg in dieses spannende Thema. Helfen Sie beim Basteln und Gestalten. Vor allem dann, wenn die Objekte auch funktionstüchtig sein sollen. Kleinere Geschwister dürfen mitmachen. Die Großen können auch für die Kleinen etwas herstellen und gestalten.

Schauen Sie sich einmal um, ob in erreichbarer Nähe windangetriebene Objekte zu besichtigen sind. Sachbücher, sofern sie dieser Altersstufe angemessen sind, und Kinderlexika regen die Phantasie an und vermitteln Wissen. Anschaulichkeit hilft beim Lernen. Ihr Kind soll Spaß am Lernen und Wissen haben. Das überträgt sich dann auch auf die Schule nach dem Motto: Lernen muß man nicht. Lernen darf man.

Wenn Eltern jetzt ihre legitimen Bedürfnisse und Wünsche durchsetzen möchten, müssen sie überzeugend sein. Die elterliche Autorität wird nämlich verstärkt hinterfragt. Am leichtesten akzeptieren Kinder sogenannte Ich-Botschaften: »Ich fühle mich gestört, wenn du so laut schreist.« Damit wird das Kind nicht grundsätzlich angezweifelt, sondern nur sein augenblickliches Verhalten kritisiert. So bleibt ein Dialog möglich.

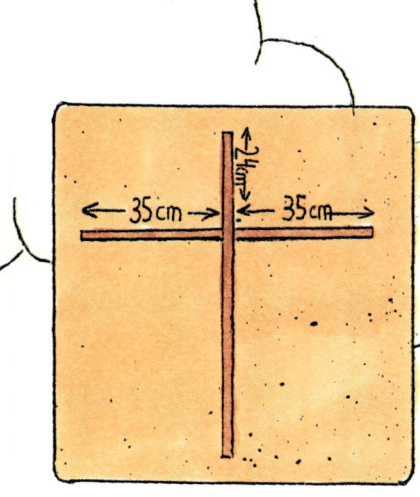

Drachen im Wind

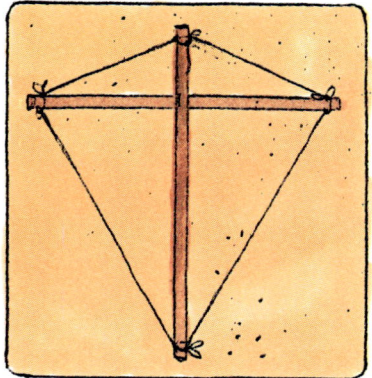

Einen einfachen Drachen kann man auch schon mit kleinen Kindern basteln.

Materialien

- 2 Rundhölzer von 8 mm Durchmesser, eines 70, das andere 90 cm lang

- 1 Bogen Transparent-, Pack- oder Zeitungspapier ca. 80 X 100 cm

- Dünne Paketschnur, etwa 7 m lang

- 50 m Drachenschnur

- 1 Metallring (Schlüsselring)

- Kleber, Deckfarben

Und so wird`s gemacht

1 Beide Rundhölzer jeweils 1 cm vom Ende ringsum einkerben; das längere zusätzlich 15 cm vom oberen und 20 cm vom unteren Ende.

2 Die Stäbe – so wie auf der Zeichnung – übereinanderlegen und das Gerüst mit der Paketschnur - am unteren Ende des längeren Stabes beginnend und endend – stabilisieren. Überschüssige Schnur nicht abschneiden.

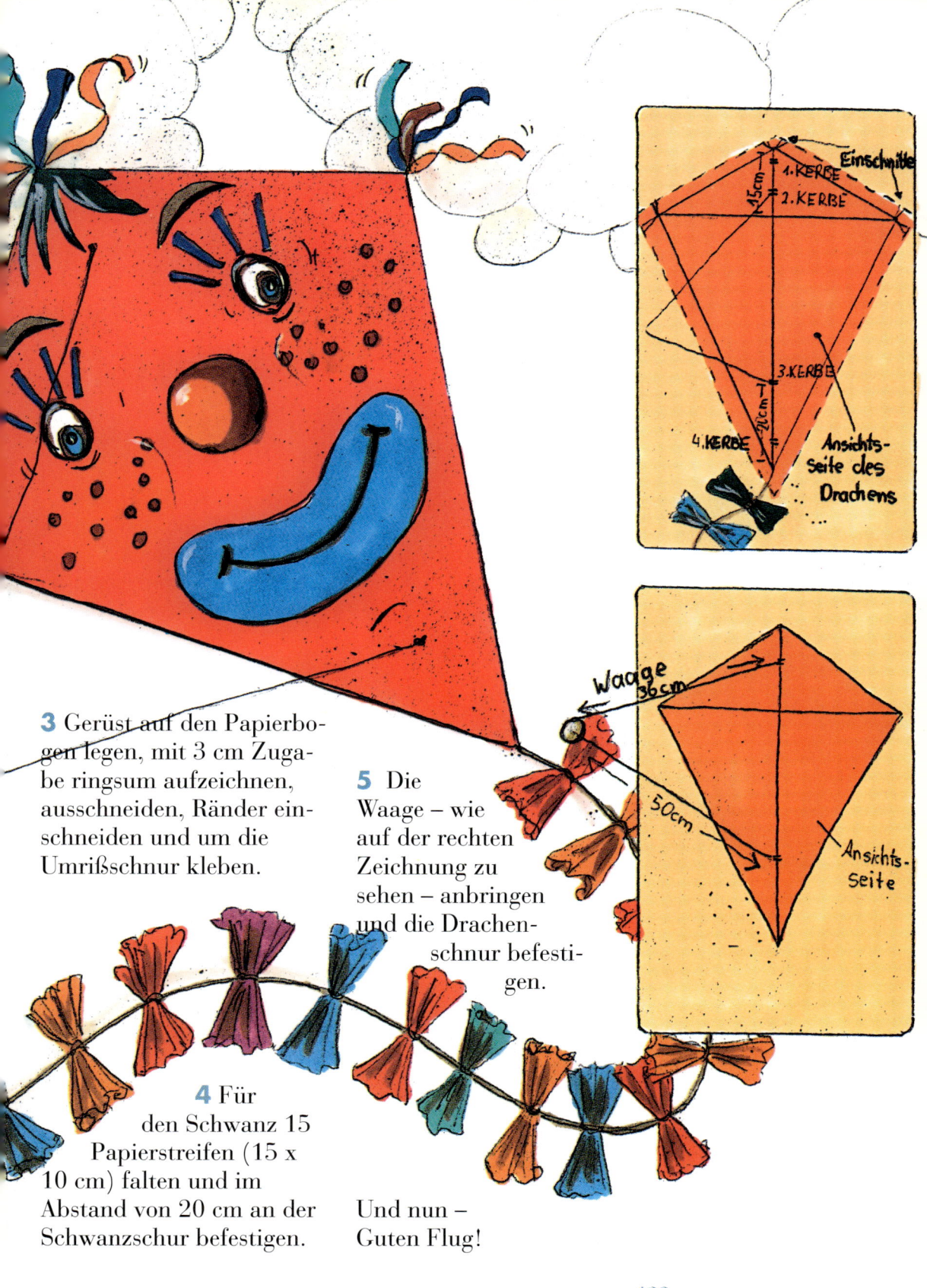

3 Gerüst auf den Papierbogen legen, mit 3 cm Zugabe ringsum aufzeichnen, ausschneiden, Ränder einschneiden und um die Umrißschnur kleben.

4 Für den Schwanz 15 Papierstreifen (15 x 10 cm) falten und im Abstand von 20 cm an der Schwanzschur befestigen.

5 Die Waage – wie auf der rechten Zeichnung zu sehen – anbringen und die Drachenschnur befestigen.

Und nun – Guten Flug!

Einschnitte
1. KERBE
2. KERBE
15 cm
3. KERBE
4. KERBE
Ansichtsseite des Drachens

Waage
36 cm
50 cm
Ansichtsseite

Die Geschichte vom fliegenden Robert

Wenn der Regen niederbraust,
wenn der Sturm das Feld durchsaust,
bleiben Mädchen oder Buben
hübsch daheim in ihren Stuben.
Robert aber dachte: Nein!
Das muß draußen herrlich sein!
Und im Felde patschet er
mit dem Regenschirm umher.

Hui, wie pfeift der Sturm
und keucht,
daß der Baum sich niederbeugt!
Seht! Den Schirm erfaßt der Wind,
und der Robert fliegt geschwind
durch die Luft so hoch, so weit.
Niemand hört ihn, wenn er schreit.
An die Wolken stößt er schon,
und der Hut fliegt auch davon.

Schirm und Robert fliegen dort
durch die Wolken immerfort.
Und der Hut fliegt weit voran,
stößt zuletzt am Himmel an.
Wo der Wind sie hingetragen,
ja, das weiß kein Mensch zu sagen.

(Aus »Struwwelpeter«)

Der Sturm im Wasserglas

Lustige Spiele rund um den Wind

Die Meereswellen werden vor allem vom Wind erzeugt. Auch wenn der Wind nachläßt, schwingt die Dünung noch lange weiter. Am flachen Ufer laufen die Wellen aus, werden abgebremst und überschlagen sich, weil sie abgebremst werden.

Fähnchen auf dem Turm

Ein- und Zweijährige können nicht genug bekommen von diesem Spiel, bei dem sie ihre beiden Händchen hochhalten und hin und her wenden. Dabei singt man das Lied: »Wie das Fähnchen auf dem Turme sich bewegt bei Wind und Sturme, so sollen sich meine Händchen drehn, daß es eine Lust ist anzusehn.«

Zauberei mit Zauber-Ei

Wie kann man ein Ei von einem Eierbecher in den nächsten befördern, ohne es anzufassen? Ganz einfach: mit Luftdruck! Zwei Eierbecher werden nebeneinandergestellt, so daß sie sich berühren. In einen davon stellt man ein Ei (sicherheitshalber ein gekochtes). Dann bläst man kräftig in den Eierbecher hinein, und zwar gezielt in den Hohlraum zwischen Ei und Eierbecher. Das Ei hüpft in die Höhe und springt in den leeren Becher.

Volltreffer auf Umwegen

Wie kann man einen Tischtennisball bewegen, ohne ihn anzufassen oder direkt auf ihn zu pusten? Ganz einfach: Man stellt eine runde Flasche davor und bläst nur diese an. Die Puste wird in zwei Ströme geteilt, fließt rechts und links um die Flasche herum und trifft den Ball dahinter, der wegrollt. Genauso kann man eine Kerze ausblasen, die hinter der Flasche steht.

Drachenfest

Drachen steigen zu lassen macht Spaß. Am meisten, wenn viele Drachen ganz verschiedener Bauart zusammenkommen! Im Herbst sollte man deshalb möglichst viele Drachenfreunde rechtzeitig vorwarnen, damit man an einem günstigen Wochenende mit gutem Wind spontan eine Drachenfete steigen lassen kann. Für kleinere Kinder bindet man ewig lange, bunte Kreppapierbänder an ein Stöckchen und gibt es ihnen in die Hand – sie werden damit herumwirbeln wie ein Wirbelwind! Wenn dann noch jeder etwas fürs Picknick dabeihat, gelingt das Fest bestimmt. Aber Achtung: Nur auf ein Gelände gehen, wo das Drachensteigen nicht gefährlich ist (Luftverkehr, Hochspannungsleitungen!).

Knalltüte, Modell »Knatterton«

Wind heult, aber plötzlich bewegte Luft kann sogar ganz schön Krach machen. Man klebt ein Papierdreieck an ein Pappeviereck, wie in der Zeichnung gezeigt (1). Dann faltet man das Pappeviereck mit dem angeklebten Dreieck diagonal zusammen (2). Hält man diese Knalltüte am unteren Ende fest und bewegt sie mit einem Ruck nach unten, wird das Papierdreieck plötzlich herausgeschleudert (3) und versetzt die Luft derart in Schwingungen, daß sie laut knallt (4).

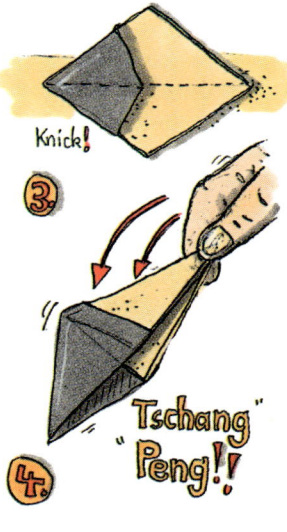

Solarbetriebene Luftwurst

Man klebt in eine lange, möglichst dünnhäutige und ganz durchsichtige (!) Plastikmülltüte mit Tesafilm ein großes Rechteck aus schwarzem Kohledurchschlagpapier. Dann füllt man die Tüte prallvoll mit Luft und verschließt sie mit einem Gummi. Legt man die »Wurst« nun in die Sonne, dann wird die Luft innen wegen der schwarzen Folie bald stark aufgeheizt – die Plastiktüte erhebt sich und segelt lautlos davon.

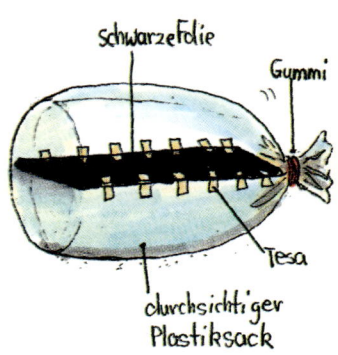

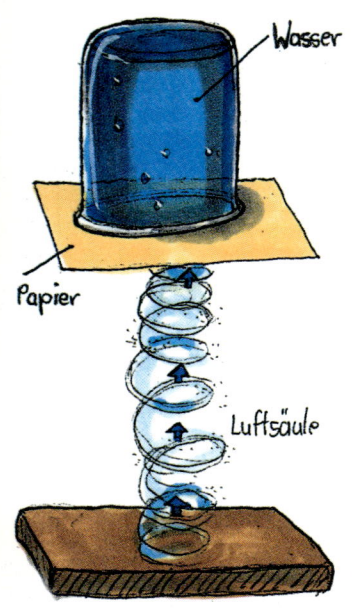

Wasser

Papier

Luftsäule

Für Kinder ist es kaum vorstellbar, daß Luft etwas wiegen soll: Man kann sie schließlich nicht mit der Hand einfangen und auf die Waage legen.

Regatta in der Badewanne

Lehrreiche Experimente mit dem Wind

Luft trägt

Man füllt ein Glas randvoll mit Wasser und legt eine Postkarte darauf, so daß diese gut mit dem Rand abschließt. Die Postkarte hält man mit der flachen Hand fest ans Glas, während man das Glas vorsichtig umdreht. Dann läßt man die Postkarte einfach los. Das Wasser läuft nicht aus, weil Luft nach allen Seiten drückt, also auch nach oben. Dadurch wird die Karte dicht an das Glas gepreßt.

Leichte Luft, schwere Luft

Mit einem kleinen, alten Bilderrahmen, einer Küchenwaage und runden Kügelchen (z.B. Holzperlen, Pfefferkörnern oder trockenen Erbsen) kann man sich eine gute Vorstellung von leichter und schwerer Luft machen. Zuerst legt man den ganzen Rahmen mit den Kugeln flach aus, dicht an dicht – das sollen die »Teilchen« der Luft sein. Diese Kügelchen werden dann eingesammelt und mit der Küchenwaage gewogen. Nun legt man diese »Luftteilchen« wieder in den Rahmen und »erwärmt« sie. Warme Luft dehnt sich aus, und das funktioniert bei diesem Versuch nur, wenn man die eine Seite des Rahmens öffnet und einen Teil der Kügelchen (z.B. ein Drittel, die Hälfte) hinausschiebt. Jetzt ist zwischen den im Rahmen verbliebenen Kugeln mehr Platz – und da es weniger Kügelchen sind als zuvor, bringen sie natürlich auch weniger Gewicht auf die Küchenwaage.

Wieso kann ein Flugzeug fliegen?

Um das zu verstehen, hilft vielleicht dieser Trick: Man knickt ein DIN-A4-Blatt an der Schmalseite, etwa acht bis zehn Zentimeter vom Rand. Dann hält man das

Blatt am Knick fest, und zwar so, daß der Rest des Blattes schlaff nach unten hängt. Was passiert, wenn man nun von oben kräftig über das Blatt pustet? Es wird nicht, wie erwartet, nach unten gedrückt, sondern nach oben! Warum? Weil der Druck in der schnell bewegten Luft über dem Blatt sinkt. Die Tragflächen der Flugzeuge sind, wie die Flügel der Vögel, vorne dicker gebaut als hinten. Das führt dazu, daß die Luft über den Tragflächen viel schneller fließt als die Luft darunter. Über den Tragflächen entsteht Unterdruck, ein Sog, der nach oben zieht; der langsamere Luftstrom unter den Flügeln drückt das Flugzeug ab einem bestimmten Tempo so stark nach oben, daß es vom Boden abhebt und fliegen kann.

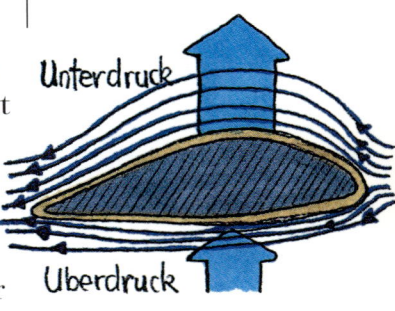

Warum kühlt der Wind?

Hat sich ein Kleinkind ein wenig verletzt, hat jede Mutter automatisch folgenden Trost parat: Sie bläst auf das »Aua«. Schon allein der feine, kühle Luftzug bringt sofort etwas Linderung, weil er das Wasser in unserer Haut schneller verdunsten läßt, und wenn Wasser verdunstet, nimmt es die Wärme aus der Umgebung mit. Das kann man leicht ausprobieren, indem man einen Finger naß macht und draufbläst: Der nasse Finger fühlt sich viel kälter an als der angeblasene trockene Finger (weil mehr Wasser verdunstet). Wegen der erhöhten Wasserverdunstung auf der Hautoberfläche frieren wir deshalb viel mehr, wenn ein Wind weht, als bei Windstille!

Woher weht der Wind?

Ein Wetterhahn dreht sich mit dem (drehenden!) Wind, doch wo pendelt er sich ein? Das kann man mit folgender Miniwetterfahne und einem Haarfön ausprobieren: Man steckt durch das Loch eines umgedrehten kleinen Blumentopfs eine Stricknadel und durchbohrt mit ihrer Spitze die Mitte eines Trinkhalms. An das eine Ende des Halms wird ein kleines »Ruder« oder Fähnchen aus Papier senkrecht angeklebt, die Gegenseite mit etwas Knetmasse beschwert. Nun kann man mit dem Fön ausprobieren, wohin sich das Wetterfähnchen dreht – immer gegen die Richtung, aus der der Wind weht!

Will man das Wetterfähnchen draußen benutzen, sollte man die Himmelsrichtungen auf den Blumentopf schreiben und ihn dementsprechend ausrichten.

Windklangspiel

Der Wind macht die Musik

An einem Baum im Garten, auf der Terrasse oder auf dem Balkon – das Windklangspiel gibt wunderbare Töne von sich, wenn es von einem Windstoß bewegt wird. Besonders weich klingt das selbsttätige Musikinstrument, wenn es aus Bambus gemacht wird.

Materialien
- 1 Bambusstab
  (Durchmesser 1,8 cm,
  Länge 108 cm)
- 1 Stück Sperrholz
  (20 x 12 x 0,5 cm)
- 1 durchbohrte Holzkugel
  (Durchmesser 4 cm)
- Nylonfaden, Bindfaden
- 9 kleine Holzperlen

Werkzeuge
- Feinsäge
- Laubsäge
- Handbohrer (3 mm)
- Vorstecher

Und so wird's gemacht

1 Von dem Bambusrohr werden vier Stücke abgesägt und jeweils bei einem Fünftel der Länge durchbohrt.

Hier ein Beispiel:

Rohrlänge	Bohrung bei
30,5 cm	6,5 cm
28,0 cm	6,0 cm
25,5 cm	5,5 cm
24,0 cm	5,0 cm

2 Aus dem Sperrholz wird eine kreisrunde Scheibe mit 12 cm Durchmesser ausgesägt. In die Mitte des Kreises wird ein Loch gebohrt. Ringsum werden vier Löcher im Abstand von 4,6 cm vom Mittelloch gebohrt (Abbildung rechts oben).

3 Nun wird nochmals eine kreisrunde Scheibe mit 7 cm Durchmesser ausgesägt und etwa

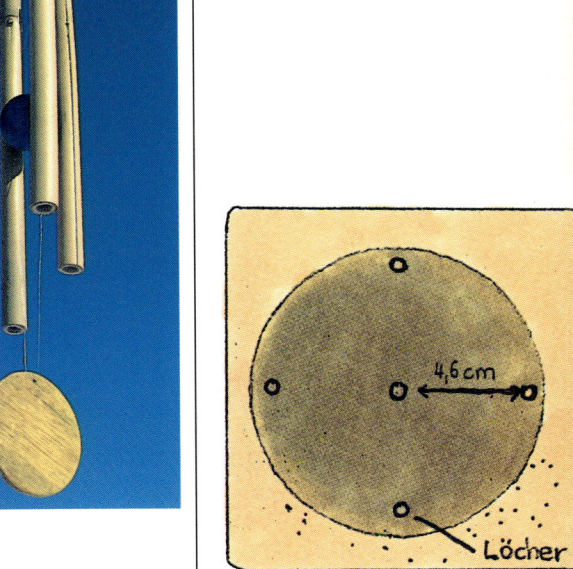

0,5 cm vom Rand entfernt ein Loch gebohrt.

4 Jetzt werden die vier Bambusstäbe mit dem Nylonfaden an die größere Scheibe gehängt. Wichtig ist, daß ein Bambusstab an zwei Löchern der Scheibe befestigt wird. Der Faden wird an der Oberseite der Scheibe mit Perlen verknotet (Abbildung rechts). Der Abstand Holzscheibe–Bambusstäbe sollte etwa 7 cm betragen.

5 An dem Mittelloch wird die große Holzkugel eingehängt. Die Kugel sollte die Bambusstäbe etwa in ihrer Mitte anschlagen. An die Holzkugel wird die kleinere Scheibe gehängt. Sie sollte sich etwa 6 cm unterhalb des längsten Stabes befinden.

6 Zum Schluß wird das Windklangspiel aufgehängt. Dafür wird jeweils ein Faden durch die vier äußeren Löcher der großen Scheibe geführt und von unten verknotet. Die vier Fäden werden oben zusammengefaßt.

7 Wer will, kann die Holzteile des Windklangspiels bemalen.

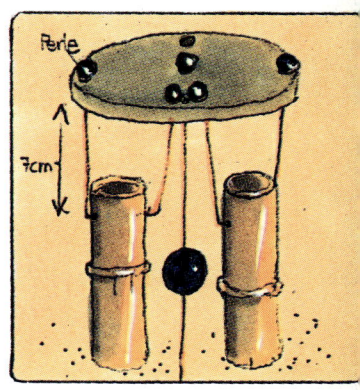

Von Wind und Wetter

Wissenswertes über den Wind

... und plötzlich knallt die Tür zu!

Ein Punkt auf dem Äquator flitzt innerhalb von 24 Stunden rund 40 000 Kilometer weit das entspricht einer Geschwindigkeit von 1666 Stundenkilometern!

Wenn man im Winter in einem geheizten Zimmer ein Fenster öffnet, wird's im Zimmer kälter. Viel mehr spürt man nicht, vielleicht einen leichten Hauch. Öffnet man aber in einem anderen Raum der Wohnung noch ein Fenster und vergißt, die Tür zwischen den Zimmern zu schließen, gibt's einen kräftigen Luftzug, die Tür knallt zu. Dabei war's draußen gar nicht windig, und man fragt sich: Wo kam der Wind auf einmal her? Für Erwachsene mag das kein Geheimnis sein, für Kinder schon: Wind entsteht (im Großen wie im Kleinen), wenn warme und kalte Luft aufeinandertreffen. Dann »verdünnisiert« sich warme Luft, »dampft ab« im wahrsten Sinne des Wortes (weil sie sich durch die Erwärmung ausdehnt) und zieht die kalte Luft in einem Sog hinter sich her. Der Sog wird in unserem Fall durch das zweite geöffnete Fenster verstärkt, weil sich die Luft nicht nur kreisförmig umwälzt, sondern einen Ausgang findet (wie in einem Kamin).

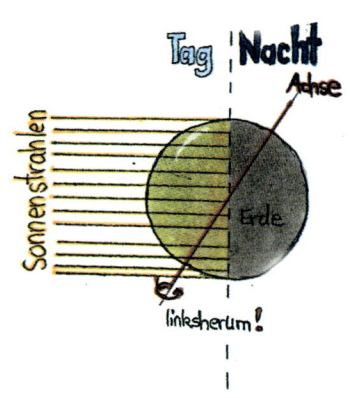

Ein Kind der Sonne

Im Zwölf-Stunden-Takt wird immer eine Hälfte der Erde von der Sonne beschienen, auf der gegenüberliegenden Hälfte herrscht Nacht. Die beleuchtete Seite wird erwärmt, jedoch nicht überall gleich stark: Dort, wo die Sonnenstrahlen senkrecht auftreffen (etwa an einem Punkt am Äquator), wärmen sie eine Fläche (Wasser, Fels, Pflanzenblätter, Boden) am meisten; wo sie schräg auftreffen, wärmen sie weniger stark. Jedenfalls ist es auf der Erde nicht überall gleich warm: Tropische Luftmassen sind heiß, Luftmassen an den Polen kalt. Die kalte Luft von den Polen drängt deshalb in unteren »Luft-Stockwerken« zur Erdmitte in Richtung Äquator, heiße Luft weht darüber weg vom Äquator in Richtung der beiden Pole. So entstehen mächtige Windbewegungen auf der Erde.

Dort, wo der Wind stetig weht, können wir seine Kraft gut nutzen: Früher drehten Windmühlen die Mühlräder an, heute erzeugen Windkraftwerke elektrischen Strom.

Immer schön im Kreis herum

Warme Luft ist leicht und steigt deshalb auf. Kalte Luft ist schwer, sie liegt daher unten und drückt die Warmluft in ihrer Umgebung weg. Die warme Luft steigt nun aber nicht bloß in den Himmel auf und verschwindet dort irgendwo, sondern sie wird beim Aufsteigen allmählich abgekühlt, je 100 Meter um ein Grad. Ist sie kalt und damit schwer genug geworden, sinkt sie wieder nach unten ab. Diese ständige Bewegung in der Lufthülle, die die Erde umgibt, verläuft nicht einfach senkrecht rauf und runter, sondern kreisförmig. Und da die Erde wahnsinnig schnell entgegen dem Uhrzeigersinn um ihre eigene Achse rotiert, werden die fließenden Luftströme auch noch abgelenkt und über der Erdoberfläche in großen Spiralen herumgewirbelt. Schwere Kaltluft kreiselt auf der Nordhalbkugel rechtsherum, auf der Südhalbkugel entgegengesetzt; bei leichter Warmluft ist das genau umgekehrt.

Wind und Wetter, Hochs und Tiefs

Über den Ozeanen werden warme Winde mit viel verdunstetem Wasser angefüllt. Hier entstehen die Tiefdruckgebiete, die sich aufs Land zu bewegen und für Regenwetter sorgen. Hochdruckgebiete dagegen bringen schönes, trockenes Wetter und blauen Himmel. Deshalb freuen sich die Leute bei uns, wenn ein Azoren-Hoch »im Anmarsch« ist (die Azoren sind eine Inselgruppe im Atlantischen Ozean). Andere Hochs aber können auch Kälte bringen, mit eisigen Nord-, Nordost oder Ostwinden.

Vernichtende Gewalt

Die tropischen Meere am Äquator werden sehr stark erwärmt. Hier können sich von Gewittern durchsetzte Tiefs zu furchtbaren Wirbelstürmen, den Hurrikans, Taifunen und Zyklonen entwickeln, die alles mit sich reißen! Die wolkenbeladenen Ungetüme haben einen Durchmesser von 1500 Kilometern und rasen mit Geschwindigkeiten von 360 Stundenkilometern voran. In ihrer Mitte aber, im »Auge des Sturms«, herrscht in einem Umkreis von 30 Kilometern absolute Windstille und blauer Himmel!

Wolken

Tornado!

Wird eine schmale Säule aufsteigender Warmluft durch den Wind wie ein Kreisel in Drehung versetzt, entsteht ein Strudel: ein Tornado, der sich wie ein Elefantenrüssel vom Himmel herabsenkt und alles, was er unten berührt, hinwegfegt.

Auf dem Wasser, über den Wolken

Interessante Berufe, die mit dem Wind zu tun haben

Segellehrer

Hart am oder gegen den Wind zu segeln und dabei den Kurs zu halten muß gelernt sein, ganz gleich, ob man ein kleines Segelschiff oder einen vollgetakelten Dreimaster steuern will. In einer Segelschule wird gezeigt, wie man die Windkraft geschickt ausnutzt: z. B. wie man sich dem Ziel im Zickzackkurs nähert. Auch Seemannsknoten übt man dort, und man lernt eine Menge Segel-Fachchinesisch. Schiff ahoi!

Tester im Windkanal

Flug- und Fahrzeugkonstrukteure beschäftigen sich u. a. mit der Aerodynamik: Sie müssen herausfinden, wie sich ein so oder anders geformter Gegenstand in Bewegung verhält und wie die Luft an ihm »angreift«. Im Windkanal, wo man die Luftströme und -wirbel sogar sichtbar machen kann, wird also nicht etwa der Wind und seine Geschwindigkeit getestet, sondern das Verhalten von Flug- oder Fahrzeugen in Bewegung.

Ballonfahrer

Die Erkenntnis, daß »etwas, das leichter als Luft ist, in die Luft aufsteigen muß«, brachte die Brüder Montgolfier vor 200 Jahren dazu, sieben Stockwerke hohe Stoffballons mit heißem Dampf zu füllen. Damals erzeugte man die Heißluft unter der Ballonöffnung in einem Korb, in dessen Mitte ein Feuer mit Strohballen angefacht wurde. Heute werden offene Ballons von Heißluft, geschlossene von Wasserstoff oder Helium (Gase, die leichter als Luft sind) getragen. Durch Abwurf von Ballast bringt man den Ballon zum Steigen, durch Ablassen von Gas zum Sinken.

Der Meteorologe sammelt und deutet stündlich Millionen von Meß- und Beobachtungsdaten, die z. B. von Wettersatelliten, von Wetterballons oder Wetterstationen übermittelt werden. Mit diesen Daten (Temperatur, Luftdruck, Windrichtung usw.) kann er das Wetter für höchstens eine Woche meist ziemlich genau vorhersagen.

Fahrten mit dem Heißluftballon gehören heute zu den begehrten Freizeitvergnügen.

144

Eine fröhliche Windradparade

Materialien

- Einige Bögen verschiedenfarbiges Tonpapier
- Stecknadeln mit bunten Kunststoffköpfchen
- Kleber
- Holzleisten (1 cm x 0,5 cm x 2 m)
- Holzperlen (6–8 mm Durchmesser)

Werkzeuge

- Feinsäge oder Messer
- Schere
- Lineal
- Bleistift
- Hammer

Mit ein paar bunten Windrädern wird auch in der tristen Jahreszeit ein grauer Balkon schnell bunt und fröhlich.

Und so wird's gemacht

1 Von den Holzleisten werden unterschiedlich große Stücke abgesägt bzw. abgeschnitten. Wenn sie später in einen Balkonkasten gestellt werden sollen, dürfen sie nicht länger als 50 bis 80 cm sein, sonst sind sie zu schwer und kippen.

2 Aus den Papierbögen unterschiedlich große Quadrate ausschneiden, je nach Anzahl der Windräder. Die Seitenlängen sollten etwa zwischen 15 und 30 cm liegen.

3 Mit Bleistift und Lineal werden von Ecke zu Ecke die beiden Diagonalen auf dem Quadrat eingezeichnet. Im Schnittpunkt ist die Mitte des Windrades.

4 Nun werden die Diagonalen von den vier Ecken her gleich weit eingeschnitten (Abbildung rechts oben). Die Schnitte sollten nicht länger als ein Drittel der gesamten Diagonale sein.

5 Am schönsten sieht es aus, wenn sich die Windräder in verschiedene Richtungen drehen. Dazu muß man ihnen verschiedene Laufrichtungen geben. Das erreicht man, indem die Ecken eines Windrades rechts vom Einschnitt zur Mitte hin gebogen werden, bei einem anderen dagegen links vom Einschnitt zur Mitte hin gebogen werden (Abbildung darunter).

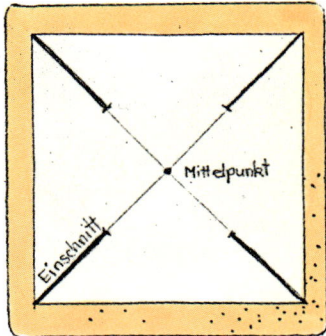

6 Auf eine Stecknadel wird eine Perle gesteckt und mit der Stecknadel die vier Flügel der Windmühle durch die Mitte des Windrades fixiert. Dann nochmals eine Perle auf der Rückseite des Papieres auf die Stecknadel stecken.

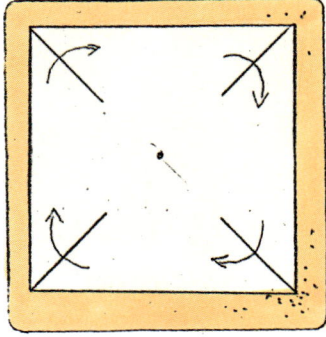

7 Mit einem Hammer wird nun vorsichtig das Windrad in die Holzleiste geschlagen.

8 Bevor die Windräder auf den Leisten befestigt werden, können die Holzstäbe mit verschiedenen Papierformen beklebt werden. Auf diese Weise werden aus einfachen Windrädern ganz schnell beeindruckende Windmühlen – oder »propellernde« Insekten, Hubschrauber, Flugzeuge, Phantasiegebilde…

Wer will, kann auch zwei Holzleisten über Kreuz aufeinandernageln und an den Enden jeweils ein Windrad befestigen. Jetzt brauchen die fertigen Objekte nur noch ein bißchen Wind – und fertig ist die lustige Windradparade!

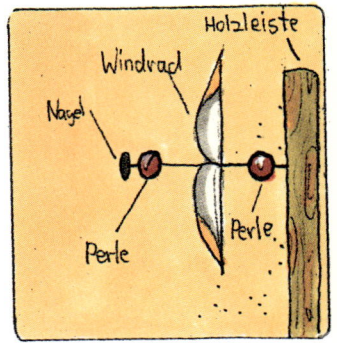

Windrädchen auf Eisbergen

Ein bunter Snack für kalte Tage

Zutaten

- 1 Packung Blätterteig aus der Tiefkühltruhe
- 1 Kopf Eissalat
- 4 Äpfel
- 100 g Trockenobst und Nüsse, gehackt und gemischt
- 1 Becher saure Sahne und 3 EL Joghurt
- 1 TL Senf
- 1 TL Walnußöl
- Frische, gehackte Kräuter
- 8 Radieschen
- 8 Zahnstocher, 8 Schaschlikstäbchen

Zubereitung

1 Die Blätterteigstücke halbieren. Aus den Quadraten Windrädchen legen und die Ecken mit Zahnstochern befestigen. Nach Vorschrift backen. Wer möchte, kann die Windrädchen vor dem Backen mit kleingehacktem Kochschinken füllen.

2 Eissalat unter fließendem Wasser waschen und abtropfen lassen.

Holz

Wer viel mit Holz zu tun hat, weiß es längst: Holz lebt. Ein Laie, der sich einfach auf eine Holzbank setzt oder die Arme auf einem Holztisch aufstützt, ist lediglich überrascht von der Wärme, die dem eigenen Körper so angenehm entspricht, oder von der behaglichen Atmosphäre in einem Raum mit Holzmöbeln. Wenn man sich mit Holz umgibt, hat man ein Stück Natur, letztendlich Bäume, bei sich aufgenommen. Holz ist gewachsen, mit jedem Jahr ist der Baum größer und stärker geworden, hat Sonne, Regen, Wind und Schnee erlebt, bis er eines Tages ausgesucht, gefällt und zu langen Brettern verarbeitet wurde. Ein Schreiner, dem die Eigenheiten von Holz vertraut sind, hat dann ein Möbelstück gezimmert, das Kinder und Erwachsene jetzt durch den Alltag begleitet.

Spielen und Lernen

Mit Spielzeug aus Holz lernt das Kind eine absolut angenehme Seite des Lebens kennen. Es geht nicht kaputt, man kann hineinbeißen, und es fühlt sich geschmeidig und seidenglatt in der Hand an. Bauen kann man, anfangs mit Klötz-chen und später mit richtigem Werkzeug, von der Minigarage fürs Lego-Auto bis zur Hundehütte alles, was einem einfällt. Und diese Werke haben auch Bestand und können voller Stolz hergezeigt werden (Seite 154).

Basteln und Gestalten

Der Hausbautrieb taucht bei jedem Kind einmal auf. Sich zurückziehen oder verstecken können ist für die kindliche Psyche ganz wichtig. Das Baumhaus für die Puppe oder den kleinen Teddy bietet die Möglichkeit, dieses Bedürfnis über die Identifikation auszuleben (Seite 160).

Poesie und Musik

Seit ewigen Zeiten spielen Kinder auf der ganzen Welt mit beweglichen Gliederfiguren. Besonders beliebt ist der Hampel-mann, der hierzulande wohl jedes Kinderzimmer schmückt. Der Spielge-fährte aus Holz, Draht und Bindfaden hat immer Zeit (Seite 162).

Spiel und Spaß

Beim Waldspaziergang braucht man sich nur zu bücken, schon hat man schönstes Spielmaterial in der Hand. Mit Ästen, Zweigen, Wurzeln oder Kastanien lassen sich bekannte Spiele neu gestalten oder überhaupt neue erfinden (Seite 164).

Hantieren und Probieren

Da hätte Wilhelm Tell nicht schlecht gestaunt, wenn ihm beim Apfelschuß die Armbrust zerbrochen wäre. Aber sein Waffenbauer wußte wohl Bescheid darüber, wann welches Holz besonders biegsam und fest ist. Jeder kann das u. a. Versuche mit Holz selbst ausprobieren (Seite 166).

Basteln und Gestalten

Sehen sie nicht aus wie Zwerg Nase oder andere phantastische Wesen aus dem Wald? Knorrig krumm und schief findet man Wurzeln, Rindenstücke oder Äste, die die Phantasie anregen und dementsprechend ausgearbeitet werden können (Seite 168).

Wissen und Lernen

Es gibt Bäume, die in ihrer »Kindheit« Menschen mit Axt und Speer zur Jagd gehen sahen. Das war zwei Jahrtausende vor unserer Zeitrechnung, und noch heute stehen diese Uraltriesen und lachen sich wahrscheinlich über die Hektik und Wichtigtuerei der Menschen schief (Seite 170).

Berufe

Nach der Begeisterung für Kunststoffe erlebt Holz heute eine Renaissance. Zu kalt und unpersönlich empfand man irgendwann Geräte und Möbel aus Plastik. Die Sehnsucht nach Gemütlichkeit und einem warmen Nest, in das man sich zurückziehen kann, führt zu einer neuen Blüte für das Holzhandwerk (Seite 172).

Basteln und Gestalten

Dieser lustige Holzwurm ist immer willkommen, sogar bei Schreinern, die ihn sonst nicht so gerne sehen (Seite 174).

Kinderküche

Nicht nur richtigen Holzhackern, sondern auch kleinen Holzsammlern, Holzbastlern, Holzwissenschaftlern und den Angehörigen des Holzversuchslabors schmeckt diese Mahlzeit mit Sicherheit. Und danach wieder ab in den Wald (Seite 176)!

Warm und glatt

Holzspielzeug in der Hand des Kleinkindes

1. Jahr Greifen, Tasten, Rütteln und Schütteln wird noch im ersten Halbjahr zur Lieblingsbeschäftigung des Babys. Die Händchen werden immer geschickter, es greift sein Spielzeug und kann es auch schon festhalten. Dann wird es gedreht und gewendet, von einer Hand in die andere genommen und in den Mund gesteckt. In dieser, der oralen Phase, erfaßt das Kind seine Umgebung, indem es die Gegenstände in den Mund steckt, so kann es sich ein »Bild« von den Dingen machen. Aber auch Augen und Ohren sind ständig aktiv und auf der Suche nach interessanten Sinnesangeboten.

Spezielle Angebote: Holzringe, Holzkugeln und Rasseln schulen den Tastsinn Ihres Kindes. Im Gegensatz zu Kunststoff fühlt sich Holz warm an und schmiegt sich in die Hand, fast, als sei es lebendig. Damit kann Ihr Kind immer wieder das Greifen üben, und auch der Spaß am Hinunterwerfen ist ungebrochen, weil diese Holzteile nicht kaputtgehen. Auch die Erfahrung über den Mund ist unbedenklich, weil glattgeschliffenes Holzspielzeug keine scharfen Kanten hat oder chemisch behandelt ist. Achten Sie darauf, naturbelassenes Spielzeug zu kaufen. Im zweiten Halbjahr ist ein Holzlaster ideal zum Spielen. Bunte Holzklötze, Bälle und Glöckchen regen das zusammenhängende Hantieren an. Hier kann gezieltes und willkürliches Zufassen und Wiederloslassen eingeübt werden.

2. Jahr Was früher nur betrachtet und angestaunt wurde, rückt jetzt im wahrsten Sinne des Wortes in greifbare Nähe. Wer laufen kann, ist fein raus, denn jetzt steht der Eroberung der Welt nichts mehr im Weg. Da heißt es für die Eltern immer wieder aufpassen. Zwar sind Blessuren bei diesem Prozeß unumgänglich, aber der heiße Herd, steile Treppen und schwere Zimmerpflanzen

Holzspielzeug, aber auch Haushaltsgegenstände aus Holz helfen dem Kind nicht nur, seine feinmotorischen Fähigkeiten zu entwickeln, sondern sind zumeist hervorragend geeignet, um damit Krach zu machen.

stellen tatsächliche Gefahren dar. Was Geräusche macht, steht hoch im Kurs, fast so hoch wie alles, das man in Gefäße aller Art einfüllen und wieder ausleeren kann.

Spezielle Angebote: Im untersten Teil Ihres Küchenschrankes kann ein Kinderparadies entstehen, wenn alle gefährlichen und zerbrechlichen Dinge nach weiter oben in unerreichbare Höhen wandern. Holzbrettchen und Holzkochlöffel, Körbchen, Untersetzer, Dosen mit Deckeln und alles, was sonst noch vorübergehend entbehrlich ist, fesselt Ihr Kind mehr als das teuerste Spielzeug. Damit kann es Krach machen, und diese Gegenstände vertragen auch wilde Spiele. Ziehtiere aus Holz, die nicken oder wedeln können, und ein kleiner Bollerwagen, machen das Glück perfekt.

3. Jahr Die Dinge brauchen einen Namen. Und Fragen führt zum Ziel. Erste Zahlen interessieren. Teilen und Abgeben geht noch zögerlich vonstatten, kann sich aber von einem auf den anderen Tag ändern, dann nämlich, wenn das kleine Herz urplötzlich für einen Freund oder eine Freundin schlägt. Dann wird sogar Schenken zum Sport, was vorher schier undenkbar schien. Gegenstände können jetzt nach verschiedenen Merkmalen, wie Farbe und Form, unterschieden werden, und die manuelle Geschicklichkeit verbessert sich. Auffädeln, Geschirr abtrocknen und Figuren in Schablonen einpassen gelingt gut.

Spezielle Angebote: Bauklötze in größerer Menge, in unterschiedlichen Farben, Formen und Größen regen zum konstruktiven Gestalten an. Dabei ist das Ergebnis nicht wichtig. Allein das Erlebnis, etwas zusammenzufügen, ist ausschlaggebend. Holzperlen auffädeln macht jetzt großen Spaß. Die Perlen brauchen große Löcher und einen vorne festgezwirnten Schnürsenkel von größtmöglicher Länge. Holzkugeln mit großen Löchern dürfen ebenfalls mitspielen. Bretter und Holzkisten zum Tragen, Bauen und Balancieren unterstützen die Phantasie.

Das richtige Spielzeug:
● Kinder spielen am liebsten mit richtigen Sachen aus der Küche oder Besenkammer.
● Dinge, die nicht eindeutig zweckgebunden sind, sind für Kinder besonders interessant.
● Die Wünsche des Kindes sollten ernst genommen werden.
● Die Altersangaben auf Spielzeug sind meist zu hoch. Kinder interessieren sich schon früher dafür, auch wenn sie noch nicht richtig damit umgehen können.

155

Kleine Handwerker

Konkretes Bauen mit Holz

4. Jahr Die Phantasie erwacht: Manche Kinder schlüpfen zeitweilig in die Rolle eines Tieres und bilden sich fest ein, eine Katze zu sein. Andere Kinder leben mit imaginären Freunden, mit denen sie sprechen und die einen Extrateller bekommen. Solche Ventile der Phantasie verdienen größten Respekt. Rollenspiele helfen dem Kind, eine eigene Identität zu entwickeln und auch zu behaupten. Vieles von dem, was es schon mit drei Jahren alleine machen wollte, klappt jetzt ganz gut: sich an- und ausziehen, wobei sich manchmal Knöpfe und Reißverschlüsse hartnäckig der Handhabung widersetzen, was vielleicht doch noch einmal einen Wutanfall zur Folge hat.

Spezielle Angebote: Feuerwehr, Eisenbahn, Polizei, Rettungswache und alle »greifbaren« Institutionen vergleichbarer Art erregen höchste Aufmerksamkeit und entsprechen dem Bedürfnis des Kindes nach Rollenspielen. Dabei will es nicht in die Tiefe der Dinge vorstoßen, sondern eher Spektakuläres erfahren. Es möchte sich wichtig fühlen, indem es einen Brand löscht, den Verkehr regelt oder einen langen Zug lenkt. Den Zusammenhang zwischen Baum, Holz und Möbel begreift es. Holz als Baumaterial ist weiterhin sinnvoll und beliebt. Das Kind möchte die Werkzeuge, die es fürs Bauen braucht, Nägel, Zange und Hammer, kennenlernen und richtig gebrauchen.

5. Jahr Das Kind wird immer geselliger. Im Kindergarten mag es gerne mit anderen zusammensein, zu Hause genießt es Eltern und Geschwister und schätzt gemeinsame Unternehmungen sehr hoch. Neues erfahren und erleben steht ganz oben auf der Interessenliste. Kleine Besorgungen führt es stolz aus. Das Kind möchte Verantwortung übernehmen und anerkannt werden. Das Ichgefühl sucht und braucht Bestätigung. Achten Sie darauf,

---

Wenn Ihr Kind jetzt versteht, daß Holz aus der Natur kommt, also lebendig war und ist, wird es auch später sorgfältig damit umgehen.

Ihr Kind weiß immer besser, was es will. So kann es durchaus sein, daß es mit einem bestimmten Kind nicht spielen mag, weil dieses immer streitet.

Ihrem Kind nicht immer nur ganz einfache Tätigkeiten zu überlassen, wie beispielsweise den Mülleimer ausleeren, sondern geben Sie ihm auch Aufgaben, die seine soeben gelernten Fähigkeiten fordern. Teig rühren oder Kartoffeln schälen ist nicht nur für die Feinmotorik eine gute Übung, das Kind sieht auch ein Endprodukt, an dem es mitgewirkt hat und über das sich die ganze Familie freut.

Spezielle Angebote: Mehrere Kinder können sich ein gemeinsames Ziel ausdenken und vereinbaren, wie sie dorthin kommen. Sie brauchen jetzt viel Material, denn sie haben konkrete Vorstellungen von dem, was sie konstruieren wollen. Holzabfälle, Bretter, Keile, Latten, Klötze, Kisten und Kästen finden im Spiel Verwendung. Die Phantasie baut kräftig mit. Oft ist am anderen Tag der Eifer erloschen und die Idee verpufft. Dann sollten Eltern nicht enttäuscht sein. Die Leistung war groß genug.

6. Jahr Gelegentliche Selbstzweifel in diesem Alter lassen erkennen, daß das Denken des Kindes komplexer geworden ist. Vor einem Jahr traute es sich noch zu, den Eiffelturm zu bauen, jetzt schätzt es sich realistischer ein. Fünfjährige sind keine Kleinkinder mehr und noch keine Schulkinder, sie stehen ein bißchen dazwischen. Wenn sie die Möglichkeit haben, orientieren sie sich lieber an größeren als an kleineren Kindern.

Spezielle Angebote: Die Ausdauer wächst von Tag zu Tag. Größen- und Raumverhältnisse gewinnen an Bedeutung. Die Hundehütte muß jetzt unbedingt viel, viel kleiner sein als das Haus. Hämmern und Sägen gehört nun zum Umgang mit Holz. Das Kind malt Dinge gern an. Was es aus Holzabfällen gebaut hat, sollte es unbedingt auch anmalen dürfen. Je mehr komplexe Handlungen an einem Objekt vorgenommen werden, desto mehr schärft sich der kindliche Verstand für Logik und Zusammenhänge. Vor dem Handeln wird immer mehr nachgedacht. Achten Sie jedoch darauf, daß das Spielen, also das Tun ohne konkretes Ergebnis, immer im Vordergrund bleibt.

Wenn Kinder schepperndes Blechspielzeug, Horrorfiguren aus Billigplastik oder Pferde mit rosaroten Mähnen den Sachen aus unbehandeltem Holz vorziehen, hat das einfach den Grund, daß sie auch die Dinge besitzen wollen, mit denen die anderen Kinder im Kindergarten oder in der Schule spielen. Wobei der Hund aus Holz genauso wertvoll ist und abends schlafen gelegt wird wie der muskelbepackte Supermann »Big Ben«.

157

Wenn die Bäume in den Himmel wachsen

Das Kind will alles über Holz wissen und hat viel Phantasie

7. Jahr

Lassen Sie Ihr Kind mit kleinen Hilfen selbst entdecken, daß sich ein Stuhl aus Holz viel angenehmer anfühlt als einer aus Plastik.

Naturzusammenhänge bekommen immer mehr Gewicht. Das Kind begreift jetzt, daß ein Baum mehr ist als ein Holzlieferant, daß er ein Eigenleben hat und beispielsweise den Jahreszeiten unterworfen ist. Es interessiert sich auch schon für Baumarten. Manche Kinder möchten schnitzen oder Figuren aussägen. Das Zusammenbauen von Hölzern um des Bauens willen ist vorüber. Was das Kind ab jetzt gestaltet, möchte es verschenken oder den Nutzen selbst ausschöpfen, wie etwa eine Box für kleine Autos oder Buntstifte. Etwas herstellen, womit man dann etwas tun kann, ist seine erklärte Absicht. Dabei bringt es sehr konkrete Vorstellungen ein, braucht aber öfters noch »diskrete« Hilfen bei schwierigen Vorhaben.

Spezielle Angebote: Die Rolle, die Holz im Leben der Menschen spielt, beginnt das Kind zu interessieren. Gut gemachte Sachbücher über Schiffsbau, Hausbau, Gerätebau in früheren Zeiten verschlingt es bald mit Begeisterung. Durch Naturbegegnungen, aber auch durch Besuche im Naturmuseum, in Pfahlbausiedlungen und dergleichen erkennt Ihr Kind bald: Holz ist wichtig für Menschen! Der Wald muß geschützt werden, auch wenn wir deshalb das Autofahren einschränken müssen. Kunststoff wird immer öfter – wieder – durch Holz ersetzt. Erklären Sie Ihrem Kind, wieso Holz aus der Mode kam und warum heute eine Rückbesinnung auf natürliche Materialien erfolgt. Zeigen Sie Ihrem Kind Fachwerkhäuser, Mühlräder oder Holzbrücken, große Fässer, Küchengeräte oder Transportmittel, die schon viele Jahrzehnte überdauert haben. Erklären Sie ihm inwiefern Holz lebt, wie die Tischplatte im Laufe der Jahreszeiten »arbeitet«.

Nutzen Sie Spaziergänge in der Natur, um dem Kind die Bedeutung des Waldes als Rohstoffquelle und als »grüne Lunge« zu verdeutlichen.

8. Jahr

Praktisches Lernen ist dem Grundschulkind angemessen. Leider wird der Kopf aber manchmal überfordert. Damit stellen sich Mißerfolge ein, die sich auf die Lernlust negativ auswirken.

Auch in diesem Alter geht noch viel Begreifen über das Hantieren mit Material. Spielen, Basteln und Gestalten ist daher lebensnotwendig für das Grundschulkind. Wer mit Ausdauer spielt und bastelt, kann diese Ausdauer auch in der Schule einsetzen. Mit Material machen Kinder wichtige Erfahrungen, die sie auf alle übrigen Lernsituationen übertragen können: Probleme sind lösbar, nach Niederlagen kommen Neuanfänge, Erfolge machen stark und stolz. Eltern schaden ihren Kindern, wenn sie Spielen, Basteln und Gestalten als vertrödelte und der Schule verlorengegangene Zeit betrachten. Kinder, die das vermittelt bekommen, laufen Gefahr, später arbeitswütige Erwachsene zu werden, die unter der Last von permanenter Verantwortung, und sei sie auch nur eingebildet, zusammenbrechen.

Spezielle Angebote: Das folgende Kapitel über Holz spricht die Phantasie Ihres Kindes an. Hier kann es in Zusammenhängen lernen. Holz von allen Seiten besehen, das ist die Devise!

In Läden, die Dritte-Welt-Artikel vertreiben, kann das Kind hautnah sehen, was andere Länder, andere Kulturen für ein individuelles Verhältnis zum Holz haben. Viele Spiele sind aus Holz gemacht, aber auch Alltagsgegenstände wie Schuhe, Geschirr und Bestecke – etwas, das uns nicht mehr vertraut ist. Kinder haben einen ursprünglichen Sinn für Ästhetik und werden davon begeistert sein. Nehmen Sie Anregungen ernst. Die Geschichte vom hölzernen Bengele »Pinocchio« von Carlo Collodi kann das Grundschulkind lesen oder sich vorlesen lassen. Hier wird sehr anschaulich und sehr liebevoll gezeigt: Holz lebt. Weiches Holz reizt zum Schnitzen. Die Technik und Vorsichtsmaßnahmen beim Schnitzen sollte sich das Kind bei einem Erwachsenen abgucken dürfen. Holz vermittelt dem Kind viele Sinnesreize, und die Feinmotorik der Hände wird geschult.

Nun werden größere Projekte in Angriff genommen, auch mit anderen Kindern zusammen. Konkrete Bauvorhaben wie ein kleines Vogelhäuschen, ein Blumenkasten, ein kleines Schiff oder sogar eine Ritterburg lassen sich unter Anleitung mit Holzresten realisieren. Kinder sind dabei hoch konzentriert und wollen nicht gestört oder unterbrochen werden. Soll die Arbeit ein Ende finden, weil es beispielsweise Abendbrot gibt, ist es günstig, das Kind früh darauf vorzubereiten.

Baumhaus

Bauen ist ein Urtrieb. Aus einer Astgabel, Zweigen, Ästchen und etwas Schnur ist schnell ein Traumbaumhaus gemacht. Beim Bauen wird nicht nur die kindliche Kreativität gefördert, sondern auch das räumliche Vorstellungsvermögen und die Fingerfertigkeit.

Und so wird's gemacht

Materialien

- 1 Astgabel (30–50 cm hoch)
- Viele dünne Zweige
- 1 Rolle Schnur oder Naturbast
- 1 Brett oder Preßspanplatte (20 x 20 x 1,5 cm)
- 1 Nagel (4–5 cm lang)
- Holzleim oder Alleskleber

Werkzeuge

- Hammer
- Kleine Säge oder Gartenschere
- Schere oder Messer

1 Am besten eignet sich eine Astgabel mit drei Verzweigungen. Die Zweige sollten etwa die Stärke eines kleinen Fingers haben, möglichst gerade und 15 bis 30 cm lang sein. Das Holz sollte einige Tage auf der Heizung getrocknet werden.
2 Die Astgabel wird so zugesägt, daß unter der Verzweigung noch etwa 20 cm Stamm übrigbleiben. Die Verzweigungen läßt man vorläufig so, wie sie sind. Wenn man nur eine Astgabel mit einer Verzweigung hat, kann man noch eine zusätzliche Verzweigung mit Hilfe eines abgeknickten Zweiges an den Stamm anbinden.
3 In die Mitte der Holzplatte wird der Nagel hineingeschlagen, bis er auf der anderen Seite wieder herausschaut. Die durchgetretene Nagelspitze und das untere Ende der Astgabel

werden mit Leim bestrichen. Dann wird die Astgabel auf die Spitze des Nagels gedrückt und dieser mit dem Hammer fest eingeschlagen. Jetzt steht der »Baum« fest auf der Platte.
4 Der Hausbau beginnt mit dem Einfügen der unteren drei Zweige, die das Grundgerüst des Bodens werden. Die Zweige werden so eingepaßt, daß sie über die Astgabeln hinausstehen. Dann werden sie mit der Schnur über Kreuz so festgebunden, daß sie nicht mehr herunterrutschen können.
5 Jetzt legt man die abgelängten Bodenzweige ein, baut die Wände und errichtet das Dach. Die Technik ist wie beim Blockhausbau.
6 Es können Falltüren, Fenster, Türen, Treppen, Leitern usw. eingebaut werden. Der Phantasie sind keine Grenzen gesetzt!

Hampelmann

Hampelmann,
ab und an
laß dich's nicht verdrießen,
ohne Stolz,
Draht und Holz,
Purzelbaum zu schießen.

Holz und Draht,
welch ein Staat,
machst doch keinen bange.
Schlenk und renk
das Gelenk,
arme Zappelzange.

Aus und ein
zieh das Bein,
immer gleiche Welle;
spitzer Hut
steht dir gut,
kommst nicht von der Stelle.

Auf und ab
stets im Trab,
ohne Herz und Lunge,
und gefiel
uns dein Spiel,
zeigst uns schnell die
Zunge.

Kurt Leonhard

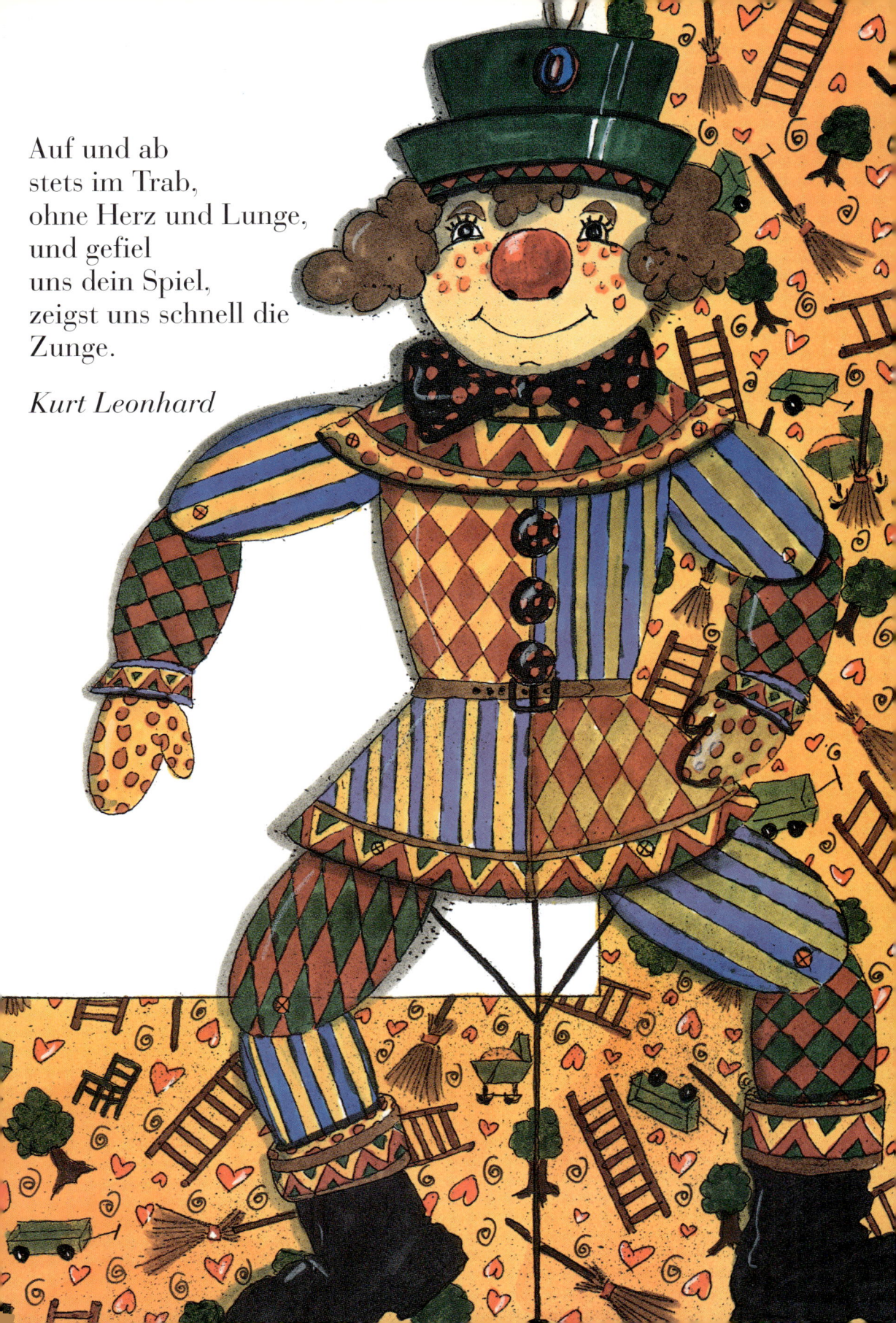

Mit Stöckchen
und Klötzchen

Lustige Spiele mit Holz

13 Mann auf einem dicken Baumstumpf

Tip: Den Baumstamm seitlich mit dicken Steinen oder Keilen sichern, damit er nicht umrollt!

Findet man einen (noch fest im Bodern verwurzelten!) Baumstumpf, sollte man mal versuchen, wie viele Kinder und Erwachsene ein- oder zweibeinig darauf stehen können – je besser man sich gegenseitig hilft, desto mehr Personen werden darauf Platz finden. Ein lustiges Spiel für große Gruppen.

Bäumchen wechsle dich

Solide, sonst gar nichts! Ein Tisch fürs Kinderzimmer sollte aus Holz sein; er braucht ein sehr festes Gestell und eine unpolierte Tischplatte. Wie er sonst aussieht, ist egal: Schrammen, Flecken und Dellen müssen erlaubt sein.

Auf umgelegten Baumstämmen zu balancieren macht allen Kindern Spaß. Ein Balanceakt ganz besonderer Art ist dieser: Möglichst viele Kinder stellen sich nebeneinander auf einen langen Baumstamm, während ein Spielleiter mit dem Rücken zu ihnen steht, sie also nicht sieht. Er ruft dann die Namen von zwei »Baumstehern« auf, die ihre Plätze miteinander tauschen sollen, ohne daß einer von beiden oder die anderen runterfallen. Wenn die beiden Aufgerufenen weit auseinander stehen, wird's eine lustige »Zitterpartie«. Das Spiel kann man so lange fortführen, bis nur noch einer oben steht.

Holzbaukasten – kostenlos

Beim Schreiner besorgte Holzreste – große und kleine, dicke und dünne Klötzchen und Keile, Holzdübel, Leisten, aber auch Hobelspäne sowie ein einzelner, dicker Holzklotz – bieten tausendundeine Spielmöglichkeit: Man kann damit nicht nur Häuser, Städte, Brücken und Türme bauen, sondern feilen, bohren, nageln und schrauben, wobei die Tätigkeit selbst viel wichtiger ist als das Ergebnis der Arbeit! Die Kinder brauchen hierzu gutes Werkzeug: zwei Schraubzwingen (sehr wichtig!), Handbohrer, Hammer und Nägel, einen dicken Schraubenzieher und dicke Schrauben, mehrere Feilen und Schmirgelpapier sowie eine Laubsäge oder einen Fuchsschwanz. Keine Angst: Auch knapp Vierjährige können mit diesem Werkzeug verantwortungsvoll hantieren – es muß aber anfangs ein Erwachsener dabeisein.

Wurzelsepp und Waldgeist

Bei Waldspaziergängen findet man allerhand Schätze, mit denen sich spielen läßt: Eicheln und Kastanien zum Basteln oder bunte Blätter für Collagen, aber auch »urig« geformte Wurzeln, die Gesichtern, Männchen, Waldgeistern ähneln. Diese Wurzeln braucht man nicht weiter zu bearbeiten – es reicht, wenn man ihnen lustige Namen gibt, und schon nehmen sie »Charakter« an und spielen ihre Rolle im Wurzeltheater.

Vogelnest

Zwischen drei nahe aneinander stehenden Bäumen werden aufgesammelte Äste und Zweige lose miteinander verflochten, so daß schließlich eine Art Nest entsteht: ein wunderbarer Ansitz zum Beobachten von Tieren.

Vom Stöckchen aufs Hölzchen...

Mit aufgesammelten Ästchen und Stöckchen lassen sich viele Spiele und Spielzeuge machen:

● Wald-und-Wiesen-Mikado
Statt der glatten, bunten Mikado-Stäbchen verwendet man gleich lange Stöckchen und Hölzchen aus der Natur; in die Hölzchen ritzt man mit dem Taschenmesser unterschiedlich viele Kerben, oder man umwickelt sie mit verschiedenfarbigen Bindfäden fürs Punktezählen am Ende des Spiels.

● Holzfloß und Auslegerboot
Für das Floß bindet man viele gleich lange Stöckchen mit Bast oder Schnur zusammen. Für das Auslegerboot braucht man ein dickes gerades, ein dünneres gerades und zwei leicht gebogene, dünne Stöckchen. Die gebogenen werden quer mit den geraden (mit Seil) verbunden.

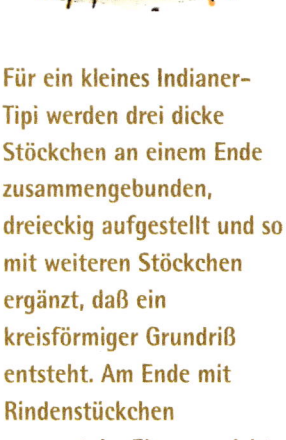

Für ein kleines Indianer-Tipi werden drei dicke Stöckchen an einem Ende zusammengebunden, dreieckig aufgestellt und so mit weiteren Stöckchen ergänzt, daß ein kreisförmiger Grundriß entsteht. Am Ende mit Rindenstückchen ummanteln. Eingang nicht vergessen.

Auf Biegen und Brechen

Lehreiche Experimente mit Holz

Wie alt war der Baum?

Da ein Baum im Laufe seines Lebens jährlich von innen nach außen je einen hellen und einen dunklen Wachstumsring zulegt, kann man das Alter eines gefällten Baumes leicht ablesen: Man zählt die dunklen Ringe. An den hellen Ringen erkennt man, wie es dem Baum in welchem Jahr ergangen ist: War das Klima günstig, konnte er gut wachsen (breiter Ring); waren Frühjahr und Sommer verregnet, wurde das Wachstum gehemmt (schmaler Ring).

»Hart« und »weich« sichtbar machen

Der Maler Max Ernst führte 1925 erstmals eine Technik in die Malerei ein, die man Frottage nennt: Er rieb die Holzmaserung eines Fußbodens mit einer weichen Bleistiftmine auf Papier durch. Man kann das selbst probieren: Nur die dunklen, weil harten und deshalb leicht erhabenen Linien im Holz drücken sich durch. Bei deutlicher Maserung kann man den Unterschied sogar mit der Hand fühlen.

Dem »lebendigen« Muster auf der Spur

Die Maserung eines Holzbrettes ergibt sich dadurch, daß ein Baumstamm in Längsrichtung zugeschnitten wird. Man stellt Knetmasse her: 800 g Mehl, 400 g Salz, 6 EL Alaunpulver aus der Apotheke vermischen, mit 1 l kochendheißem Wasser und 6 EL Speiseöl übergießen, verkneten und ein Drittel davon mit Lebensmittelfarbe einfärben. Dann baut man sich daraus einen »liegenden Baumstamm«, indem man abwechselnd dicke ungefärbte und dünne gefärbte ausgerollte Platten umeinanderlegt A). Nun kann man den »Baumstamm« mit dem Brotmesser der Länge nach in einzelne »Bretter« zersägen. Bei genau waagrechtem Schnitt (B) verlau-

fen die gefärbten Streifen ziemlich gerade nebeneinander; schneidet man jedoch schräg, erhält man Linien, die spitzbogig zusammenlaufen (C). Im Sägewerk ergeben sich solche Strukturen besonders in den Seitenbrettern, weil Bäume sich nach oben verjüngen.

Auf Biegen…

Frisch geschnittene Zweige sind sehr biegsam und elastisch. Das liegt daran, daß sie noch voll »im Saft« stehen, also mehr Wasser gespeichert haben. Will man sich einen Flitzebogen bauen, darf man kein altes, ausgetrocknetes Holz verwenden. Weidenzweige sind besonders biegsam.

Die besten Bögen und Armbrüste macht man aus Eibenholz – das wußten schon die alten Ritter!

… und Brechen

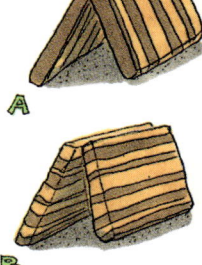

Für dieses Experiment braucht man zwei gleich große, aber dünne quadratische Holzbrettchen aus gleichem Holz! Beide Brettchen sägt man an der Seite leicht an und bricht sie dann übers Knie, das eine jedoch mit der Faser (Maserung) quer zum Knie (A), das andere längs (B). Welches Brettchen bricht (leichter) durch? In welcher Richtung splittert die Bruchstelle, in welcher ist sie glatt?

Heimwerkertrick

Holz »arbeitet«, d. h., es verändert sich je nach seinem Wassergehalt. Legt man trockenes Holz in Wasser, dann quillt es auf. Deshalb sitzen vorher lockere Hämmer bombenfest am Stiel, wenn man sie länger in Wasser legt.

Bindet man ein kurzes Holzlineal an eine Schnur und läßt diese schnell über dem Kopf kreisen, wird das Holz in Schwingung versetzt und beginnt laut zu dröhnen.

Kochlöffelmusik

Daß unterschiedlich lange Hölzer der gleichen Art die ganze Tonleiter wiedergeben, weiß jedes Kind, das Xylophon gespielt hat. Klopft man Hölzer verschiedener Art (harte, weiche) an, klingen diese unterschiedlich, selbst wenn sie die genau gleiche Größe haben. Unterschiedlichen Klang liefern aber auch Hölzer gleicher Art und Größe, je nachdem, ob sie naß oder trocken sind.

Wurzelgespenster und Schwemmholzkrokodile

Materialien

- Gefundene Holzformen, Wurzelhölzer, Schwemmholzstücke
- Knorrige Äste
- Tapetenkleister
- Zeitungspapier
- Dispersionsfarbe

Werkzeuge

- Pinsel
- Zange
- Feinsäge
- Handbohrer (Durchmesser 2 mm)

Im Wald, am Seeufer oder im Park – überall liegen sie, die Wurzelgespenster, Schwemmholzkrokodile, Paradiesknorzvögel oder Tintenfischknollen. Sie wollen nur entdeckt werden. Mit ein bißchen Nachhilfe sieht jeder, welche seltsamen Wesen in der Natur herumliegen.

Und so wird's gemacht

1 Im Wald, im Park, am Fluß- oder Seeufer spazierengehen und die Augen aufmachen! Wo liegt eine geeignete Wurzelform? Was erinnert an ein Tier, ein Ungeheuer, an einen Gnom, ein Gespenst, einen Geist, einen Zwerg, ein Fabelwesen…? Immer wieder ein Holz aufnehmen und es prüfen. Wichtig ist, daß man nicht etwas Bestimmtes in dem Holz sucht, sondern sich durch die Form anregen läßt. Je unbefangener man auf die Suche geht, um so schneller wird man fündig.

2 Sobald ein geeignetes Stück gefunden wurde, geht es darum, die entdeckte Form noch deutlicher zu machen. Behutsam werden mit der Feinsäge überflüssige Teile abgesägt.

3 Sollte noch etwas angesetzt werden, oder sagt die Form schon alleine etwas aus? Mit Hilfe von geknülltem Zeitungspapier und Bindedraht werden Teile der Figur aufgefüttert und damit deutlicher hervorgehoben, z.B. ein Bauch, Flügel oder Beine. Anschließend wird das Angefügte mit Zeitungspapierstreifen und Tapetenkleister beklebt und geglättet.

Das Bemalen des Fabelwesens

Die schöne braune Erdfarbe des Holzes wird belassen. Nur einzelne Akzente werden farbig gesetzt. So kann man

Augen, Krallen, Schnabel, Zähne usw. farbig hervorheben. Andere Möglichkeit: Das Holz wird mit Dispersionsfarbe einfarbig grundiert. Sobald die Farbe trocken ist, werden Muster wie Federn oder Schuppen aufgemalt. Zum Schluß wird das Typische des Fabelwesens genauer herausgearbeitet, also Zunge, Zähne, Flossen, Augen… Wer will, kann sein Fabelwesen auch mit Perlen und bunten Federn verzieren.

Vielleicht fällt einem zu seinem Fabeltier gleich eine Geschichte ein: Wie heißt es, wo lebt es, was tut es, oder wie spricht es? Abends am Lagerfeuer wirken diese Geschichten am besten.

So ein Fabelwesen ist ein schönes Geschenk oder Mitbringsel aus dem Urlaub für Oma oder Opa.

169

Alt wie ein Baum...

Wissenswertes rund um das Holz

Bäume – älter als die Dinos

Seit 345 Millionen Jahren – lange vor den Dinosauriern und sehr, sehr lange vor dem Auftauchen der ersten Menschen – wachsen Bäume auf der Erde. Woher wissen wir das? Von den Urzeitbäumen, die im Laufe von Jahrmillionen zu Steinkohle geworden sind; man fand sie in den Steinkohlewäldern des Karbon, einem Abschnitt der Erdgeschichte, der nach den »verkohlten« Bäumen benannt ist. Bis heute sind Bäume die überlegenste Pflanzenform – wenn man sie ungestört wachsen läßt! Sie sind als Sauerstoffproduzenten, als natürliche »Klimaanlagen« und als »Bodenhalter« überlebenswichtig für die Erde.

Giganten und Goliaths im Pflanzenreich

Es gibt Baumarten, die so hoch werden wie ein 25stöckiges Haus (über 100 m) und einen Stammdurchmesser von über zehn Metern haben. Solche Giganten können gut 4000 Jahre alt werden. In der Sierra Nevada in Kalifornien lebt noch eine Grannenkiefer, die 4600 Jahre alt ist – als sie ein junges Bäumchen war, wurde in Ägypten gerade die Cheopspyramide erbaut. Bei uns werden Eiben, Linden, Arven und Eichen »alt wie Methusalem« (bis über 1000 Jahre). Doch nicht nur die Riesen im Pflanzenreich strotzen vor Stärke: Ein nur ein Zentimeter dünner Stab aus Esche kann ein Gewicht von 1650 Kilogramm aushalten, ohne zu brechen!

Der Mensch und der Baum

Bäume sind unmittelbar mit der Kulturgeschichte der Menschheit verbunden: Wir nutzten ihr Holz erst zum

Im Rauschen der Zeus-Eiche glaubten die alten Griechen die göttliche Stimme zu vernehmen. Buddha wurde unter einem Baum erleuchtet, und die Aufstellung des Maibaums geht auf einen Fruchtbarkeitskult zurück.

Feuermachen, dann für Waffen und zum Bauen unserer
Behausungen; wir schleppten zentnerschwere Steinquader
mittels rollender Bäume 150 Meter hohe, steile Rampen
hinauf; wir schnitten unser erstes Rad aus einem Baumstamm; wir machten Boote und Schiffe, Möbel und Haus-
gerät daraus, gewannen Harz und Kautschuk, Gerb- und
Farbstoffe ... Und einmal ganz abgesehen von diesem
praktischen Nutzen, den wir aus Bäumen ziehen, werden
sie seit Menschengedenken als etwas Göttliches verehrt.

Vom Baum zum Holz

Pflanzen sind Lebewesen, die ihre Nahrung selbst aufbauen. Diese »Selbstversorgung« ist das wichtigste Unter-
scheidungsmerkmal zwischen Pflanze und Tier. Die Herstellung der Nahrung – Stärke und Zucker – übernehmen
die Blätter. Sie brauchen hierzu Wasser und Kohlendioxid
sowie die Energie aus dem Sonnenlicht. Bäume (auch
Nadelbäume) sind wegen ihrer Größe die blattreichsten
Pflanzen überhaupt. Über den Baumstamm wird den
Blättern das benötigte Wasser zugeführt. Hierzu bildet
der Baum am Stamm Holzzellen aus – im Frühjahr und
Sommer größere, weil die Blätter knospen, wachsen und
in ihren »Chemielabors« Höchstleistungen erbringen, im
Herbst und Winter ganz kleine, weil die Blätter abfallen
und eine Zeitlang Ruhe herrscht. Die Zellen werden ring-
weise zwischen dem sehr harten Kern (der das Mark, das
»Herz« des Baumes umschließt) und der Rinde von innen
nach außen angelagert. Man sieht sie an einem abgeholz-
ten Baum als Jahresringe.

Lebendiger Werkstoff

Auch lange, nachdem ein Baum gefällt wurde, funktionieren seine Holzzellen genau wie zuvor, nur daß keine
neuen mehr hinzukommen. Holz »arbeitet«, es verändert sich kontinuierlich, weil es – je nach seiner Umgebung – Wasser aufnimmt oder abgibt. Vor allem
das macht Holz zu einem einzigartigen Werkstoff, der
sich ausgesprochen vielseitig bearbeiten läßt. Und nicht
zuletzt: Mit Sachen aus Holz fühlen wir uns – nicht nur
subjektiv! – einfach wohl! Denn Holz ist lebendig.

Bäume zeigen sehr
deutlich, woher der
Wind stetig weht: An
Küsten und im Gebirge
wachsen sie meist schief,
d. h., die Äste strecken
sich nach der vom Wind
abgewandten Seite. An
der Wetterseite wuchern
Algen, Moose und
Flechten auf der Rinde.

171

Wo gehobelt wird...

Interessante Berufe, die mit Holz zu tun haben

Zimmermann

Der älteste, aber heute noch aktuelle Beruf, der ganz und gar mit Holz zusammenhängt, ist wohl der des Zimmermanns; denn seit die Menschen seßhaft wurden (Jungsteinzeit), brauchten sie haltbare Behausungen – wenn nicht aus Stein, dann aus Holz. Besonders in den bewaldeten Teilen Europas wurden (germanische) Langhäuser, aber auch Pfahlbauten (wie heute noch in Südostasien) aus Holz gemacht. Zimmerleute fertigen das tragende und stützende Gebälk von Häusern und Dachkonstruktionen.

Schreiner

Er fertigt Gebrauchsgegenstände aus Holz – vom kleinen Hocker bis zur maßgeschneiderten Einbauschrankwand. Schreiner kennen die Eigenschaften unterschiedlicher Hölzer in- und auswendig und treffen, je nach Zweck, die richtige Wahl ihres Werkstoffs, den sie dann entsprechend be- und verarbeiten (heute mit Maschinen, früher von Hand). Sie können Holzteile sogar ohne Leim und Schraube fest miteinander verzapfen, können sie (z.B. nach Behandlung mit heißem Dampf) verbiegen und verformen. Einfache Hölzer werden vom Schreiner mit einer dünnen Schicht aus Edelholz furniert.

Musikinstrumentenbauer

Es ist eine hohe Kunst, in reiner Handarbeit gut vorbereitete Hölzer so zusammenzusetzen und zu formen, daß daraus phantastische Klang- und Resonanzkörper entstehen. Besonders die Geigenbauer haben es, wie etwa die Familien Stradivari, Amati und Guarneri, zu Weltruhm gebracht. Auch heute gibt es noch traditionsreiche Werkstätten und Geigenbauerschulen, z.B. in Mittenwald.

172

Ein Holzwurm zum Verlieben

Kleinere Perlen, hinter-einander aufgefädelt, ergeben kleine Holzwürmer – ein nettes Mitbringsel oder ein Andenken für alle Gäste beim Kindergeburtstag.

Ein Holzwurm hat es schwer: zum Frühstück, zum Mittag-essen, zum Abendbrot nichts als Holz. Und dann ist er auch noch ziemlich unbeliebt. Wer ihn hat, läßt kein gutes Haar an ihm und versucht mit allen Mitteln, ihn zu vertreiben. Anders ist das mit diesem Holzwurm, man kann ihn aufs Klavier setzen, aufs Radio oder mitten auf den Frühstücks-tisch. Er sieht immer gut aus und frißt bestimmt keine Löcher in den Tisch.

Und so wird's gemacht

Die handgroße Holzkugel ist der Kopf. Durch das Loch

Natürlich gibt es auch rote, grüne, blaue oder ganz bunte Holzwürmer.

174

wird soviel Wolle gezogen, wie hindurchpaßt. Die letzten Fäden mit der Nadel durchziehen. Oben sind die etwas längeren Kopfhaare, unten die Barthaare. Den dünnen Draht mit durchschieben und ein Ende unterm Kopfhaar befestigen. Unter den Barthaaren fünf kleine Holzperlen auf den Draht fädeln, zu einem Kreis schließen und befestigen. Jetzt ruht das Kinn des Holzwurmes auf dem Kreis und stützt sich dort ab. Die Barthaare decken die Perlen von außen zu.

Nun alle weiteren Perlen bis zur allerkleinsten auf den Draht ziehen. Draht nach der kleinsten Perle wieder zurückführen bis zum Kinn und dort am Perlenkreis befestigen.

Jetzt fehlen nur noch die Augen: Ein freundlicher Blick soll's sein! Wer mag, kann auch noch eine Nase und einen Mund aufmalen. Frisur zurechtschneiden.

Viel Spaß mit dem Holzwurm!

Materialien

- 1 große Holzkugel mit großem Loch
- 4 kleinere, normal gelocht
- 3 noch kleinere, normal gelocht
- 8 kleine mit Loch
- 1 Schwanzperle
- Etwas Wolle für Bart und Kopfhaar
- Gut biegsamer Draht, etwas mehr als doppelt so lang, wie der Holzwurm werden soll
- Für die Augen 2 weiße Punkte und 1 schwarzer Filzstift (wasserfest)

Eine deftige Holzhacker-Brotzeit

Zutaten (für 4 Personen)

- 200 g Wurst
- 8 Tomaten
- 6 große Kartoffeln, gekocht
- 4 Eier
- Salz, Pfeffer aus der Mühle
- 1 TL Oregano (getrocknet)
- 200 g Schweizer Käse
- Fett für die Form

Zubereitung

1 Geschälte Kartoffeln in Scheiben schneiden, in eine gefettete Pfanne schichten und salzen.
2 Eier mit Salz, Pfeffer und Oregano verquirlen und über die Kartoffeln gießen.
3 Wurst kleinwürfelig, Tomaten in Scheiben schneiden und auf den Kartoffeln verteilen.
4 Mit geraspeltem Schweizer Käse bestreuen und im vorgeheizten Backrohr auf der mittleren Schiene bei 200 °C etwa 20 Minuten überbacken.

Dazu gibt es einen aromatischen Tomaten-Apfel-Saft.

Zutaten

- 4 kleine Gläser Tomatensaft
- 4 halbe, geschälte, entkernte saure Äpfel
- 1 Prise Meersalz, wenig Peffer

Zubereitung

Alles im Mixer pürieren. In hohe Gläser
füllen und mit Sprudel auffüllen.
Mit Schnittlauch garnieren.

Das gibt Kraft!

Papier

Kein Anruf kann ihn ersetzen, den Brief mit ein paar lieben Worten, einem Gruß aus fernen Ländern oder mit einem sehnsuchtsvollen »Ich liebe und vermisse dich«. Ein Brief kann gefaltet und in der Jackentasche mitgenommen werden, jederzeit griffbereit, um zu trösten oder zu erheitern. Ohne Papier wäre dies nicht möglich. Ohne Papier gäbe es auch nicht das feine Rascheln in den Lesesälen großer Bibliotheken, wo das Wissen zwischen Buchdeckeln auf vielen Regalen bis hoch unter die Decke angesammelt ist. Ohne Papier gäbe es aber auch keine glücklichen Kinder mit vielen bunten Laternen im Sankt-Martins-Zug, und manche Nachmittage im Winter wären öde und langweilig ohne Papiervogel und -pferdchen, ohne Schiffe in der Badewanne und Flieger aus dem zweiten Stock.

Spielen und Lernen

Vom planlosen Reißen und Knüllen bis zu selbstgebauten Papierdrachen oder phantasievollen Collagen sind es viele Jahre im Leben eines Kindes, in denen Papier eine wichtige Rolle spielt. Das Spielzeug ist meist in Hülle und Fülle vorhanden, und man kann so richtig drauflosmalen oder -werken und sich kreativ austoben (Seite 182).

Basteln und Gestalten

Leicht wie Papier sind sie, unsere gefiederten Freunde in den Bäumen. Ein Kolibri bringt gerade mal 10 Gramm auf die

Waage. Was liegt näher, als einen Vogel aus Papier zu basteln und ihn im sanften Luftzug flattern zu lassen (Seite 188).

Poesie und Musik

Zeitungen bieten immer die allerneuesten Informationen. Aber daß sie

auch ein munteres Eigenleben führen, war bisher nicht bekannt. Und so manch einer, der vorgibt, alles genau zu verstehen, wird am Ende doch entlarvt. Mehr dazu auf diesen Seiten (Seite 190).

Spiel und Spaß

Kaum zu glauben, aber hier steht, wie man durch eine Postkarte klettern kann und wie aus einer Papierschlinge plötzlich zwei werden. Zu dem alten Spiel aus China muß man unbedingt ein Schälchen Tee trinken. Und viele weitere Anregungen und Vorschläge (Seite 192).

Hantieren und Probieren

Wer möchte seine Geburtstagsglückwünsche für die Oma auf selbsthergestelltes Papier schreiben? Hier ist die Anleitung. Etwas Altpapier und ein Fliegengitter, und los geht's (Seite 194).

Basteln und Gestalten

Kein Abenteuerroman, keine Indianergeschichte ohne eine Herde anmutig wilder Pferde, die abends an der Wasserquelle trinken und beim leisesten Verdacht einer Bedrohung kraftvoll und staubaufwirbelnd davonstürmen (Seite 196).

Wissen und Lernen

Wissen kann manchmal beschwerlich sein, im Altertum war es das sogar im wahrsten Sinne des Wortes. Gab es doch zu dieser Zeit noch kein Papier, um drauf zu schreiben. Auch der zart formulierte Liebesbrief mußte in Stein geritzt werden und wurde so einigermaßen gewichtig. Gar nicht daran zu denken, ihn immer mit sich herumzutragen (Seite 198).

Berufe

Als der Buchdruck erfunden wurde, hatte der Drucker richtig besehen eine Schlüsselstelle in einer Art Revolution: Auch die armen Leute, wenn sie lesen gelernt hatten, konnten jetzt etwas über ihre Rechte erfahren und mußten nicht mehr alles glauben, was ihnen die Herrscher erzählten (Seite 200).

Basteln und Gestalten

Abgesehen davon, daß sie den Kopf vor Hitze und Kälte schützen, verleihen Hüte den Herren die entsprechende Würde und den Damen – man denke an die Bilder von Pferderennen – ein modisches, extravagantes Erscheinungsbild. Aber auch die Puppe und der Teddy mögen keinen Sonnenstich (Seite 202).

Kinderküche

Jetzt heißt es »Fracht löschen« und die Ladung ganz schnell verspeisen. In der Mitte steht das Riesenschiff. Da müssen alle mithelfen (Seite 204).

179

Knittern, Kritzeln und Schneiden

Spiel und Spaß mit Papier in den ersten Lebensjahren

1. Jahr Schon ganz früh interessieren das Kind ungewohnte Geräusche. Sobald es den Kopf drehen kann, wird es jedem raschelnden Papier neugierig nachblicken. Wenn es dann mit seinen Händchen zupacken kann, also mit etwa fünf Monaten, wird Papier in der Hand zu halten zum großen Vergnügen. Dieses Material läßt sich vom Kind ziemlich viel gefallen: Man kann es knüllen, damit wedeln, zerreißen, in Wasser tauchen und kneten. Zeitungen machen zwar schwarze Finger, sind aber für ein Kleinkind ein ideales Greifmaterial. So übt es seine Fingerfertigkeit, die es später beim Basteln und Gestalten weiter ausbildet.

Spezielle Angebote: Mühsam hat das Kind greifen gelernt, und nun hat die Natur bereits eine neue Herausforderung im Programm: Loslassen, Fallenlassen, Hergeben. Die Streckmuskulatur braucht Übung, und darum geschieht alles hundertmal. Geben Sie Ihrem Kind Katalogseiten, Servietten, Küchenkrepp, Seiden- oder Pergamentpapier. Es wird begeistert sein, wenn es gemerkt hat, wie wunderbar das raschelt, wenn man Papier zerreißt, und wie geheimnisvoll es knistert beim Knittern. Natürlich muß man auch testen, wie das Papier schmeckt und wie es sich beim Kauen anfühlt. Zeitungspapier ist dazu nicht besonders gut geeignet, weil die Druckerschwärze ungesund ist. Halten Sie beim Spielen den Zipfel eines Papierblattes fest, und lassen Sie das Kind reißen. Das übt die Hände. Bunte Papierbänder als Mobile über dem Wickeltisch oder vor den Kinderwagen gebunden faszinieren das Baby für lange Zeit.

2. Jahr Papier wird ganz wichtig. Bücher sind daraus gemacht, und die beginnen jetzt zu interessieren; auch deshalb, weil das Kind die Erwachsenen damit umgehen sieht. Zweijährige können ganz ernsthaft und konzentriert in Büchern »lesen«, die sie – auch die Bilder! – verkehrt herum halten. Erste Striche, Punkte und Linien zeichnet das Kind mit dicken Stiften aufs Papier. Auch Fingerfarben sind jetzt gefragt. Bieten Sie Ihrem Kind erst eine Farbe an, damit es in Ruhe das neue Material entdecken kann. Später sind dann mehrere Farben sinnvoll. Selbstgebastelte Puzzles aus einer Abbildung, die auf einen Karton geklebt und in drei oder vier Teile zerschnitten werden, machen Kindern großen Spaß.

Spezielle Angebote: Dicke Buntstifte und Fingerfarben sowie ein Stoß Computerpapier oder andere Blätter und eine Pappunterlage sollten dem kleinen Maler jetzt jederzeit zugänglich sein. Das Kind hat noch keine konkreten räumlichen Vorstellungen und staunt über jede »Spur«, die es auf Papier hinterläßt. Schachteln und Kataloge, ein dicker Schreinerbleistift und ein Locher vermögen es lange zu fesseln.

3. Jahr Nachmachen, was die Großen tun! Ein Königreich für eine Schere! Bringt man Kindern früh bei, wie Messer, Gabel, Schere, Licht zu handhaben sind, entgeht man der Gefahr, daß heimlich, unkontrolliert und vor allem – ungeübt! – damit hantiert wird. Nimmt man das Kind bei seinem Nachahmen ernst, wird es sich vorsichtig und stolz um den richtigen Gebrauch bemühen.

Spezielle Angebote: Zeigen Sie Ihrem Kind große, einfache, bunte Bilder, auf denen es schon vertraute Dinge wiedererkennen kann. Erzählen Sie dazu, was man auf dem Bild sieht. Ihr Kind sieht das zwar auch, aber es erwirbt sich gerade Sprachkompetenz und braucht den sprechenden Erwachsenen zum Nachahmen. Kinderreime werden jetzt wichtig und oft wiederholt. Das Kind braucht einen Vorrat an guten, handfesten Bilderbüchern.

Fast jedes Kind fängt gleich an: Kringel, Linien und Zeichen landen nicht nur auf der Papierunterlage, sondern auf der Tischdecke, auf Wänden und Büchern. Auf großen Zeichenblöcken können die Kleinsten die weit ausholenden Bewegungen beider Arme genießen. Zum Halten sind dicke Buntstifte oder Wachsmalstifte ideal. Kreiden färben gut auf Packpapier. Auf ausgerollten Tapeten kann man mit Fingerfarben arbeiten.

Klein Picasso...

Kreatives Gestalten auf und mit Papier

4. Jahr Die größere körperliche Wendigkeit und bessere Beherrschung seiner Muskeln im vierten Lebensjahr befähigen das Kind, auch mit Älteren Schritt zu halten. Spielkameraden sind jetzt ganz wichtig. Im vierten Lebensjahr kann Ihr Kind anfangen, in den Kindergarten zu gehen. Falls Sie keinen Platz ergattern, sorgen Sie dafür, daß es regelmäßig mit anderen Kindern zusammenkommt, z.B. auf dem Spielplatz. Der heftige Bewegungsdrang führt dazu, daß das Kind viel von seinem Babyspeck verliert und Arme und Beine lang und dünn wirken. Die Sprache wird nahezu »heftig« benützt und eilt sehr oft dem Verstand voraus. Sind mehrere Kinder zusammen, wird oft simuliert und angegeben. Still sitzen bei einer interessanten Tätigkeit klappt jetzt besser, weil der Körper schon ganz gut kontrolliert werden kann.

Beim Basteln mit Papier immer ein feuchtes Tuch für verklebte Finger bereithalten.

Spezielle Angebote: Viele Kinder mag das Kind im vierten Lebensjahr noch nicht zum Spielen, aber mit zwei, drei Freunden zusammen kann es sich lange beschäftigen. Geben Sie den Kindern einen großen Bogen Papier, auf dem sie gemeinsam malen und kleben können. Stellen Sie einen Vorrat von Farben, Katalogen und Dingen bereit, die man aufkleben und um- oder anmalen kann. Die Phantasie der Kinder reicht aus, um eine museumsreife Collage auf die Beine zu bringen. Das Kind ist außerdem durchaus in der Lage, sich bereits eine kleine Geschichte auszudenken und sie zu malen. Auf einigen zusammengehefteten Blättern Papier entsteht so ein selbstgemachtes Bilderbuch.

5. Jahr Das Kind steckt voller Energie und Tatendrang, sein Geist wird immer beweglicher. Wenn es malt, läßt es sich von seinen vielfältigen Assoziationen leiten. Es steckt sich ein Ziel, kommt aber recht bald

davon ab und peilt ein neues an. Zuerst will es ein Feuer-
wehrauto malen, daraus wird dann erst ein Affe, später
die Lisa aus dem Kindergarten. Der Erwachsene ist ver-
dutzt, das Kind stolz wie Oskar. Die Kreativität des Kindes ist beachtlich und sollte nicht beurteilt, sondern anerkannt werden.

Spezielle Angebote: Ihr Kind beginnt zu sammeln, unterstützen Sie das. Es stellt jetzt Unterschiede fest und merkt
sich Ähnliches und Gleiches. Postkarten in einem Schuhkarton, mit Karteikarten zum Abgrenzen einzelner Moti-
ve, machen aus Ihrem Kind einen wahren Ordnungsfana-
tiker. Es überlegt lange, ob eine Pferdepostkarte mit
Baum und Haus in die Rubrik »Tier«, »Bäume« oder
»Häuser« gehört. Nicht stören! Ihr Kind liebt diese Tätigkeit. Zum Malen und Zeichnen sind jetzt Lineal, Schablone oder Dreieck willkommen. Lassen Sie Ihr Kind diese
Utensilien ausprobieren und selbständig entdecken.

6. Jahr Die Schule rückt näher, und das Kind hat längst
begriffen, um was es da geht. Erste Schreibübun-
gen, die noch kreuz und quer übers Blatt verteilt
werden, macht das Kind mit großem Eifer. Über alle
Linien setzt es sich mit Schwung hinweg. Das ändert sich
in den kommenden Monaten, wenn die Feinmotorik der
Hände durch ständiges Üben Fortschritte macht. Ausschneiden und Falten steht hoch im Kurs, als ob das Kind
eine Ahnung davon hätte, was es bis zur Schulreife an
Fähigkeiten und Fertigkeiten noch erwerben muß.

Spezielle Angebote: Lassen Sie Ihr Kind aus einer Zeitung
Quadrate, Rechtecke und Kreise ausreißen. Zeigen Sie
ihm, wie man ein Blatt falten muß, um die Form zu
erhalten. Ein Dreieck, ein Herz, ein Baumblatt kann es
ausreißen, wenn das Blatt einmal gefaltet ist. Ihr Kind
erwirbt mathematische Erkenntnisse spielend, z.B.: Vier
Viertel hat ein Kreis oder zwei Hälften ein Blatt. Die aus-
gerissenen Formen anmalen und auf ein großes Zeitungsblatt kleben, dann ist das Spiel schön abgerundet.

Wahrscheinlich wird das
Interesse am Lesen jetzt
erwachen. Aufschriften,
Plakate, Tafeln an der
Straße und in Kauf-
häusern wollen ver-
standen werden. Anfangs
ist es noch mühsam, die
Zeichen zu entschlüsseln.
Am besten darauf
eingehen, aber nichts
forcieren. Das Kind
entwickelt mit dem
ersten Buchstaben einen
ganz eigenen, unabhän-
gigen Zugang zur
Erwachsenenwelt. Lesen
macht selbständiger. Wer
nicht jedes Buch kaufen
will, findet in Biblio-
theken eine reiche
Auswahl an Büchern auch
für die Kleinsten.

Lesen und Schreiben

Bedrucktes Papier als Tor zur Welt der Erwachsenen

7. Jahr Die Schulreife setzt sich aus einzelnen Fähigkeiten zusammen, die zwar ausreichend vorhanden sind, aber ständig weiter geübt werden müssen. Hierbei spielen die Hände nach wie vor eine große Rolle. Beim Basteln erfährt das Kind, wie logische Schritte zum Erfolg führen. Denken und Hantieren sind Lernschritte, die sich auch als schulischer Erfolg niederschlagen. Im Spiel und im Sport möchte das Kind nicht mehr mittendrin sein, sondern möglichst an die Spitze kommen. Oft überschätzt es noch seine Kräfte und läßt sich von Niederlagen kleinkriegen. Grundschulkinder in diesem Alter brauchen viel Ermunterung. Der Erwachsene muß für sie die Vorhaben in überschaubare Schritte und Portionen zerlegen, damit sich Erfolg einstellt. Spielerisches Üben von Schwierigkeiten zeigt dem Kind, daß Erfolg mit Üben zu tun hat und möglich ist. Dabei sollte allzu ehrgeiziges Streben vermieden werden. Wenn das Kind jedoch in Wettbewerbssituationen Unterlegene mit Geringschätzung behandelt, könnte dies ein Zeichen dafür sein, daß es sich zuwenig geliebt und beachtet fühlt.

Spezielle Angebote: Schreibspiele, bei denen es nicht auf die perfekte Rechtschreibung ankommt, werden jetzt gerne gemacht. Die Beherrschung des Alphabetes macht Kinder stolz. Möglichst viele Wörter suchen, die mit einem bestimmten Buchstaben anfangen oder auf eine bestimmte Silbe enden. Oder man gibt ein langes Wort vor, in dem die Kinder die Vokale austauschen dürfen, etwa »Erdbeermarmeladenglas: Für fünf e dürfen drei u, und für drei a zwei i eingesetzt werden. Wer hat das schönste Quatschwort erfunden? Kinder erkennen hier spielerisch die Bedeutung von Vokalen. Kreuzwort- und Silbenrätsel kann man selbst erfinden. Sie machen Kindern viel Spaß und nehmen die

Wenn Kinder in die Schule kommen, haben sie sechs Jahre lang viel gelernt. Sie können laufen, sich ausdrücken, über etwas nachdenken und schon Verantwortung übernehmen. Das ist schon einiges. Eltern können ihre Kinder also durchaus vertrauensvoll in diesen weiteren wichtigen Lebensabschnitt schicken. Diese Haltung stärkt auch das Selbstvertrauen der Kinder.

Angst vor der Rechtschreibung: Ein Wort mit zehn Buchstaben, vorne ein l, ein u an siebter Stelle. Es schmeckt gut auf Brot. Wer will, kann einen Buchstaben einsetzen. Ist er richtig, gibt es einen Punkt. Ist er falsch, wird ein Pfand gegeben. Wenn es zu schwer wird, noch einen Buchstaben preisgeben und/oder den Gegenstand näher beschreiben, z. B.: ein t an zehnter Stelle, man kann's im Metzgerladen kaufen. (Gemeint ist die Leberwurst.)

8. Jahr In diesem Alter ist vor allem Wissen gefragt. Es macht dem Kind Spaß, hinter die Dinge zu kommen, sofern das auf Herstellung und Gebrauch bezogen ist. Wie was funktioniert, ist ein heißes Thema. Papier begleitet uns auf Schritt und Tritt. Wo kommt es her, wie wird Papier gemacht, wie wird Papier recycelt? Das sind Fragen, die einem großen Wissensdurst entspringen und deren Beantwortung, beispielsweise durch ein Lexikon, weitere Fragen nach sich zieht. Das Kind ist stolz darauf, sich selbständig mit einem Thema zu befassen. Kinder, die jetzt das Lernen lernen, haben in der Pubertät keine Probleme mit der Schule. Lernen kann zum Bedürfnis, auch zur Routine werden.

Spezielle Angebote: Papier ist ideales Bastelmaterial für dieses Alter. Papiercollagen machen Träume wahr: Einen Tierpark, ein Autohaus, einen Garten oder eine Wohnung kann man in Einzelteilen aus Katalogen oder Illustrierten ausschneiden und nach eigenem Geschmack auf einem großen Packpapier zusammenfügen.
Für Feste und Einladungen können die Kinder witzige Plakate kleben. Einzelne Wörter werden aus Zeitungen oder Illustrierten ausgeschnitten und zusammengesetzt. Tischkarten und Girlanden, Programme und Servietten aus Küchenkrepp können Grundschulkinder nun selbst gestalten. Große Figuren, auf Packpapier gemalt und ausgeschnitten, lassen sich bekleben und bemalen und wirken sehr gigantisch. Damit können Kinder eine Geburtstagsparty gestalten. Die schönste Riesenfigur wird prämiert!

Der Besuch in einer Druckerei ist beim Thema »Papier« der Hit. Tun Sie sich mit ein paar Eltern zusammen, und melden Sie sich in einer Druckerei an.

Flieg, Rabe, flieg!

Wo und wie er lebt

Auf den Feldern und an den Waldrändern, immer häufiger aber auch mitten in den Städten – um die Kronen hoher Bäume herum – kreisen und schwärmen im Herbst die Krähen. Sie suchen am Boden nach Futter, und wenn man nicht allzu nahe herankommt, kann man sie recht gut beobachten, diese beeindruckend großen Vögel mit ihrem pechschwarzen Gefieder und den kräftigen Schnäbeln. Krähen gehören wie Elstern und Dohlen zur Familie der Rabenvögel. Sie sind weltweit verbreitet, und es gibt etwa 100 Arten davon.

Und so wird's gemacht

Die Collage auf dem Bild rechts ist ohne Buntpapier gemacht. Sie besteht ausschließlich aus den bunten Stellen einer Illustrierten. Das Gras am unteren Rand stammt von einem Werbefoto für Käse.

1 Man faltet ein derartiges Wiesenstück wie eine Ziehharmonika und schneidet mit der Schere tief in die Kanten. Klebt man jetzt nur die untersten Stellen an, steht oben das Gras frei und zittert bei jedem Windhauch.

2 Auch die bunten Laubblätter sind nur an einer winzigen Stelle aufgeklebt. Der Rabe war einmal ein Nachthimmel auf einem Reklamefoto in einer Illustrierten.

3 Flügel, Schnabel und Auge sind fast lose, nur ein winziger Tropfen Klebstoff hält sie fest. So flattern alle Teile und bewegen sich sachte, wenn das Rabenbild in der Nähe von Tür oder Fenster hängt.

4 Der Hintergrund, auf dem alles aufgeklebt wurde, ist eine ganz gebliebene Seite aus einer Illustrierten. Über die Schrift wurde ein Blättchen geklebt.

5 Wer will, kann die Collage auf einen festen Karton kleben und in einen Bilderrahmen stecken. Aber ohne Glas, sonst ist der Rascheleffekt verschwunden.

Das große, kecke Zeitungsblatt

Heut wanderte durch unsre Stadt
ein großes, keckes Zeitungsblatt,
mir selber ist's begegnet.

Herab die Straße im Galopp
kam es gelaufen, hopp, hopp, hopp,
von weitem mir entgegen.

Allmählich wurd' es müd. Es kroch,
es schlurfte nur, es schlich nur noch.
Und legte still sich nieder.

Da lag's, wie eine Flunder platt.
Dann aber tat das Zeitungsblatt
ganz plötzlich einen Sprung.

Stieg steil empor in kühnem
Flug,
wobei es ein paar Saltos
schlug,
und landete dann wieder.

Da saß es nun
und duckte sich.
Jetzt krieg ich dich! –
Doch es entwich
mit tausend
Purzelbäumen.

Josef
Guggenmos

Lesestunde

Ein Hund, ein Schwein, ein Huhn, ein Hahn,
ein Specht, der grade zu Besuch,
die fanden hinterm Haus ein Buch –
was haben da die fünf getan?
Sie riefen alle laut: »Mal sehn,
was mag auf Seite eins wohl stehn?«

»Oi, oi, oi, oi«, so las das Schwein.
Da sprach der Hund: »Das kann nicht sein.
Da steht wau, wau, wau, wau, wau, wau.«
Der Specht rief gleich: »Ich seh's genau,
da steht tak, tak, tak, tak, tak, tak.«
Das Huhn las eifrig: »Gack, gack, gack.«
Hell schrie der Hahn: »Das stimmt doch nie, da steht
kikerikikriki!«

Die Eule hörte das Geschrei
im Tagversteck und flog herbei.
Nun sprach der Hahn mit wilden Augen:
»Das dumme Buch kann nicht viel taugen,
denn jedem lügt's was andres vor.«
Die Eule hielt es an ihr Ohr:
»Mir sagt das Buch, es läg' daran,
daß keiner von euch lesen kann.«

Hans Baumann

Falten, Knicken, Knüllen

Lustige Spiele mit Papier

Wer paßt durch die Postkarte?

Wetten, daß ein ganz normal großer Mensch durch eine Postkarte hindurchsteigen kann? Das funktioniert, wenn man die Postkarte richtig zerschneidet: Sie wird einmal der Länge nach gefaltet und dann von beiden Längsseiten her bis kurz vor den Rand mehrmals mit der Schere eingeschnitten. Zuletzt schneidet man auch noch den Falz durch, läßt aber die beiden äußeren Ränder stehen. Jetzt läßt sich die Postkarte zu einer großen, gezackten Schlinge auseinanderziehen.

durchschneiden

Kuckuck, da bin ich! (für viele, auch kleine Kinder)

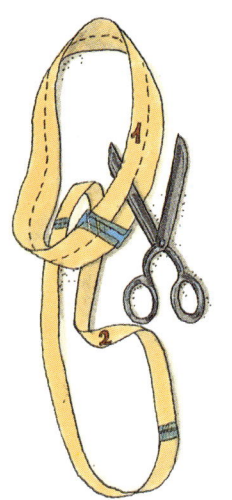

Meterlange Wellpappe, mit vielen Kurven und Schlingen aufrecht hingestellt, verwandelt ein (größeres) Kinderzimmer, den Garten oder den Spielplatz im Nu in einen wahren Dschungel, wo viele große und kleine Kinder herrlich Verstecken oder Anschleichen spielen können. Wellpappe gibt es z.B. in 50 Meter langen und 90 Zentimeter breiten Rollen in Heimwerkermärkten.

Zauberschlinge

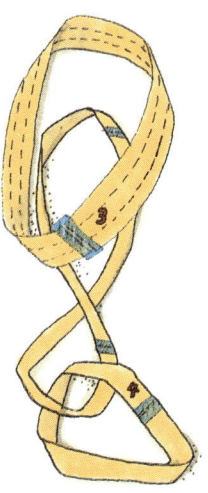

Mit diesem Trick kann man selbst erwachsene Zuschauer verblüffen: Man schneidet einen drei Zentimeter breiten Papierstreifen zu, verdreht ihn einmal und klebt dann die beiden Enden zusammen. Wenn man nun den Papierstreifen der Länge nach genau in der Mitte auseinanderschneidet, so erhält man nicht wie erwartet zwei Schlingen, sondern eine einzige, diesmal jedoch doppelt so lang! Schneidet man die Schlinge aber einen Zentimeter vom Rand entfernt, bis man wieder an den Anfang des Schnittes gelangt, erhält man zwei ineinander verschlungene Ringe.

Zielwerfen mit Flatterbällen

Um fest zusammengeknülltes Zeitungspapier legt man lange, etwa vier bis fünf Zentimeter breite Kreppapierbänder, die mit einem größeren Kreppapierquadrat und einem Streifen Kreppklebeband an den Zeitungsball gebunden werden. Beim Zielwerfen (z.B. über die Schulter nach hinten in einen am Boden aufgemalten Kreis, flattern die Bänder lustig im Wind.

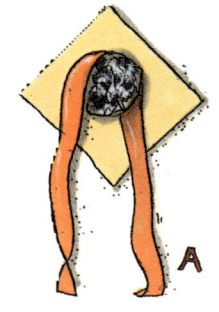

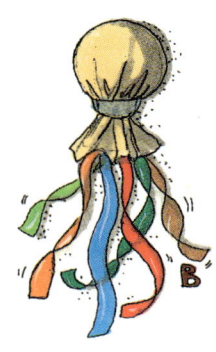

Burg »Pappschachtelhausen«

Kinder lieben große Kartons: Sie benutzen sie als Höhle, schneiden sich vielleicht ein Fenster mit Klappläden hinein, legen eine Decke darauf und spielen Verstecken. Mit breiten Papierstreifen (z.B. Tapete) und Kleister lassen sich große Kartons von außen auch zu mehrstöckigen Häusern und Türmen zusammenkleben. Was die Kinder in ihren so erschaffenen Schachtelburgen, Kaufläden, Kasperletheaterbühnen, Puppenhäusern oder sogar ganzen Städten (auf dem Spielplatz, im Garten) alles spielen, dafür braucht man ihnen keine Ideen zu liefern!

Tip: Starke Kartons lassen sich mit einem Sägemesser viel leichter schneiden als mit einer Schere.

Trophäenjagd

Das altbekannte Fangenspiel kann man lustig variieren, indem sich jedes Kind ein langes Papierband (z.B. Kreppapier) unter die Mütze klemmt. Das Spiel beginnt mit einem Fänger, der die Läufer nicht abschlagen, sondern Papierbänder als Trophäen erhaschen muß. Wer kein Papierband mehr hat, wird auch zum Fänger. Der Sieger bekommt ein Papierschiffchen aus buntem Tonpapier.

Die verflixten Sieben

Tangram ist ein uraltes Spiel aus China, das man aus fester (am besten schwarzer) Pappe selbst herstellen kann. Man schneidet ein Quadrat von zehn mal zehn Zentimeter in sieben geometrische Formen verschiedener Größe, wie in der Zeichnung gezeigt. Aus diesen Formen lassen sich unendlich viele Figuren legen: Menschen und Tiere, Köpfe mit und ohne Hut, Häuser, Schiffe, Dreiecke, Parallelogramme usw. Aber: Es müssen grundsätzlich immer alle sieben Teile des Spiels zum Legen verwendet werden!

Stark wie Papier

Lehrreiche Experimente mit Papier

Erstaunlich!

Wenn man ein DIN-A4-Blatt auf das Format A5 zusammenfaltet, dieses dann wieder auf A6 usw., so wird es nicht gelingen, das Blatt achtmal auf diese Weise zusammenzufalten. Aha, wird man denken, da braucht man einfach ein größeres oder dünneres Blatt. Irrtum: Kein Blatt Papier, und sei es noch so groß oder dünn, läßt sich öfter als siebenmal auf die Hälfte zusammenfalten. Ausprobieren!

Der Trick mit dem Knick

Legt man ein Blatt Papier auf eine Schüssel und stellt ein volles Glas Wasser darauf, so wird das Glas einsinken! (A) Knickt man das Papier jedoch ziehharmonikaartig und legt es dann auf die Schüssel, hält es das Glas aus. (B) Knicke im Papier versteifen und verstärken dieses. Das kann man mit folgenden Versuchen testen:

● Mehrere drei Zentimeter breite Papierstreifen werden mit den kurzen Seiten zu einem langen Band aneinandergeklebt. Dann knickt man dieses alle 25 Millimeter der Reihe nach je zweimal nach oben, dann zweimal nach unten, wieder zweimal nach oben, zweimal nach unten usw. Jetzt kann man den Streifen, wie in der Zeichnung gezeigt, mit Tesafilm abwechselnd oben und unten so zusammenkleben, daß er von der Seite lauter gleichschenklige Dreiecke zeigt.

● Den Versuch wiederholt man, nur daß jetzt nicht regelmäßig alle 25 Millimeter geknickt wird, sondern dreimal alle 25 Millimeter, dann einmal 27 Millimeter, wieder dreimal alle 25 Millimeter, einmal 27 Millimeter usw. Fügt man jetzt den Streifen so mit Tesafilm zusammen, daß die 27 Millimeter breiten Teilstücke immer oben liegen, dann erhält man keine gerade, sondern eine gebogene, noch stärker belastbare Brücke.

Seit 1799 wird Papier maschinell, heute industriell hergestellt – in unendlich vielen Sorten und Arten. Eine Papiermaschine kann in einer Stunde über 400 Tonnen herstellen, das sind mehr als 1000 Meter pro Minute.

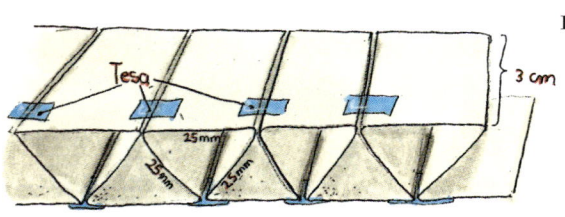

Wie saugfähig ist ein Papier?

Verschiedene Papiere sind unterschiedlich saugfähig. Das kann man einfach ausprobieren, indem man z. B. je ein gleich großes Quadrat aus Löschpapier und aus Schreibmaschinenpapier auf Wasser legt. Das Löschpapier mit den größeren Poren saugt sich schnell voll, wird schwer und sinkt dann nach unten; Schreibmaschinenpapier bleibt länger auf der Wasseroberfläche, beschichtetes Papier geht womöglich gar nicht unter.

Weil es so saugfähig ist, kann man Kaffeefilterpapier gut zum Fleckentfernen verwenden: den frischen Fleck immer wieder mit Wasser verdünnen und dieses mit dem Papier aufsaugen.

Recyclingpapier – selbstgemacht!

Man zerreißt Altpapier (z. B. Zeitungen) in briefmarkengroße Stückchen und weicht diese in einer Schüssel mit heißem Wasser 30 Minuten lang ein. Dann püriert man die Schnipsel unter Zugabe von noch mehr warmem Wasser mit einem Mixer, bis ein flüssiger, dünner Brei entsteht. Diesen gießt man in eine mit warmem Wasser halbvoll gefüllte viereckige Schale. Man taucht langsam ein Fliegengitter hinein, das auf einen (in die Schale passenden!) Holzrahmen genagelt ist, und zieht das Sieb wieder heraus. Jetzt muß man es noch ein wenig hin- und herschwenken, damit sich der in den Sieblöchern angesammelte Papierbrei gleichmäßig verteilt und das Wasser abläuft. Mit einem Schwupp stürzt man das Fliegengitter auf ein ausgebreitetes Filztuch, streicht dann mit der Hand darüber, bis sich der ganze Brei gelöst hat, und hebt das Sieb ab. Das Rohpapier haftet nun am Filztuch und kann vorsichtig abgezogen werden, sobald es trocken ist.

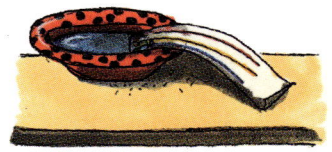

Mit sehr saugfähigem Papier, z. B. mit einem Streifen Kaffeefilterpapier, kann man Farbtupfen zu einem »Regenbogen« zerfließen lassen. Man bringt die Farbtupfen mit wasserlöslichen Fasermalstiften nebeneinander auf einer Seite des Streifens an. Dann legt man die Seite mit den Farbtupfen in einen Teller mit Wasser. Die Tupfen ziehen sich über die ganze Breite des Papiers als lange Farbstreifen auseinander.

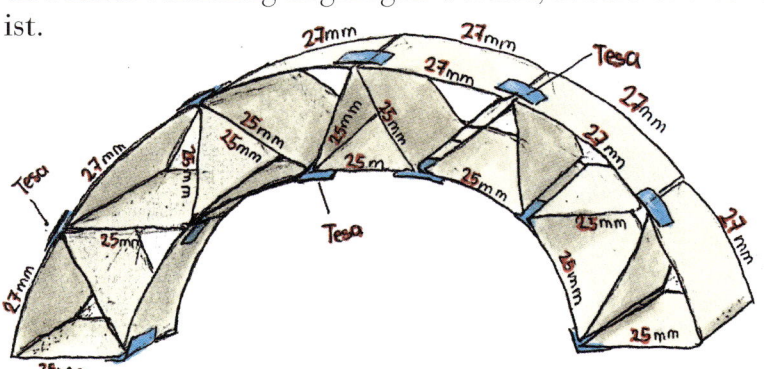

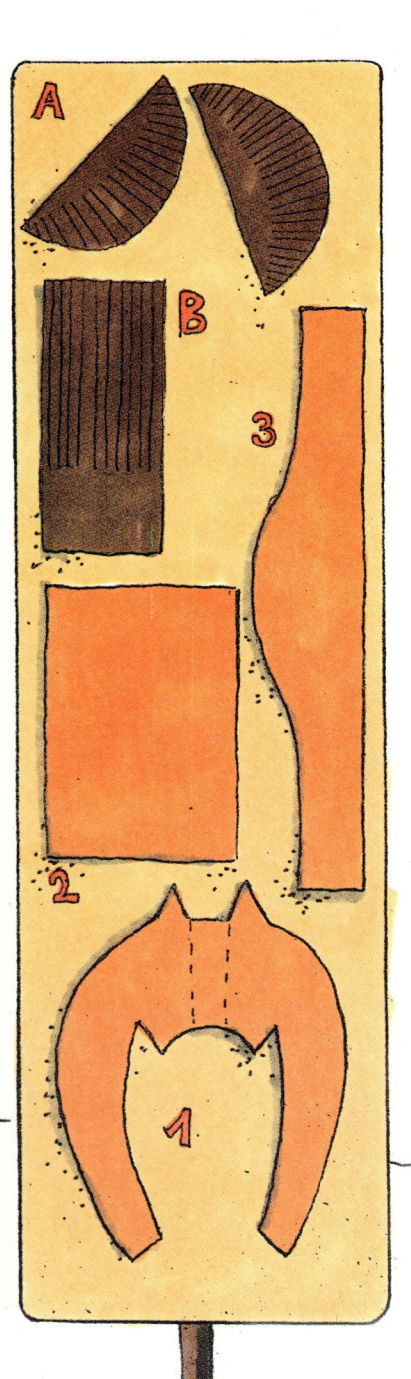

Im Tal der wilden Pferde

Hier trifft man die schönsten Pferde weit und breit! Sie haben sich in dieser Schlucht versammelt, um unter den Steinen eine Wasserquelle zu finden. Hoffentlich haben sie Glück, denn die Sonne brennt unbarmherzig vom Himmel. Wer auch solch eine bunte Herde haben möchte, braucht dazu:

● Nicht zu steifen Karton in den Farben seiner Wahl
● Einen Bogen schwarzen Karton für die Mähnen und Schwänze
● Klebstoff und Schere.

Und so wird's gemacht

1 Erst einmal ein Muster vom Buch abnehmen für die Pferdeteile 1, 2 und 3 und ein Probepferd herstellen. Ist das die gewünschte Größe? Größer bekommt man das Pferdemuster, wenn man alle Teile – auch A und B – auf einen Zettel klebt

und mit dem Kopierer vergrößert oder ganz einfach von Hand alle Teile größer zeichnet.

2 Teil 2 ist der Bauch. Er wird gerollt und zugeklebt.

3 Teil 1 wird zur Hälfte gefaltet und rechts und links an die Rolle geklebt. Vorher noch rechts und links, ab dem Ohr, die Mähnen innen ankleben.

4 An die runde Stelle von Teil 3 den Schwanz kleben, dann ebenfalls an der Rolle festkleben.

Jetzt steht das Pferd auf vier Beinen fest. Klappt das nicht so ganz, kann man mit der Schere an den Füßen sachte nachhelfen, damit das Pferd auf allen vieren sicher steht.

Viele Pferde in unterschiedlichen Größen und Farben bieten ein sehr imposantes Schauspiel. Wer lieber eine richtige Ranch möchte, baut aus einem Schuhkarton einen Stall und umzäunt eine »Grünfläche« mit einem selbstgebastelten Zaun, damit die Pferde schön brav auf dem »Grundstück« bleiben.

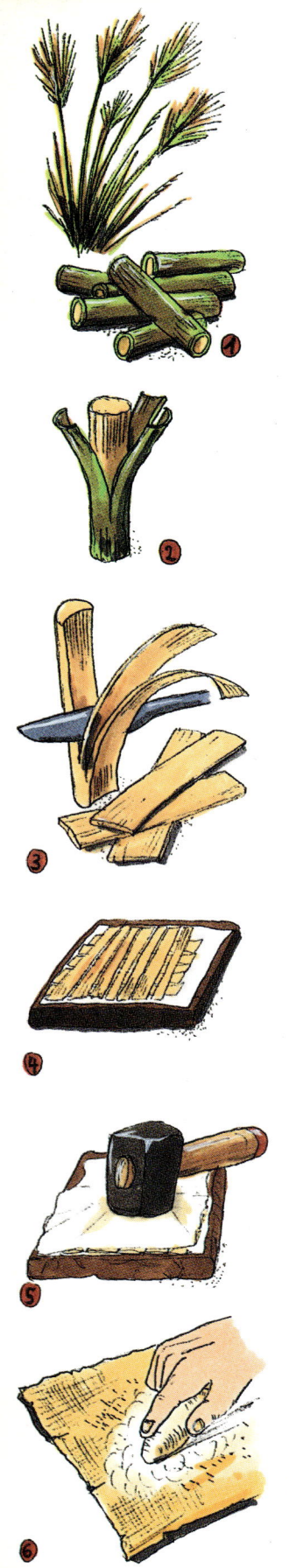

Schwarz auf weiß

Allerlei Wissenswertes rund ums Papier

Am Anfang war – die Keilschrift!

Nicht etwa das Papier! Denn als die Sumerer am Ende des 4. Jahrtausends v. Chr. in der Tempelstadt Uruk begannen, Ereignisse, Gesetze oder Ernteergebnisse aufzuschreiben, ritzten sie zunächst stark vereinfachte Bildzeichen mit einem Griffel in weichen Ton. Später meißelten die Babylonier solche Zeichen, die bereits für Laute und Silben standen, mit Sticheln in Stein. Ihre Dokumente waren zwar recht haltbar, wie die Gesetzessäule des Hammurabi (aus der Zeit um 1700 v. Chr.) beweist, aber nicht gerade leicht zu transportieren und deshalb vergleichsweise unpraktisch! Zu dieser Zeit hatten nämlich die alten Ägypter bereits einen dünnen, flexiblen, zusammenrollbaren »Beschreibstoff« erfunden: Papyrus, nach dem auch das Papier benannt ist, obwohl das genaugenommen zwei Paar Stiefel sind.

Papyrus – rein pflanzlich

Papyrus herzustellen ist denkbar einfach: Man schneidet das Mark von entrindeten Stengeln (1, 2) der Papyrusstaude der Länge nach in möglichst dünne, aber breite Streifen. (3) Dann legt man diese Streifen in zwei Schichten aufeinander, einmal längs und einmal quer. (4) Das Ganze wird mit einem Tuch abgedeckt, und man klopft nun so lange mit einem Hammer darauf, bis der stärkehaltige Pflanzensaft aus dem Mark austritt und die Streifen fest miteinander verklebt. (5) Schließlich erhält man ein fast weißes, elastisches Material, das man nur noch mit einem runden Stein schön glattreiben muß. (6) Die alten Ägypter klebten solche Blätter zu langen Rollen zusammen und schrieben bzw. malten mit angespitzten Schilfrohren ihre Hieroglyphen mit einer tuscheähnlichen Flüssigkeit darauf, die mit Ruß oder Ocker eingefärbt war (die schlauen Griechen verwendeten später Sepiatinte vom Tin-

tenfisch). Noch bis ins 14. Jahrhundert hinein wurde Papyrus (neben Pergament aus Tierhäuten) in Arabien und Europa als »Beschreibstoff« verwendet.

Vom Papier…

Der Erfinder des echten Papiers, eines Materials, das durch Verfilzen, Verleimen und Pressen von zerkleinerten, vorwiegend pflanzlichen Fasern (z.B. den im Holz enthaltenen Zellstoffen) hergestellt wird, ist namentlich bekannt: Es soll der kaiserliche Hofbeamte Ts´ai Lun gewesen sein, und zwar schon im Jahr 105 n.Chr. Die Chinesen waren es auch, die seit dem 11. Jahrhundert als erste Papier mit einzelnen, aus Ton geformten Schriftzeichen bedruckten – freilich nicht beliebig oft, weil die Zeichen brachen. Zu dieser Zeit mühten sich in Europa die Mönche in Schreibstuben ab, um z.B. die Bibel auf Pergament abzuschreiben – von Hand! Solche Kopien konnten sich nur sehr, sehr reiche Leute, z.B. Fürsten und Könige, leisten.

… zur Schwarzen Kunst

Erst seit dem 14. Jahrhundert wurde auch in der westlichen Welt Papier hergestellt: vor allem aus alten, zerrupften Lumpen, die man Hadern nennt. Sie wurden gereinigt, zerkleinert und zu einem dünnen Brei verrührt, dann mit einem Sieb aus einer Bütte abgeschöpft. So erhielt man Büttenpapier, das an den Rändern leicht ausgefranst war. Das verwendete auch Meister Gutenberg, als er sich Anno 1448 daranmachte, die Bibel zu drucken – mit beweglichen, wieder verwendbaren Schriftzeichen aus Blei, die in feste Rahmen eingesetzt wurden. Die Lettern wurden dann mit einer Mischung aus Baumharz und Ruß eingerieben, die Druckformen in einer Druckerpresse verkeilt und dann gleichmäßig auf einzelne Seiten gepreßt – in beliebig vielen Kopien! Diese Bibel hatte 1280 Seiten und war aus über drei Millionen Buchstaben zusammengesetzt. Diese revolutionäre Erfindung Johannes Gutenbergs, die manche Zeitgenossen noch als gottlose Magie ansahen, gilt als der eigentliche Aufbruch in die Neuzeit: Eine relativ breite Masse konnte sich Informationen beschaffen, sogar in deutscher statt in lateinischer Sprache.

Als Rohstoff zur Papierherstellung dient immer noch pflanzlicher Zellstoff und Hadern, aber auch Altpapier, das aufbereitet wird. Die Entwicklung geht immer mehr dahin, die Bäume und die Umwelt zu schonen (Recycling, chlorfreies Bleichen).

Die Gutenberg-Bibel hatte 1280 Seiten und war aus über drei Millionen Buchstaben zusammengesetzt.

Papier unter Druck

Interessante Berufe, die mit Papier zu tun haben

Drucker

Erst die Erfindung des Buchdrucks mit beweglichen, aus Blei und Zinn gegossenen Buchstaben (Lettern) durch Johannes Gutenberg (um 1440) machte es möglich, Texte preiswert, weil schnell und beliebig oft zu vervielfältigen. Heute werden Druckplatten durch chemisch-fotografische Verfahren hergestellt, Bücher und Zeitschriften in Millionenauflage quasi »in einem Rutsch« auf mehr als 10 und 20 Meter langen Rotationsmaschinen gedruckt: Vorne läuft das Papier von gigantischen Rollen zwischen die Druckwalzen, dann wird die Endlosbahn beidseitig nacheinander mit Blau, Rot, Gelb und Schwarz bedruckt, und hinten wird sie, nun in allen Farben schillernd, automatisch in einzelne Bögen zerschnitten. Von der Papierbestellung an organisiert, steuert und überwacht ein Drucker diese Vorgänge, die an der Maschine rascher ablaufen, als man mit dem Auge sehen kann.

Den Schriftsatz und das Layout, d.h. die Anordnung von Text und Bild auf einer Druckseite, übernehmen heute oft Desktop-publishing-Fachleute am Computer; man könnte diesen vielseitigen Beruf als eine Mischung aus Grafiker und Schriftsachverständigem bezeichnen. Lithographen »zerlegen« am Scanner eine farbige Vorlage (z.B. ein Foto) in die vier Farben Gelb, Rot, Blau und Schwarz und liefern Filme als Vorlagen für die Druckplatten.

Buchbinder

Wurden früher die Bücher in kleineren Werkstätten von Hand gebunden (z.B. mit Fäden zusammengeheftet), so leisten diese Arbeit heute fast ausschließlich Maschinen. Große Papierbögen mit bis zu mehreren hundert bedruckten Buchseiten werden gefalzt und an einer Seite zusammengeklebt, so daß der gesamte Innenteil des Buches in der richtigen Seitenfolge von der ersten bis zur letzten Buchseite in Form eines sogenannten Buchblocks vorliegt. Dieser Buchblock wird dann dreiseitig glatt beschnitten und mit einem festen (oder weichen) Deckel umlegt. Oft wird das Binden der Bücher, vor allem aber das Klammern von Heften und Zeitschriften, gleich in der Druckerei gemacht. Fertig gebundene Bücher werden in Packpapier eingeschlagen oder in Folie eingeschweißt, wertvolle Bücher in Pappschuber gesteckt.

Umfassendes Wissen über alles, was mit Papier zusammenhängt, ist die Grundvoraussetzung für eine gute Buchbinderin.

Annas Hutladen

In Annas Hutladen ist Sommerschlußverkauf. Da hat sogar der kleine Bär etwas Passendes für sich entdeckt. Die Mützen in Annas Hutladen hat die Mutter von Anna gestrickt und einen Bommel daraufgesetzt. Einige Hüte und Kappen sind gehäkelt. Man muß nur den richtigen Erwachsenen finden, der Spaß an solchen Handarbeiten hat, dann füllt sich der Laden rasch. Kleine Bast- und Strohhüte gibt es in Bastelläden zu kaufen. Man muß sie nur noch mit viel Phantasie verzieren. Aus Pappe kann man Hüte selber machen. Das ist gar nicht so schwer.

Die Hüte

Und so wird's gemacht

Man kann die Hüte natürlich variieren, auch größer oder kleiner machen, sogar in Kinderkopfgröße herstellen und nach Herzenslust verzieren. Hier ist Schritt für Schritt aufgezeigt, wie die Hüte für Annas Hutladen hergestellt werden.

1 Auf einen reißfesten Karton zwei Kreise zeichnen, etwa 5 cm im Durchmesser. In die Mitte der Kreise ein Fünfmarkstück legen und mit dem Bleistift umkreisen. Kleine und große Kreise ausschneiden. Die großen Kreise mit dem Loch in der Mitte sind der doppelte Hutrand, die kleinen Kreise werden als Hutboden verwendet.

2 Dann einen Streifen von etwa 12 cm Länge und 6 cm Breite schneiden. An beiden Längsseiten 1 cm umbücken, einmal nach vorn, einmal nach hinten.

3 Die umgebückten Teile vom Rand zur Bruchkante fein in Fransen schneiden, etwa 1 mm breit.

4 Dann den Streifen rollen und in den Hutrand einpassen, seitlich zukleben.

5 Die nun rund um den Hutrand gespreizten Fransen festkleben und den zweiten Hutrand darüberkleben. Jetzt ist von den Fransen nichts mehr zu sehen.

6 Am oberen Teil die Fransen nach der Mitte bücken und einen Hutboden darüberkleben, den zweiten von innen dagegen. Fertig.

Die fertigen Hüte kommen nun in Annas Laden, den man ebenfalls leicht aus einfachen Materialien und Resten herstellen kann.

202

Der Laden

Und so wird's gemacht

1 Der Hutladen besteht aus einem Schuhkarton, an dessen oberstem Rand eine Spitze befestigt wurde, damit er wie ein toller Laden aussieht. Die grünen Wolken sind aufgeklebt. Mit doppelseitigem Klebeband haften dort die Hüte.

2 Theke und Regale bestehen aus kleinen Schachteln, zum Teil aus Streichholzschachteln. Was wäre ein Hutladen ohne Spiegel? Damit er stehen kann, wird ein kleiner Spiegel auf eine Schachtel geklebt.

3 Stoffreste, Bändchen, Spitzen, Federn, kleine Päckchen und Tüten bringen Atmosphäre in das Hutgeschäft.

4 Nun noch die Hüte schön anordnen – fertig ist der Laden.

In Annas Hutladen ist alles bereit. Der Sommerschlußverkauf kann beginnen.

Papierschiffchen-party

Dazu bereiten wir uns einen herzhaften Quarkdip, der allen Partygästen schmeckt.

Zutaten

- 250 g Schichtkäse
- 2 Becher saure Sahne
- 1 Becher Joghurt
- 1 EL Walnußöl
- 1 EL Senf
- 1 EL Honig
- 1 TL Kräutersalz
- Etwas Knoblauch
- 1 Gurke
- 1 Apfel
- Frische Kräuter
- Frühlingszwiebeln
- 1 große Packung ganz kleine Brezeln

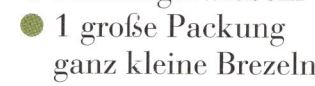

Zubereitung

1 Gurke grob raspeln, Apfel klitzeklein würfeln, Frühlingszwiebeln und Kräuter kleinschneiden.

2 Schichtkäse durch ein Sieb streichen und mit den übrigen Zutaten vermischen.

3 Das Ganze gut durchziehen lassen. Der Quarkdip darf nicht zu flüssig sein, sonst rutscht er von den Brezelchen. Kurz in den Kühlschrank stellen, dann festigt sich der Dip wieder.

4 Für jeden Partygast wird ein Schiffchen aus Papier gebastelt. Die Schiffchen werden mit kleinen Brezelchen gefüllt.
Dann wird noch ein großes Schiff gefaltet und das »Segel« abgeschnitten. Da hinein wird die Quarkdip-schüssel gestellt. Bestecke gibt es nicht. Jeder taucht seine Brezel in die große Schüssel und schaufelt, was das Zeug hält.

Stoff

Seit der Mensch im Laufe seiner Evolution irgendwann seinen Pelz verloren hat, ist ein Leben ohne Stoff nicht mehr denkbar. Waren es anfangs grob gewebte Hemden, so wurde mit der Zeit die Herstellung von Kleidern zu einer Wissenschaft für sich, und die Ergebnisse beschäftigen Forscher aus allen Disziplinen. Die einen experimentieren mit immer leichteren Stoffen, mit immer leuchtenderen Farben, die anderen stellen Gewebe her, die sich auch auf dem Mond bewähren, und wieder andere entwerfen Hüllen, die mit ihrer ursprünglichen Idee, nämlich zu wärmen oder zu bedecken, nichts mehr zu tun haben.

Spielen und Lernen

Der Eintritt ins Leben ist nach neun Monaten Wärme und Geborgenheit einigermaßen rauh und unerfreulich. Wie gut, wenn eine kuschlige Decke, ein großes, weiches Badetuch und saubere, lustig gemusterte Strampelanzüge auf einen warten. Stoff ist eine wunderbare Erfahrung, und zwar sowohl für die Hände als auch für die Augen, wenn er farbig ist. Mit dem Wunsch, sich selbst an- und ausziehen zu können – einem wichtigen Schritt in Richtung Autonomie – kommen auch die Bastelleidenschaft und das Interesse an vorzeigbaren Ergebnissen (Seite 210).

Basteln und Gestalten

Vorhang auf und Manege frei für den Zirkus Krawolli! Soeben ist er von seiner Wintertournee durch ganz Europa zurückgekehrt. Alle Tiere sind gesund und wohlauf und freuen sich auf zahlreiche Besucher und Besucherinnen (Seite 216).

Poesie und Musik

Ein lustiges Gedicht, das dem Schneidern gewidmet ist. Kaum eine andere Berufsgruppe wurde in der Vergangenheit mit soviel liebevollem Spott bedacht wie die Vertreter von Nadel und Faden (Seite 218).

Spiel und Spaß

Seit der Verhüllung des Reichstages in Berlin ist allen bewußt geworden, daß verpackte Dinge eine eigene ästhetische Qualität bekommen und daß

sie auf neue Art und Weise beachtet werden. Nichts eignet sich besser zum Verpacken: Teddybären, Lastautos, Kreisel und Holzente. Das sieht nicht nur lustig aus, sondern es läßt sich auch ein Ratespiel daraus machen (Seite 220).

Hantieren und Probieren

So weich und leicht er auch wirkt, Stoff ist ein durchaus widerstandsfähiges Material. Das liegt daran, daß Stoff gewebt ist, also einerseits viele kleine Löcher aufweist und dadurch luftdurchlässig ist und wenig Masse hat, andererseits lassen sich die Löchlein leicht ausfüllen, beispielsweise durch Wasser (Seite 222).

Basteln und Gestalten

Heute ist Stricken nicht länger nur den kleinen Mädchen vorbehalten, genauso wie Hämmern und Sägen keine reine Jungentätigkeit mehr ist. Diese Strickerei hat ein höchst liebenswertes Ergebnis, das jedes Kind sich selbst oder anderen schenken kann und das tolle Spielmöglichkeiten eröffnet (Seite 224).

Wissen und Lernen

Fast jedes Kind will irgendwann wissen, woher die Fäden kommen, die man mit dem Vergrößerungsglas im Pullover sehen kann. Und wie werden sie miteinander verknüpft, daß sie halten, und wie können sie Wasser aufsaugen usw.? Mit Fragen wird die Welt erobert, Wissen macht selbstbewußt und wer Antworten hat, der wir auch respektiert (Seite 226)

Berufe

Ein maßgeschneidertes Kostüm ist letztlich ein Kunstwerk, da es auch die individuelle Ausstrahlung der Trägerin und ihre Art, sich zu bewegen, zur Geltung bringen muß (Seite 228).

Basteln und Gestalten

Bäume wachsen nicht nur in der Natur – dieser Baum wächst aus der Wand im Kinderzimmer. Lustig nur, daß er immer gleich groß bleibt. Aber wie jeder Baum hört er sich alle Sorgen an, und auch beim Einschlafen ist er dabei, wacht über den Schlaf und sagt am nächsten Tag: »Guten Morgen, die Sonne scheint, und die Blumen warten auf dich.«(Seite 230)

Kinderküche

Wer versucht, aus dieser Suppe einen Schal zu stricken, wird sich schwertun. Besser ist es schon, sie durch den Mund in den Magen zu befördern und dort die angenehme Wärme zu spüren. Ein Rezept, an dem sich mit Hilfe der Eltern schon kleine Kinder versuchen können (Seite 232).

Schmusedecke & Co.

Über die angenehme und beruhigende Wirkung von Stoff

Die Haut ist das Sinnesorgan, das einem Baby die spannendsten Erlebnisse vermittelt. Über sie erfährt es, wie sich »warm« und »kalt«, »rauh« oder »glatt«, »hart« oder »weich« anfühlt. Gebadet, mit einem weichen Tuch abgetrocknet, eingecremt und gewickelt werden ist mit Düften, Bewegungen, Berührungen und Wohlbefinden verbunden. Dies wird im Gedächtnis gespeichert.

1. Jahr Kaum ist so ein kleiner Erdenbürger auf der Welt, da erfährt er auch schon, was Stoff ist, nämlich ein bis dahin völlig unbekanntes »Wesen«. Stoff kann sich anschmiegen, warmhalten, kratzen, sich mit Wasser vollsaugen und dadurch unangenehm werden. Ein Stofftier, eine Schmusewindel oder eine kunterbunte Decke erregen Babys Aufmerksamkeit schon nach ein paar Lebensmonaten.

Spezielle Angebote: Auf einem schön warmen, natürlich gegerbten Schaffell fühlt sich Ihr Kind die ersten Monate, in denen es sich noch wenig bewegt, beinahe so wohl wie zuvor im Mutterleib. Später ist das Herumkrabbeln auf einer bunten Patchworkdecke besonders angenehm. Die Augen sind Babys Tor zur Welt von Anfang an. Rot beobachtet es sehr aufmerksam. Ein buntes Tuch – rot, gelb, grün, blau –, das am Fenster vom Lufthauch bewegt wird, zieht schon früh die Aufmerksamkeit auf sich. Kleidung, die das Baby direkt auf der Haut trägt, sollte aus Naturfaser, am besten aus Baumwolle sein. Waschen Sie die Sachen vor dem ersten Tragen, dann werden eventuell vorhandene Chemierückstände aus der Fabrikproduktion entfernt. Nach dem Waschen keinen Weichspüler verwenden, weil die Kleidung dann weniger saugfähig ist und das Mittel Babys Haut reizen könnte.

2. Jahr Anziehen und Ausziehen macht Spaß. Das Kind probiert nun schon selbst, einzelne Teile an Kopf oder Füße zu bekommen. Versteckspiele unter dem Badehandtuch oder einer Wolldecke sind sehr beliebt. Aus dem ersten Stofftier ist schon bald ein Zoo geworden, aber es gibt ein Lieblingsstofftier. Das wird gefüttert, das trö-

stet, das ist bei jedem Schläfchen dabei. Es ist ein soge-
nanntes Übergangsobjekt, d. h. Übergang vom Dasein mit
einer festen Bezugsperson, die immer verfügbar ist, zum
eigenen Selbst, also einem Dasein ohne permanente
Bezugsperson. In der Zwischenzeit übernehmen Stofftiere
oder Puppen diese Funktion. Das Kind hat nun auch
Lieblingskleidungsstücke, die es eigentlich immer, Tag
und Nacht, tragen möchte.

Spezielle Angebote: Der Mittagsschlaf, aber auch das Einschlafen am Abend, macht weniger Probleme, wenn das
Kind auf die von ihm heißgeliebten, lustigen Decken und
Kissen, eingerahmt von Stofftieren, gebettet wird. Kinder
sind »Wühlmäuse« und müssen sich vor dem Fallenlassen
in den Schlaf noch regelrecht »zurechtwühlen«. Sie legen
sich damit ein Schlafritual zurecht, das sie oft noch bis in
die Schulzeit begleitet. Stoff beruhigt. Eltern sollten das
unterstützen.

3. Jahr Stoffbilderbücher passen sich den kleinen Händen
an und sind immer warm. Ob Bub oder Mädchen,
jetzt wird »bemuttert«. Der Teddy kriegt Socken
und Hosen an und muß unter vielen Kissen, Tüchern und
Decken schlafen. Das Kind selbst mag bunte, aber nicht
aufregende Bettwäsche und Schlafanzüge. Es unterhält
sich mit den erkennbaren Mustern – Teddys, Blumen,
Tieren – und versucht im Spiel, sie aus dem Stoff zu klau-
ben.

Spezielle Angebote: Neben dem Puppenbett und der eigenen Garderobe rückt jetzt auch Mutters Kleiderschrank
ins Blickfeld. Das Kind kramt liebend gerne in der
Wäscheschublade oder buddelt im Lumpensack. Was
irgend geht, wird über den Kopf gezogen, oder das Kind
steckt die Füße rein. Legen Sie eine Kiste mit begehrten
Kleidungsstücken an. Ihr Kind entdeckt das Ankleiden
und Verkleiden als höchst interessantes Spiel. Vergessen
Sie auch die so wichtigen Schuhe, Schals u. a. Accessoires
nicht!

Eine Kissenschlacht mit weichen Kissen, die nicht weh tun, entspricht dem Bedürfnis der Kinder, die eigene Kraft auszupro-bieren. Wilde Spiele sind da genau richtig. In diesem Alter fangen Kinder auch an, mit anderen spielen zu wollen. Wenn alle Kinder und alle Erwachsenen ein Baumwolltuch haben, können sie einen Zug bilden, und nach und nach hängen sich alle, einer nach dem anderen, mit ihren Tüchern an. Dazu wird noch eine lustige Kinderliedkassette gespielt.

211

Verkleiden und Verstecken

Spiele mit Stoff helfen, das eigene Ich zu finden

4. Jahr Ihr Kind redet jetzt ein gewichtiges Wörtchen mit, wenn es um seine Garderobe geht. Dabei steht nicht so sehr der Geschmack im Vordergrund als vielmehr der Blick auf andere Gleichaltrige: Was die tragen, möchte es auch. Individualität ist erst später angesagt, wenn Ihr Kind Gleiches, Ähnliches und Unterschiedliches herauszuarbeiten beginnt. Verkleiden ist weiter eines der liebsten Spiele. Diese Rollenspiele machen auch mit Handspieltieren aus alten Socken und farbigem Filz Spaß. Der Daumen kommt in die Ferse, die Finger in den Fußteil der Socke. Das Maul ist rosa oder rot, und die Zähne sind weiß.

Spezielle Angebote: Mit anderen Spielgefährten zusammen wird Verkleiden noch schöner. Ihr Kind sucht sich jetzt Rollen heraus, die ihm gut gefallen. Dazu braucht es eine gut gefüllte Verkleidungskiste, in der alle möglichen Tücher und Bänder, alte Hüte und ausgetretene Schuhe, alte Röcke, Hosen und durchgewetzte Jacken zu finden sind. Wenn sich das Kind wie eine feine Dame oder wie der Onkel Doktor verkleidet, spricht es auch so. Unterstützen Sie das nach besten Kräften. Das Modenschau-Spiel ist besonders beliebt. Ein Laufsteg aus Handtüchern, ein großer Spiegel und natürlich Beifall klatschendes Publikum dürfen dabei nicht fehlen. Kreativität und Wortschatz schlagen Purzelbäume.

5. Jahr Der Umgang mit der Schere macht natürlich vor Stoff, der viel schwieriger zu schneiden ist, nicht halt. Jetzt braucht das Kind Stoffreste en gros, die

allein ihm gehören. Mit Klammern, Klebe, dicker Stricknadel und dem Maßband um den Hals kann es sich als
Schneider fühlen.

Spezielle Angebote: Teddys und Puppen bekommen eigene Kreationen auf den Leib geschneidert. Geben Sie dem
Kind Bettlaken und Wolldecken, damit es sich Höhlen
bauen kann, die jetzt besonders beliebt sind. Ein Tisch
wird an allen Seiten verhängt, nur ein kleiner Eingang
bleibt offen. Wäscheklammern oder große Sicherheitsna-
deln befestigen alle Hängeteile. In der Höhle braucht das
Kind Kissen, Lappen, alle seine Stofftiere – und Ruhe.

6. Jahr Die Unbekümmertheit Ihres Kindes läßt ganz allmählich nach. Es möchte jetzt etwas Vorzeigbares
herstellen. Die jetzt schon gut entwickelte Feinmotorik ermöglicht es auch. Denken Sie aber immer daran,
daß die Grundvoraussetzung für eine gute Feinmotorik
eine optimale Grobmotorik ist, d. h., lassen Sie Ihr Kind
soviel turnen und toben, wie es möchte. Dann hat es auch
keine Probleme, beispielsweise auf grobem Stramin die
Nadel mit dem Faden von Kästchen zu Kästchen zu
transportieren – auf und ab – und dadurch ein regel-
mäßiges Muster herzustellen. Es möchte dann wahrscheinlich einen großen Knopf – oder mehrere – auf sein
Straminstück nähen. Ganz akkurat wie die Großen.

Spezielle Angebote: Geben Sie Ihrem Kind – neben Nadel
und Faden – auch Filz und Klebeband in die Hand. Filz
franst nicht aus und nimmt doppelseitiges Klebeband
nicht übel. Klebeband läßt sich wieder abribbeln. Das
Kind kann Kreise, Halbkreise u. a. einfache Formen ausschneiden und figürlich zusammensetzen. So entsteht ein
kreativer Wandbehang. Der Stoff, auf dem die Muster
angeordnet werden, sollte Leinenstruktur haben. Beim
Kofferpackenspiel müssen Kleidungsstücke benannt werden, die auf die Reise mitgehen. Jeder Mitspieler muß alle
vorher genannten wiederholen und seines hinzufügen.
Das schult die Sprache.

Mit bunten Baum-
wolltüchern (90 mal 90)
läßt sich viel anfangen.
Sie können Ihr Kind darin
tragen und, wenn es sich
draufsetzt, damit über
einen glatten Boden
ziehen. Es kann sich
darunter verstecken und
Gespenst spielen oder es
an einen Stock binden
und im Wind flattern
lassen.

Kleine Stoffbeutel sind
leicht und schnell zu
basteln und können mit
besonders schönen
Kieselsteinen gefüllt
werden. Ein Unterteller
wird auf ein Stück Stoff
gelegt und mit Bleistift
umfahren. Mit einer
Zickzackschere an der
Linie entlangschneiden
und ein ca. 50 Zentimeter
langes Stück Garn mit der
Nadel etwa 3 Zentimeter
vom Rand entfernt
einziehen. Jetzt kann der
Beutel zugezogen werden.

Jeans und Zimmerschmuck

Kleiderwünsche und textiles Gestalten im Grundschulalter

Ein ganz einfacher Webrahmen kann wie folgt hergestellt werden: In die Schmalseiten einer 35 Zentimeter langen und 25 Zentimeter breiten Pappe werden im Abstand von 0,5 Zentimeter mit der Schere Löcher gestochen. 4 Zentimeter bis zu den Rändern freilassen. Zwischen den Löchern über die Pappe feste Wollfäden spannen. Mit einer Nadel werden Wollreste durch diese Kettfäden gezogen. Am Ende wird die Pappe zerschnitten, damit sich das Webstück löst.

7. Jahr Jetzt interessieren Techniken, mit denen der Stoff bearbeitet wird, aber auch die Entstehung einzelner Stoffarten wie Wolle, Baumwolle, Leinen oder Jute. Geschichten über die Seidenspinnerraupen und über die alte Seidenstraße von China nach Indien sind informativ und regen die Phantasie an. Das Kind erkennt unterschiedliche Materialien und fragt nach. Zum Nähen kommen erste Häkel- und Strickversuche. Das Kind ist fasziniert von der Tatsache, daß alle Stoffflächen aus Fäden entstanden sind. Da es nun auch beim Malen große Flächen regelrecht »komponieren« kann, weil sein Raumgefühl erheblich differenzierter ist als noch vor einem Jahr, empfiehlt sich ein Kinderwebrahmen. Hier können auch sehr unterschiedliche Materialien verwebt werden.

Spezielle Angebote: Noch immer gilt: planen, herstellen, damit spielen oder sonstwie in Gebrauch nehmen. Jede Gestaltungsfreude erlischt, wenn man das Kind anleitet, »etwas zu tun, womit man nichts tun kann«.
Mit dem Kinderwebrahmen lassen sich als Materialmix wunderschöne Flecken herstellen, die ein Erwachsener anschließend zusammennäht, von links füttert und an die Wand hängt – als sichtbaren Schmuck! Oder es werden zwei Webstücke angefertigt, gefüttert und zusammengenäht. Als Henkel werden an beide Seiten dicke Wollzöpfe genäht und die Enden zusammengeknotet. Erste Strickversuche ergeben vielleicht eine bunte Decke oder werden zu Strickpüppchen vernäht. Nur so ermuntern Sie Ihr Kind, sich mit den Dingen zu beschäftigen und Neues zu lernen. Sehr viel Spaß macht auch ein Nagelbrett, auf dem das Kind Fäden spannen kann. Es lernt so, Flächen zu

gestalten oder Muster konsequent zu wiederholen. Nehmen Sie ein Brett und nageln einen Zaun aus Nägeln außen rum. Nun werden kreuz und quer Fäden gespannt, bis ein schönes Textilbild entsteht.

8. Jahr Jetzt beginnt sich ein eigener Geschmack ganz vehement zu bilden. Das gilt für Jungen und Mädchen. Beim Kleiderkauf wollen sie dabeisein und richtig mit entscheiden. Sie haben Vorstellungen vom Geld und davon, was man dafür bekommt. Man sollte für alle Kleidungsstücke ein realistisches Limit festsetzen und dieses nicht überschreiten. Manche Kinder wollen ihre Textilien selbst kaufen. Wenn sie dabei mit dem gesetzten Limit auskommen, fördert dies die Selbständigkeit und sollte unterstützt werden. Kleidung bekommt einen anderen Stellenwert: Wer zu einer bestimmten Gruppe gehören will, trägt bestimmte Sachen. Falls dies zu einem Problem wird, sollten Sie zuerst Ihre eigene Einstellung zur Mode überprüfen. Vielleicht hat Ihr Kind nur das übernommen, was es sieht, denn auch in der Welt der Erwachsenen herrscht ein gewisser »Fraktionszwang«, was Kleidung angeht. Hier hilft, ganz bewußt mit Kindern Gespräche über Kleidung zu führen, über Moden und über die Geschichte unserer Kleidung.

Spezielle Angebote: Das sich anschließende Kapitel über das Thema »Stoff« hält vielfältige Anregungen für Ihr Kind bereit. Stoff ist ein unerschöpfliches Thema, nicht nur für Kinder. Die Kulturgeschichte der Stoffe und damit der Kleider kann Ihr Kind in guten Kinderlexika oder Sachbüchern nachlesen. Was trugen Kinder vor 100 oder 200 Jahren? Wie wurden Babys gewickelt und verschnürt zu Zeiten unserer Urgroßeltern? Was trugen Frauen um die Jahrhundertwende – mit 18, mit 30 oder 60 Jahren? Seit wann gibt es Kunstfasern, und wieviel Chemie steckt in manchen unserer Kleidungsstücke? Ihr Kind wird kritischer, und das ist gut so. Reden Sie mit ihm auch über Themen, die sein ökologisches Bewußtsein schärfen. Wenn wir umdenken müssen, um die Welt zu bewahren, dann sind Kinder unsere handelnde Hoffnung.

Zum Thema »Kleidung«:

● Auch Biowäsche muß vor dem ersten Tragen gewaschen werden. Da sie chemisch unbehandelt ist, stecken manchmal noch mehr Pestizide drin als in herkömmlicher Bekleidung.

● Kleider sollten locker am Körper getragen werden und den Schweiß gut aufsaugen.

● Kinderkleidung nur in Ausnahmefällen chemisch reinigen. Die Rückstände können Hautreizungen hervorrufen.

● Falls der Wintermantel doch einmal chemisch gereinigt werden muß, danach einen Tag im Freien auslüften.

● Bügel- und knitterfreie Kleidung ist meist chemisch behandelt.

Zirkus Krawolli

Zirkus Krawolli geht auf Reisen, und alle reisen mit: die singende Hühnerfamilie, Schildkröte Amanda, das zahme Krokodil Luise und der sprechende Löwe Hubert. Wenn sie eine Vorstellung geben, bleibt kein Auge trocken!

Materialien

• Wollreste in allen Farben

• Schachteln und Toilettenpapierrollen

• 2 Knöpfe

• 1 Handvoll Schaschlik- stäbchen

Vater Hahn und Mutter Huhn bestehen aus zwei unterschiedlich großen Knäueln, die mit ein paar Stichen aneinandergenäht wurden. Viele kunterbunte Wollfäden, am Poende durchgezogen, sind der Hahnenschwanz. Alle Hühner bekommen aus dicker roter Wolle Kamm und Schnabel und Augen aus schwarzer Wolle. Die Küken bestehen nur aus einem einzigen kleinen Knäuel.

Die Schildkröte ist ein flach gedrücktes Knäuel mit einem kleinen Knäuel als Kopf und zwei noch kleineren als Pfoten. Mund und Augen sind durchgezogene Fäden.

Das Krokodil hat einen Knäuelkopf, an den ein dicker Wollzopf genäht wurde, der hinten immer dünner wird. In den Zopf wurde eine rote Strähne mit eingeflochten, damit das Krokodil so richtig gefährlich aussieht. Kopf vorne etwas eindrücken und kleines Knäuel als Maul annähen. Zunge nicht vergessen! Zwei goldene Knöpfe als Augen unterstreichen die Gefährlichkeit dieses Reptils erheblich.

Der Löwe hat einen fest gewickelten Knäuelbauch, einen Knäuelkopf und zwei Knäuelpfoten, die mit wenigen Stichen aneinandergenäht wurden. Hinten baumelt ein geflochtener Schwanz mit Bommel. Eine ordentliche

Bei Vorstellungen darf die Musik nicht fehlen. Jedes Tier, das die Arena betritt, wird musikalisch angekündigt: mit Trommeln, Rasseln, Zimbeln und einem Stück Gartenschlauch als Trompete.

Mähne braucht der Löwe. Die wird ganz einfach gemacht: In die stumpfe Nadel so viele Wollfäden einziehen, wie sie faßt. Dann durch den Kopf ziehen. Später die Löwenfrisur zurechtschneiden. Schnauze und Augen sind dicke Wollfäden, die ganz locker durch den Knäuelkopf gezogen wurden.

Die Reisewagen: Ein bißchen Platz brauchen die Tiere schon, deshalb Schachteln suchen, in denen jedes bequem sitzen kann. Schachteln vorne aufschneiden und Schaschlikstäbchen als Gitter einziehen. Klorollen als Räder unter die Wagen kleben. Sie rollen dann zwar nicht, lassen sich aber gut ziehen. Girlanden ausschneiden und die Wagen verzieren. Schilder mit dem jeweiligen Tiernamen kann man auch noch gut sichtbar anbringen. Dann kann die Reise starten! Viel Glück – und volles Haus!

Und so wird's gemacht:

Die Tiere bestehen alle miteinander aus kleinen, mittleren und großen, fest gewickelten Wollknäueln.
Den letzten Faden eines jeden Knäuels mit einer dicken, stumpfen Nadel so durchziehen, daß das Knäuel sich nicht auflöst beim Spielen und Hantieren.

Das gibt es in keinem Zirkus der Welt: Manege frei für alle Tiere zu einer gemeinsamen Nummer.

Zu Regensburg

Zu Regensburg auf der Kirchturmspitz',
Da kamen die Schneider z'samm'.
Da ritten ihrer neunzig,
Ja neunmal neunundneunzig
Auf einem Gockelhahn.

Und als die Schneider Jahrestag hatten,
Da waren sie alle froh.
Da aßen ihrer neunzig,
Ja neunmal neunundneunzig
An einem gebraten' Floh.

Und als sie nun gegessen hatten,
Da waren sie voller Mut.
Da tranken ihrer neunzig,
Ja neunmal neunundneunzig
Aus einem Fingerhut.

Und als sie nun getrunken hatten,
Da kamen sie in die Hitz'.
Da tanzten ihrer neunzig,
Ja neunmal neunundneunzig
Auf einer Nadelspitz.

Und als sie nun getanzet hatten,
Da sah man sie nicht mehr.
Da krochen ihrer neunzig,
Ja neunmal neunundneunzig
In eine Lichtputzscher'.

Und als sie nun im Schlafen waren,
Da knispelt eine Maus.
Da schlüpften ihrer neunzig,
Ja neunmal neunundneunzig
Zum Schlüsselloch hinaus.

Und was ein rechter Schneider ist,
Der wieget sieben Pfund.
Und wenn er das nicht wiegen tut,
Ja wia-wia-wiegen tut,
Dann ist er nicht gesund.

Stoffverstecke

Bei diesem Spiel können schon die Kleinen mitmachen, aber auch für die Großen ist es nicht langweilig. Gefragt ist das Kurzzeitgedächtnis.

Und so wird's gemacht

Am Anfang wird ein tiefer Blick in die Lumpentüten geworfen. Es gibt immer Sachen, die ausrangiert wurden und zum Verschenken nicht mehr taugen. Das ist genau das richtige.

1 Aus möglichst unterschiedlichen Mustern entstehen möglichst viele Quadrate. Ein Maß von 14 mal 14 cm hat sich bewährt.

2 Quadrate bügeln und Fransen abschneiden. Gesäumt wird nicht.

3 Dann braucht man noch einen dicken Würfel, der gut in der Kinderhand liegt, und so viele kleine Gegenstände, wie Quadrate vorhanden sind.

Wurden etwa die Hälfte oder alle Quadrate schon einmal aufgedeckt, so muß jeder vor dem Hochheben mitteilen, was er im Stoffversteck vermutet. Stimmt es, darf er den Gegenstand vor sich hinlegen. War es falsch, bleibt der Gegenstand liegen. Das Quadrat kommt in jedem Fall wieder an seinen Platz.

Aus Stoffresten wird dieses lustige Spiel gebastelt.

Und schon beginnt das Spiel

1 Für kleinere Kinder legt man zunächst 16 Quadrate auf den Tisch.

2 Dann zeigt man den Kindern acht Pärchen, die sie später unter den Stoffverstecken suchen sollen: z.B. zwei Gummibärchen, zwei Fingerhüte, zwei Groschen, zwei Knöpfe, zwei Murmeln, zwei Gardinenringe usw.

3 Wenn alles betrachtet ist, drehen sich die Kinder um und der Spielleiter versteckt die kleinen Dinge unter den Quadraten.

4 Jetzt wird gewürfelt. Wer sechs oder fünf Augen würfelt, darf noch einmal würfeln. Denn nur wer ein, zwei, drei oder vier Augen hat, darf Quadrate hochheben. (Hat das Spiel die doppelte Anzahl von Quadraten, gelten natürlich auch fünf und sechs Augen!)

5 Hat ein Kind z.B. vier Augen gewürfelt, darf es vier Quadrate hochheben. Aber es muß vor dem Hochheben sagen, was es darunter vermutet. Das ist ganz wichtig, damit das Spiel nicht zu einem »stummen« Spiel wird.

6 War die Voraussage falsch, wird der Gegenstand wieder zugedeckt. Zugedeckt wird auch ein Einzelgegenstand.

7 Wurde ein Pärchen gefunden, legt das Kind dieses vor sich hin. Das Stoffversteck bleibt leer.

8 Wer die meisten Pärchen hat, ist Sieger und darf in der nächsten Runde die Pärchen neu verstecken.

Spielvariante

1 Man breitet so viele Quadrate auf dem Tisch aus, wie man gerade hat oder der Tisch faßt. Diesmal werden keine oder nur wenige Pärchen versteckt. Die Gegenstände werden auch vor Spielbeginn nicht gezeigt, sondern klammheimlich versteckt. Es ist zu bedenken, daß Vorschulkinder mit dieser Regel überfordert sein können. Schulkinder hingegen können hier ihre Konzentration beachtlich üben.

2 Die wenigen versteckten Pärchen müssen mit einmaligem Würfeln aufgedeckt werden. Zur Belohnung gleich noch einmal würfeln!

3 Bei Kindergeburtstagen dürfen alle gewürfelten und richtig benannten Gegenstände behalten werden.

Es empfiehlt sich, einen Kasten mit Würfel, Quadraten und paarweisen Gegenständen griffbereit zu haben, wenn die Kinder spielen wollen. Kinder mögen bekannte Dinge wiederfinden. Kleinere Kinder können sogar darauf bestehen, daß bestimmte Gegenstände immer unter bestimmten Stoffquadraten liegen. Den Gefallen sollte man ihnen tun.

Kinder sind große Erfinder von Regeln. Das Stoffversteckspiel regt sie zu recht vielen Spielvarianten an. Viel Spaß beim Erfinden, beim Suchen und Finden!

In der Wolle gefärbt

Lehrreiche Experimente mit Stoff

Automatische Blumengießanlage

Woll- oder Baumwollfäden saugen Wasser aus einem
Eimer und führen dieses (sogar bergauf!) selbsttätig weiter. Spannt man Fäden, die in einen Wassereimer
getaucht sind, bis zu einem Blumentopf, wird die Blume
automatisch gegossen (so machten es unsere Großmütter,
wenn sie mal verreisen mußten). Diesen Effekt kann man
auch beobachten, wenn man einen Wollfaden in ein volles
Glas Wasser legt, ein Ende des Fadens aber über den
Glasrand heraushängen läßt: Das Glas wird bald voll-
ständig geleert sein.

Oh Schreck, ein Fleck!

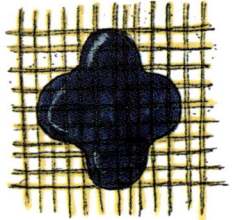

Was Mütter mitunter zur Weißglut bringt, kann Kinder
durchaus faszinieren: zuzusehen, wie sich ein prächtiger
Fleck auf und in einem Gewebe verteilt und wächst.
Spontan stellt man sich Flecken eigentlich immer rund
vor, doch das entspricht nicht den Tatsachen: Auf recht-
winklig gewebten Stoffen verbreitet sich ein Fleck eher
wie eine vierblättrige Blume. Das kann man testen, indem
man ein Stück Verbandsmull auf ein Tellerchen legt und
mit dem Kolbenfüller einen Tintenklecks darauftropft.
Kreisrund dagegen wird der Fleck auf einem Papierta-
schentuch, weil das viel feinere Poren hat.

Survival für Robinson

In manchen Überlebenshandbüchern steht, man solle als
Schiffbrüchiger Hose oder Hemd ausziehen, Beine oder
Ärmel zuknoten und dann das Kleidungsstück als Luft-
sack benutzen, der einen eine Zeitlang über Wasser halten
kann. »Wie kommen die Bücherschreiber bloß auf so
einen Blödsinn?« wird sich mancher denken! Doch es
stimmt, was man leicht testen kann: Man taucht ein
rundum fest zugenähtes Leinensäckchen kurz ganz in
Wasser und bläst dann – an einer beliebigen Stelle! – Luft

hinein. Was passiert? Die Luft bleibt im Säckchen, das nun auf der Wasseroberfläche schwimmt. Warum? Weil das Wasser die klitzekleinen Zwischenräume im Gewebe verstopft hat.

Warum ist bei Hitze weiße Kleidung gut?

Weiße Stoffe (und Gegenstände jeglicher Art) reflektieren das Sonnenlicht und heizen weniger auf als schwarze. Das kann man mit der bloßen Hand fühlen, wenn man ein weißes und ein schwarzes Stück Stoff genau gleich lang in die pralle Sonne legt. Deshalb ist es besser, sich im Hochsommer ein weißes und kein schwarzes T-Shirt anzuziehen; und deshalb sind viele Häuser in heißen Gegenden, z. B. in Griechenland, weiß getüncht.

Naturfaser oder Kunstfaser?

Bei diesem Experiment sollte immer ein Erwachsener dabeisein. Verbrennt man auf einem ausreichend großen Teller einen Seiden-, einen Woll- und einen Baumwollfaden, so läßt sich die übriggebliebene Asche (nach dem Abkühlen!) zwischen den Fingern zu feinstem Staub zerreiben. War jedoch einem der Fäden Kunststoff beigemischt, so fühlt man kleine, harte Klümpchen (weil Plastik schmilzt).

Schafwolle untersuchen

Wenn man einer Schafherde folgt, findet man an Weidezäunen hängengebliebene Büschel dichter Wolle. Es lohnt sich, diese mal genauer zu besehen und zu befühlen, damit man die Eigenschaften dieser Wolle erkennt:

● Unbehandelte Schafwolle fühlt sich fettig an (natürliches Wollfett), das Wasser perlt an ihr ab; erst wenn man sie in milder Seifenlauge gewaschen hat, kann sie richtig durchnässen.

● Schafwolle ist stark gekräuselt – deshalb wärmt sie so gut.

● Mit einer starken Lupe kann man die feinen Schuppen an der Außenwand der Härchen erkennen; deshalb kann Schafwolle zu einem dichten Pelz verfilzen, und man kann sie so leicht zu festen Fäden verdrehen (spinnen).

weiß

schwarz

Die »größten Spinner« leben direkt vor unserer Haustür: Es sind die Radnetzspinnen (z. B. die Kreuzspinne). Sie brauchen einen ganzen Tag für ihr erstaunliches Bauwerk, in dem sie ihre Beute fangen, sich selbst aber niemals verheddern. Pustet man ein solches Radnetz mit feinem Mehl vorsichtig an, kann man sehen, daß nur die Spiralfäden klebrig sind, der sternförmige Rahmen aber nicht.

Eine bestrickende Kuschelfamilie

Am Anfang stehen wieder jede Menge Wollreste. Kinder mit ihrem natürlichen Charme müssen meist nichts kaufen, denn überall dort, wo Handarbeit gemacht wird, bleiben Reste liegen, die zu nichts so recht passen wollen. Um die geht es.

Und so wird's gemacht

Für ein Püppchen von etwa 16 cm Länge wird ein Schlauch gestrickt, für den man etwa 36 Maschen aufnimmt. Man beginnt an den Füßen und strickt dort eine Farbe in Sockenhöhe, schließt die Hosenfarbe an und schließlich den Pullover. Dann folgen Gesicht und Mütze. Beim Stricken der Mütze allmählich abnehmen, bis nur noch drei Maschen übrig sind. Faden durchziehen und Bommel anheften. Dann den Schlauch mit Zauberwatte nicht zu prall ausstopfen. Am Fußende den Schlauch in zwei Hälften teilen und jede Hälfte mit einem Faden zusammenziehen – fertig sind die Socken! Den Hosenteil in der Mitte durchnähen, so daß zwei stramme Beine über den Socken sichtbar werden.

Kopf abbinden. Zwischen Hals und Hosenbund die Arme durchnähen. Gesicht und Haare aufsticken. Um den Hals einen Schal binden oder einen Strickstreifen mit einem Faden durchziehen und als Kragen umlegen. Hier sind der Strickphantasie keine Grenzen gesetzt.

Das Püppchen auf dem Liegestuhl wurde gehäkelt. Auch dafür häkelt man zunächst einen Schlauch, der vom Po bis zur Mützenspitze reicht. Nach dem Ausstopfen zunähen und an der Nähstelle zwei schmale Schläuche anhäkeln und in den Schuhen enden lassen. Die Beine werden nicht ausgestopft. Ebenso die Arme und Fäuste anhäkeln. Das Schlabberpüppchen läßt sich in jede Position bringen. Die Strickpüppchen dagegen mögen am liebsten stehen oder liegen.

Für die weiche Kuscheldecke werden Streifen mit wechselnden Farbkaros gestrickt. Für diese Puppendecke wurden pro Streifen zwölf Maschen aufgenommen und zwölf Reihen in jeweils einer Farbe gestrickt. Nach fünf Karos den Streifen abketten. Die gewünschten Streifen zusammennähen und umhäkeln.

Frau Huhn und Herr Hahn sind vom Zirkus Krawolli (Seite 216) zu einem Besuch herübergekommen. Da kann man nur »gute Unterhaltung« wünschen!

Im Sommer können alle eine Bootsfahrt unternehmen. Für das Boot muß eine Seite einer Milchtüte abgetrennt werden, und zwar so, daß die Tütenspitze zum Schiffsbug wird. Wer mag, bemalt das Schiff mit wasserfestem Lack, klebt kleine Pappschachteln als Bänke und eine Papprolle als Kamin hinein. Wichtig: Die Milchtüte muß gut ausgewaschen werden, bevor die Familie die Seereise antritt!

Natürlich brauchen die Püppchen alle einen Namen. Zur Taufe werden Freunde und Freundinnen eingeladen, und es gibt Baumwollsuppe (Rezept Seite 232).

Nicht nur Samt und Seide

Wissenswertes über Stoffe

Schock in der Steinzeit!

Das muß man sich mal vorstellen: Der Winter kommt, es wird kalt und immer kälter … Doch an das ursprüngliche dichte Fell, das die Menschen einmal hatten, als sie noch Affen waren, erinnert allenfalls eine Gänsehaut. Was blieb unseren Vorfahren anderes übrig, als sich nach wärmendem Ersatz umzusehen: dem Fell etwa vom Säbelzahntiger, vom Mammut oder vom Höhlenbären. Doch kaum hatte die Sonne wieder Kraft, fing man zu schwitzen an und wollte doch die gemütlichen »Klamotten«, an die man sich eben gewöhnt hatte, nicht gleich wieder ablegen, zumal sie auch prima vor Verletzungen schützten. Irgendwann muß irgendwer auf die Idee gekommen sein, die warmen Fellhaare mit einem scharfen Feuerstein bis aufs Leder abzuschaben … So oder ähnlich können wir uns – im Zeitraffer natürlich – den Beginn der Kulturgeschichte der Kleidung vorstellen. In der Jungsteinzeit trug man bereits genähte rock-, hemd- und mantelartige Kleidungsstücke aus handgemachtem Gewebe: aus Stoff!

Woraus wird Stoff gemacht?

Aus Fäden, das weiß jedes Kind. Aber woher nimmt man die? Die ersten Fäden wird man sich wohl aus Ziegenhaar zwischen den Fingern zusammengezwirbelt und dann kreuz und quer miteinander verwoben oder auch nur verfilzt haben. Später entdeckte man, daß sich auch manche Pflanzen – nämlich solche, die sich faserig auseinanderklopfen oder -zupfen lassen – zum Verspinnen eignen: z.B. Flachs oder Baumwolle. Überdies fand man schon im 3. Jahrtausend v.Chr. in China heraus, daß

uns ein Tier Fäden fix und fertig liefert, bis zu 3000 Meter in einem Kokon: die Seidenraupe!

Die praktische Seite…

Diese hier genannten, wichtigsten natürlichen Grundmaterialien für die Herstellung von Stoffen – Wolle, Baumwolle und Seide – haben vor allem zwei sehr nützliche Eigenschaften:

● Sie isolieren, weil sie in ihren winzigen hohlen Zellen, aber auch in den Gewebezwischenräumen Luft einlagern. Sind wir von Stoff umhüllt, dann schützt uns das Luftpolster vor allzu krassen Temperatureinwirkungen von außen – vor Kälte wie vor Hitze. Es hilft uns also, unsere Körpertemperatur konstant zu halten, ohne daß wir ständig durch Zittern oder Schwitzen ausgleichen müssen.

● Sie können wegen der Kapillarkraft in feinsten Röhrchen Wasser aufsaugen und wieder abgeben. Das schützt nicht nur vor Nässe von außen, sondern vor allem vor der Verdunstungskälte, die durchs Schwitzen der Haut entsteht. Die Schweißtröpfchen werden einfach vom Stoff aufgesaugt und nach außen verdunstet.

…und die schöne Seite von Stoff

Schnell hatten die Menschen herausgefunden, daß man Wolle und Gewebe hübsch bemalen, bedrucken und einfärben kann – mit pflanzlichen, aber auch mit tierischen Farbstoffen. So bekam Kleidung nicht nur schützende, sondern auch schmückende Funktion, ja sie wurde sogar dazu benutzt, die Bedeutung ihres Trägers hervorzuheben. Die Farbe Purpur war z. B. nur römischen Kaisern, später Königen und Kardinälen vorbehalten, weil ihre Gewinnung so kostspielig war: Für nur ein Gramm dieser Farbe brauchte man fast 10 000 Purpurschnecken (sie produzieren Purpur in einer speziellen Drüse). Im europäischen Mittelalter gab es eine strenge Kleiderordnung – nicht jeder durfte tragen, was er wollte, denn die Kleidung war ein Erkennungszeichen: Sie wies den Träger als Angehörigen eines Standes oder eines Berufes aus. Auch heute noch gilt: »Kleider machen Leute.« Und man wird in der Öffentlichkeit dementsprechend behandelt.

Seit Erfindung automatischer Webstühle werden Stoffe am laufenden Meter produziert – in allen Farben und Mustern: Sie werden meist chemisch eingefärbt und veredelt. Chemikalien oder eingewobene Synthetikfasern machen Stoffe etwa knitterfest oder pflegeleicht, bügelfrei, wasserabweisend, reißfest oder gar schwer entflammbar, fleckenabweisend oder mottensicher.

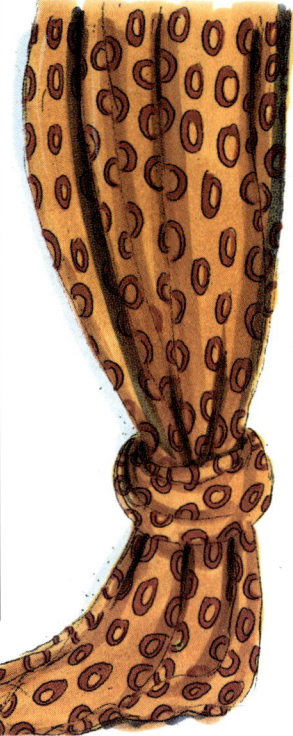

Mit Nadel und Faden

Interessante Berufe rund um den Stoff

Weber

Wenn man heute einen Betrieb der Textilindustrie besichtigt, wird man riesige, menschenleere Hallen voller riesig breiter Webmaschinen sehen, die ganz alleine, wie von Geisterhand gesteuert, vor sich hin arbeiten, und das in einem Affentempo; allenfalls huscht einmal jemand – womöglich noch motorisiert – von Maschine zu Maschine und sieht kurz nach dem Rechten. Früher, vor der industriellen Revolution, war das anders: Da saßen oft Erwachsene und Kinder stundenlang an großen Webstühlen und hatten für Hungerlöhne körperliche Schwerstarbeit zu leisten. Wer einmal hobbyhalber an einem großen Webrahmen gesessen ist, der weiß, wieviel Muskelkraft in den Armen und in den Beinen zum Weben erforderlich ist. Die Weber machten einen Aufstand, als dampfbetriebene Webmaschinen ihnen ihre Arbeit nahmen bzw. ihre Löhne »in den Keller« drückten. Heute gibt es den Handwerksberuf des Webers so gut wie nicht mehr.

Schneider, Modeschöpfer, Kostümbildner

Kostümbildnerinnen arbeiten bei Film- und Theaterproduktionen; sie wählen die (oft historischen) Kostüme und Accessoires für die Schauspieler aus, besorgen sie im Fundus oder stellen sie eigens her bzw. fertigen Skizzen für die Schneider, die nach diesen Vorlagen arbeiten.

Früher wurde den Kunden die Kleidung in reiner Handarbeit »auf den Leib geschneidert« – heute kaufen wir alles »von der Stange«, zigtausendfach in allen Größen produziert. Dennoch ist das Schneiderhandwerk nicht ausgestorben: Maßgefertigte Kleider und Anzüge sind immer noch gefragt, wobei aber der Schneidermeister eigentlich mehr ein »Maßnehmer« und »Anpasser« geworden ist, denn er selbst stichelt nicht mehr unbedingt mit Nadel und Faden herum wie seinerzeit das tapfere Schneiderlein. Ein sehr kreativer Beruf ist der des Modeschöpfers, der heute aber auch nur überleben kann, wenn er neben seinen einmaligen Kreationen auch fürs breitere Publikum tragbare und bezahlbare Kleider entwirft.

Ein großer Baum aus kleinen Stücken

Material

- Scheibengardinen-
  stange

- Stoff für einen Wand-
  behang: etwa 1 m lang
  und 70 cm breit

- Viele bunte, fröhliche
  Stoffreste

- Bunte Kordeln, die man
  auch aus Baumwollgarn
  selbst flechten kann

- Klingeln und Knöpfe

Hier können schon die Kleinen mitmachen, denn es müssen etwa 50 – nach einer Pappschablone geschnittene – Blätter her. Dazu noch 15 kleine und ein großer Kreis. Da wird jede Hand gebraucht.

Am Anfang steht die Frage: Wo hängen wir den Baum auf? Soll es ein Wandbehang werden, dann darf der Grundstoff, auf dem die Baumteile befestigt werden, ruhig stabil sein, etwa eine alte Tischdecke ohne Muster oder ein ausrangiertes Bettlaken.

Soll es eine Sonnenblende im Kinderzimmer werden, muß der Stoff lichtdurchlässig sein, damit es nicht am hellichten Tag finster wird. Entsprechend müssen die Baumteile sein. Dasselbe gilt, wenn eine Scheibengardine entstehen soll. In diesem Fall nimmt man einen Rest Store oder anderen Gardinenstoff und achtet bei allen Stoffresten darauf, ob sie Licht durchlassen.

Und so wird's gemacht

1 Für die Blätter eine Pappschablone schneiden, auf die gebügelten Stoffreste sparsam(!) auflegen, mit Bleistift umkreisen und dann ausschneiden.

2 Von der Mitte des Baumes aus die ersten Blätter im Kreis legen. Blätter feststecken. Den nächsten Blätterkreis etwas unter den ersten schieben und feststecken. So weiter legen und feststecken, bis alle Blätter am Baum sind.

3 Nähmaschine auf Zickzack stellen und jeweils die Spitzen der Blätter umkreisen. Die 14 kleinen Kreise ebenfalls mit Zickzackstichen befestigen.

4 Kordel flechten und einen Stamm daraus bilden. Von links mit wenigen Stichen anheften. Die Enden zwischen den Kreisen auslaufen lassen und anheften.

5 Klingeln und Knöpfe über Blätter und kleine Kreise verteilen und Knöpfe annähen üben lassen.

6 Die Sonne nicht vergessen!

Baumwollsuppe

Echte Baumwolle braucht man nicht, wenn man diese Suppe kochen will. Die »Wolle« ist aus Teig gemacht und schwimmt in einer leckeren Suppe, die schnell und einfach zubereitet ist.

Eltern sollten darauf achten, daß die heiße Brühe sicher gehandhabt wird, da der Topf ziemlich schwer wird. Alles andere können die Kinder selbst zubereiten.

Für eine Geburtstagsfete im Winter ist diese Suppe genau das richtige.

Zutaten

- 2 EL Mehl
- 3–4 EL Milch
- 2 Eier
- 1 EL Gemüsebrühe aus dem Glas
- 1 Prise Salz
- Petersilie zum Garnieren

Zubereitung

1 Die Eier aufschlagen und mit dem Mehl, der Milch und der Prise Salz in einer Schüssel gut verrühren.

2 Die Gemüsebrühe wird in 1 l Wasser aufgelöst und in einem großen Topf zum Kochen gebracht.

3 Nun läßt man den vorbereiteten Teig unter ständigem Umrühren langsam in die heiße Brühe fließen.

4 Noch etwa 5 Minuten sieden lassen – fertig! Aus dem Teig sind nun lange Fäden geworden, die in der Suppe schwimmen. Diese »Baumwolle« wärmt auch ganz schön – und zwar von innen.

Guten Appetit!

Das Kinder-Gutgeh-ABC

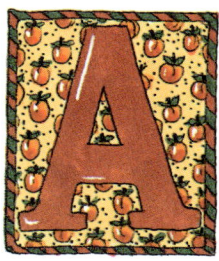

A wie Anreize, Anleitung und Aufmerksamkeit

Kinder sind voller Ideen und Tatendrang. Und weil das so ist, wollen sie viel, alles auf einmal und alles sofort und jetzt gleich. Wer mit Kindern zu tun hat, weiß das und versucht, den Tatendrang so zu kanalisieren, daß kein Chaos entsteht und das Kind trotzdem Erfolge erzielt.

Bereits der Säugling sucht Anregungen. Menschliche Stimmen und Gesichter faszinieren ihn. Ganz automatisch beantworten Eltern diese Bedürfnisse, indem sie mit ihm plaudern und den gemeinsamen Alltag kommentieren. Das etwas größere Kind braucht dann etwas Bestimmtes zu tun, zu spielen oder herzustellen. Die Anreize müssen im Möglichkeitsbereich des kindlichen Könnens liegen. Was es bereits kann, bringt es ein. Was es noch nicht kann, erwirbt es sich, weil es Erfolg haben möchte. Dazu braucht es Anleitung. Anleitung ist keine Bevormundung. Anleitung ist Vormachen mit so vielen erklärenden Worten, daß Zuhören noch Spaß macht und nicht zum Weghören führt. Wenn das Kind nachmacht, was der Erwachsene vormacht, braucht es keine Einmischung, denn nur Versuchen macht klug. Was es jedoch bei all seinem Tun braucht, ist die Aufmerksamkeit des Erwachsenen, dessen Interesse am Kind und an der Sache. Aufmerksamkeit hat nichts mit Bevormundung zu tun. Aufmerksamkeit ist die empfangsbereite, auf das Kind und sein Tun gerichtete Antenne des interessierten Erwachsenen. Diese Antenne ist eines der wichtigsten Erziehungsinstrumente überhaupt.

Eine ausgewogene Abwechslung zwischen Anreizen und Ruhepausen, zwischen Förderung und Entspannung, zwischen konzentrierter Aktivität und wildem Toben und Tollen tut Kindern seelisch und körperlich gut.

B wie Begleitung
und Beistand

Ein Kind begleiten heißt nicht, es auf Schritt und Tritt zu verfolgen, sondern es gewissermaßen nicht aus dem Sinn zu verlieren.

Kinder sind nicht lange Kinder. Und in dieser kurzen Kinderzeit brauchen Kinder nichts so sehr wie die Begleitung durch den Erwachsenen. Begleitung ist die wissende und wohlwollende Teilnahme an allen Prozessen der kindlichen Entwicklung:

- Wenn der eigene Wille erwacht und erprobt wird.
- Wenn der Forscher- und Entdeckergeist Wellen schlägt.
- Wenn der Sprachschatz erweitert wird und das Kind gerade die hundertste Warum-Frage stellt.
- Wenn Sozialkontakte zu anderen Kindern in Randalen oder Rückzug enden, weil soziales Lernen eine ziemlich mühevolle Angelegenheit ist.

Bei alledem sind Kinder auf Begleitung und Beistand angewiesen. Nur so wagen sie die nächsten Lernschritte, die ihnen helfen, selbstbewußt und kompetent heranzuwachsen und sich in Beziehungen wohl zu fühlen. Begleitung und Beistand sind jedoch nur möglich, wenn Eltern ihre Kinder respektieren, und das bedeutet zu allererst, ihnen zuzuhören. Auch wenn sie nicht der gleichen Meinung sind, sollten Eltern mit ihren Kindern wie mit ihresgleichen sprechen und vermeiden, ihre Gedanken und Gefühle zu verstecken. Zuhören ist oft schwieriger als Sprechen. Zuhören erfordert Geduld und die Bereitschaft, eigene Ansichten und Überzeugungen der Kritik durch das Kind auszusetzen. Ist diese Kritik gerechtfertigt, sollte man sich allerdings auch nicht scheuen, dies zuzugeben und entsprechend zu handeln.

Jahrtausendelang wurden Kinder nach ihrer Nützlichkeit bewertet oder waren einfach vorhanden. In der Antike galt das Kind als unfertig und unvollkommen und hatte sich dem Erwachsenen bedingungslos zu unterwerfen. In Rom war es sogar das Privileg des Vaters zu entscheiden, ob das Neugeborene überhaupt leben durfte. Liebevolle Zuwendung und Begleitung sind erst zu unserer Zeit zu Leitbildern der Erziehung geworden.

C wie Clan und Clique

Kinder machen Erwachsene zu ihren Vorbildern – so oder so. Erwachsene können alles, wissen alles, dürfen alles. Kinder bewundern die Erwachsenen dafür und denken, daß nur sie selbst Fehler machen, die Großen nicht. Deshalb brauchen Kinder Clans und Cliquen von ungefähr Gleichaltrigen. Dort erkennen sie sich wieder. Dort können sie sich mit anderen vergleichen und feststellen, was sie können, besser können oder noch lernen müssen.

Clans und Cliquen bilden sich im Kindergarten und in der Schule und im Wohnviertel.

Erwachsene sollten sich aus solchen Kindergemeinschaften heraushalten. Das Kind sucht sich seine Freunde nach den Maßstäben, die es zu Hause lernt. Gerät es an Kinder, die den Erwachsenen nicht behagen, sollte genügend Vertrauen dasein, daß das Kind das Richtige tut. Freunde findet niemand auf Anhieb. Versuch, Irrtum und Erfolg sind Glieder ein und derselben Kette. Da geht es Kindern nicht anders als Erwachsenen.

So sehr die Gefahr besteht, daß Kinder auch Sachen nachmachen, die ihnen nicht guttun, birgt diese Art zu lernen, nämlich die Erwachsenen nachzuahmen, auch viele Chancen. Denn Kinder orientieren sich besonders an denen, die sie lieben, und damit können Eltern ihre Ideale weitergeben, indem sie sie vorleben.

D wie Denkanstöße

Kinder ahmen nach. Nachahmung ist eine Lernstrategie, die auch noch bei Erwachsenen funktioniert. Moden und Trends wären sonst ohne jegliche Chance. Trotzdem sollten Kinder früh lernen, den Dingen auf die Schliche zu kommen, Fragen zu stellen und Alternativen anzupeilen. Denkanstöße sind da das Mittel der Wahl, etwa wenn es um Natur- und Umweltschutz geht. Hierfür kann man schon die ganz Kleinen begeistern. Praktisch sieht das dann so aus: Wegwerfen kann jeder. Aber noch einmal genau hinschauen, ob man einen Gegenstand auch noch für etwas anderes verwerten kann, das fällt vielen Leuten schwer. Schachteln, Dosen, Korken, Papier, Bänder, Stoff, Wolle u. v. m. eignet sich hervorragend zum Basteln und Werken. Kinder sind da ganz erfinderisch. Nur, sie brauchen eben Denkanstöße. Denkanstöße, anstatt bei jedem Wunsch nur einen Gedanken zu haben: kaufen.

E wie Erfolg

Wer nichts tut, macht keine Fehler. Wer sich dauernd hinter dem Fernseher versteckt, macht weder Schmutz noch Unordnung. Aktive Kinder machen Fehler, Schmutz und Unordnung. Dazu sind sie Kinder.

Wer sie unter die »Käseglocke« der Fehlerlosigkeit, Sauberkeit und Ordnung setzen will, bekommt dumme Kinder, weil er ihnen das Lernen verwehrt. Aktive Kinder sind zufriedener und gesünder als passive Fernsehzuschauer.

Aktivität ist Lernen. Und Lernen macht bekanntlich gescheit. Aber – Lernen braucht Erfolg. Und da ist der Erwachsene gefragt. Jede Aktivität muß kanalisiert und begrenzt werden, damit sie nicht zum Selbstzweck wird und ins Leere läuft.

Kinder brauchen überschaubare Aufgaben, die sie unter normalen Bedingungen mit Erfolg meistern können. Bei der Lösung der Aufgaben muß der Erwachsene in Reichweite sein, muß im Bedarfsfall Rat und Unterstützung geben, um so den Erfolg zu sichern.

Daß jeder Erfolg ein Lob verdient, versteht sich von selbst. Daß jeder Mißerfolg eine Lernchance beinhaltet, sollte man sich öfter mal wieder ins Gedächtnis rufen, wenn man Kinder wegen eines Fehlers kritisieren will.

Kinder sollen eigene Ideen entwickeln. Diesen Prozeß fördert man am besten, wenn man sie dazu anregt, selbstgestellte Aufgaben auch zu Ende zu führen.

Kinder sind in dem beneidenswerten Zustand, daß ihnen erfolgsorientiertes oder zielgerichtetes Handeln fremd ist. Sie tun etwas um der Tätigkeit willen, sind darin vertieft und kommen nicht auf die Idee, das Ergebnis zu bewerten.

F wie Feste und Feiern

Fast alle Kinder feiern gern und finden es ungeheuer aufregend, Freunde und Freundinnen einzuladen. Bei einem Geburtstagsfest sollten sich die Eltern klarmachen, um wessen Festtag es sich handelt. Wer nach dem Prinzip Einladung/Gegeneinladung handelt, darf sich nicht wundern, wenn sich das Kind dabei langweilt. Gastgeber sind die Kinder, und sie dürfen bestimmen – natürlich im Rahmen der Möglichkeiten –, mit wem sie feiern möchten. Feste sind nicht nur jene Tage im Jahr, denen eine stattliche Wunschliste vorausgeht, die sich möglichst Punkt für Punkt erfüllt, sondern auch materiell ganz unauffällige Tage.

Feste und Feiern sind dazu da, die Seele baumeln zu lassen und die Alltage abzugrenzen. Aber Heiligabend, Geburtstag, Nikolaus und Ostern bieten nur kurze Unterbrechungen der Alltage.

Warum also keine Feste erfinden?

● Wenn es länger regnet, laden wir Kinder zum Regenfest ein. Es wird vorgelesen, gespielt, gesungen, gebastelt, gegessen und getrunken. Zum Schluß malen alle gemeinsam ein Regenbild. Die Natur braucht den Regen. Ist das kein Grund zum Feiern?

● Ein Kastanienfest, wenn die ersten Kastanien von den Bäumen fallen.

● Ein Laubfest, wenn der wilde Wein sich rot färbt und die Laubblätter miteinander wetteifern um die prächtigsten Farben.

● Ein Schneefest, wenn endlich der erste, heißersehnte Schnee fällt.

● Ein Apfel- oder Pflaumenfest, bei dem zum Schluß ein dünner Hefeboden selbst belegt, gebacken und zum Abschied aufgegessen wird.

● Ein Verkleidungsfest, bei dem auch Puppen und Bären verkleidet werden.

Ein paar Tips, damit Kinderfeste gelingen:
● Je nach Alter die Zahl der Gäste beschränken und nicht zu viele Aktivitäten anbieten.
● Eventuell und bei einer größeren Kindergruppe die Zeit begrenzen.
● Ein Bekannter, der Gruppenspiele kennt, kann die Eltern vielleicht etwas entlasten.
● Viel Bewegung, gerade für Kleinkinder, ist angesagt.

238

- Ein Schätzefest, zu dem alle Kinder in einem Köffer-chen oder einer Schachtel das mitbringen, was ihnen lieb und wert ist. Dies ist eine sehr geheimnisvolle Party, auf der Konsumlöwen vielleicht ein bißchen im Abseits ste-hen, denn die wirklichen Kinderschätze kosten meist kei-nen Pfennig.
- Ein Pfannkuchenfest, bei dem es allen schmeckt.
- Ein Genesungsfest, wenn jemand länger krank war. Wie sagt der Volksmund? Man soll die Feste feiern, wie sie fallen.

G wie Gewinnen und Verlieren

Würde man Kindern – und auch Erwachsenen – freie Hand lassen, kämen für sie nur Spiele in Frage, an dessen Ende sie Sie-ger sind. Viele mögen ein bestimmtes Spiel nicht spielen – etwa »Mensch ärgere dich nicht« –, weil sie dabei ständig verlieren. Gut gemeint sind alle Spiele ohne Verlierer und Gewinner.

Aber Konkurrenzsituationen gibt es nun einmal, und gerade im Spiel kann man sie spielerisch bestehen lernen. Und wer verloren hat, gewinnt eben in der nächsten Runde. Wenn Kinder diesen Wechsel und den damit ver-bundenen Nervenkitzel spüren, werden sie mit Sicherheit begeistert am Wettstreit teilnehmen. Zufall und Glück bestimmen manchen Spielsieg, aber auch die Verlierer. Also hat eigenes Können oder Unvermögen mit Sieg oder Niederlage oft gar nichts zu tun. Kein Grund also, daß der Sieger sich aufbläst oder der Verlierer resigniert. Hier können die Eltern sanft reglementierend eingreifen, indem sie nicht den Sieg in den Vordergrund stellen, son-dern die Freude am Spiel. Kinder brauchen Lob und Anerkennung.

Wenn die Eltern selbst mitspielen, sollten sie darauf ach-ten, ihre Kinder nicht zu überfordern. Plötzlich werden

Bei Konkurrenzspielen kann das Kind lernen, daß die Welt nicht untergeht, wenn es einmal verliert. Je kürzer die Spielrunden sind, desto schneller erhält es die Möglichkeit, die Schlappe wettzumachen und zu gewinnen. Falls Erwachsene mit von der Partie sind, eignen sich Spiele sehr gut, bei denen das Würfelglück entscheidet, damit das Kind eine faire Gewinnchance hat.

Papa und Mama nämlich zu Gegnern, die beim »Mensch ärgere dich nicht« die Spielfigur aus dem Spielfeld kicken. Spiele sind wie das richtige Leben: mal rauf, mal runter. Wer verloren hat, versucht es noch einmal. Wer gewonnen hat, muß damit rechnen, daß die Glückssträhne abreißt. Das ist Spiel. Und Leben ist so ähnlich. Kleineren Kindern ist es ziemlich egal, wer verliert und wer gewinnt. Hauptsache, das Spiel macht Spaß. Vielleicht sollte man sich an ihrer Auffassung vom wirklichen Sinn des Spielens gelegentlich mal wieder orientieren. Gewinnen und Verlieren ist nicht mehr und nicht weniger als die Fransen an einem großen Teppich, der Spiel heißt.

H wie Hilfestellung nach Maß

Wer mit Kindern bastelt, kocht, backt, gärtnert oder Feste vorbereitet, muß ihnen methodische Hilfen geben, weil der Gang der Dinge Kinder leicht überfordert. Es sind Hilfen nach Maß. Der Erwachsene macht es vor und erklärt sein Tun. Das Tun muß logisch sein, also Sinn machen und Nutzen bringen. Wildes Basteln, wildes Kochen, wildes Backen, Gärtnern oder Feiern bringt keinen Erfolg, stiftet Chaos und Unzufriedenheit. Man könnte auch sagen: Für bestimmte Tätigkeiten müssen bestimmte Regeln gelten.

Kinder nehmen Hilfe gerne an, wenn sie nicht als Bevormundung gemeint ist. Auch feste Regeln werden akzeptiert, wenn der Sinn zu erkennen ist.

● Beim Basteln oder Malen wird der Tisch mit Zeitungen abgedeckt. Es stehen auf dem Tisch Behälter, in denen das Werkzeug seinen Platz hat. Tuben und Stifte werden nach jedem Gebrauch verschlossen. Ein Papierkorb wird für alle Schnipsel bereitgestellt und Material sparsam verwendet, also kein Herz aus der Mitte des Blattes, sondern vom Rand her geschnitten. Und vor allem: Erst wird ein Plan gemacht, was entstehen soll und in welchen Schritten es erreicht werden kann. Dann kann man das angestrebte Objekt auch noch aufteilen, damit die Ausdauer beim Basteln oder Malen nicht überstrapaziert wird.

- Solche methodischen Hilfen gelten auch fürs Kochen, Backen, Gärtnern und Vorbereiten von Festen. Kinder lieben feste Regeln. Man tut gut daran, sie ihnen vorzumachen und auf ihre Einhaltung großen Wert zu legen.

I wie Impulse und Tips

Auch das schönste Spiel kommt einmal an einen Punkt, wo Langeweile und Leerlauf entstehen. Dann braucht ein Kind neue Impulse und einfallsreiche Tips, die dem Spiel eine interessante Wende geben. Eine Schachtel mit Fenstern und Eingängen, ein Bettlaken über dem Tisch, eine Kiste mit Holzabfällen, Schachteln und Dosen als Angebot, diese Dinge mit in das Spiel einzubeziehen, wird das Kind dankbar annehmen. Neue Impulse entstehen auch, wenn man mit Kindern über ihr Tun spricht, sie befragt und eigene Vorschläge macht. Erwachsene sollten Kinderspiele sehr ernst nehmen und nicht als belanglosen Kinderkram abtun.

J wie Jubel und Trubel

Schon Babys mögen andere Babys, wenngleich gemeinsames Spielen erst in ein paar Jahren möglich ist. Davon muß man ausgehen, wenn man kleinere Kinder zusammenbringt. Aber sie schauen einander gern zu und interessieren sich für jede fremde Regung. Die Kleinen mögen auch gerne zusehen, wenn größere Kinder spielen, basteln oder toben. Jubel und Trubel stimulieren zu eigener Aktivität und helfen der Kreativität auf die Beine.

Das kindliche Spiel ist in gewisser Hinsicht durchaus Arbeit. Beim Spielen werden Fähigkeiten erprobt, entdeckt und gefestigt, die Umwelt wird erobert und kulturelle Wertvorstellungen verinnerlicht. Außerdem drücken Kinder im Spiel ihre Gedanken und Gefühle aus.

241

K wie Kindergarten

Nicht von ungefähr hat der Gesetzgeber den Anspruch des Kindes auf einen Kindergartenplatz inzwischen festgeschrieben. Kinder brauchen nicht nur Kinder, sondern auch mehrere Erwachsene, um sich mit dem Leben in der Gemeinschaft auseinanderzusetzen. Spätestens ab dem dritten Lebensjahr wollen Kinder aus eigenem Antrieb neue Beziehungen knüpfen und andere Kinder kennenlernen. Sie suchen die Auseinandersetzung, wollen ihre Kräfte messen, voneinander und miteinander lernen. Der Kindergarten ist Ausgleich für Geschwisterlosigkeit, für zu kleine Wohnungen, für verschwundene Spielräume wie Straßen, Bürgersteige, Höfe, Treppenhäuser oder Rasen. Zu den Betonwüsten, in denen Kinder heute oft leben müssen, gibt es kaum Abwechslung und Anregung. In den Sandkästen gibt es vielleicht eine Rutschbahn und eine Wippe. Kein Wunder, daß sie verwaist sind, vor allem, wenn auch noch der Sand nie erneuert wird. Der Kindergarten ist für die meisten Kinder heute das letzte Refugium, wo Spielen, Toben, Streiten und Versöhnen, Lehrspaziergänge und Naturbeobachtung noch gefahrlos möglich sind.

Worauf bei der Wahl des Kindergartens geachtet werden sollte:
● Gibt es einen Garten oder Hof, in dem Kinder ungehindert tollen können?
● Sind Rückzugsmöglichkeiten vorhanden, zum Ausruhen?
● Können sich die Kinder in einen unbeobachteten Winkel zurückziehen, wo sie private Momente erleben können?
● Wie groß sind die Gruppen, und wie ist die Altersverteilung?
● Sind Ge- und Verbote an den Bedürfnissen der Erzieher orientiert, d. h., inwieweit dürfen Kinder ihre Vorstellungen ausleben.
● Öffnungszeiten und Ferien?
● Elternaktivitäten?

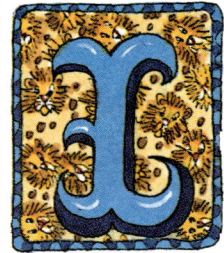

L wie Lachen

Lachen macht Erziehung leichter. Lachen heißt nicht, Erziehung auf die leichte Schulter zu nehmen. Lachen heißt vielmehr, dem Kind zuzutrauen, daß es sich positiv entwickelt, weil es sich geliebt und anerkannt weiß. Lachen ist eine Grundeinstellung. Eltern, die das Kind einem ständigen Nein-Streß unterziehen und sich permanent über all sein Tun und Lassen aufregen, lähmen sich und das Kind. Solche Kinder werden entweder aggressiv oder lethargisch. Fröhlichkeit, Zuversicht und Lachen lassen im Kind die positiven Anlagen wachsen. Kinder mögen Lachen. Und nur mit Lachen gedeihen sie wirklich und werden zuversichtliche, positive Erwachsene.

M wie Material und Werkzeug

Spielsachen sind für Kinder der wertvollste Besitz. Dadurch wird »mein« und »dein« erfahren, und der Verlust ist oft eine wirklich schmerzliche Erfahrung. Auch wenn Eltern die Spielzeugflut ablehnen, dürfen sie nicht vergessen, daß Kinder einerseits an einer konsumorientierten Gesellschaft teilnehmen wollen und sich andererseits mit Hilfe von Spielzeug weiterentwickeln können. Oft jedoch reicht gekauftes Spielzeug, das meist nur begrenzte Funktionen hat, für viele Kinder und ihre starke Phantasie nicht aus. Sie wollen Dinge von innen betrachten, ihre Einzelteile begreifen, und sie wollen verändern. Das macht das Spielzeug oft nicht mit und geht kaputt. Erwachsene, die die Preise kennen, finden das gar nicht gut und fühlen sich oft genug sogar persönlich angegriffen. Deshalb und nicht nur deshalb brauchen Kinder Material und Werkzeug, mit dem sie nach Herzenslust gestalten, verändern und probieren können. In der Regel ist solches kinderfreundliche Material kostenlos. Es kann aber sein, daß Erwachsene so sehr auf Akkuratesse und Ordnung bedacht sind, daß sie sich durch Kataloge, Schachteln, Dosen, Papier, Holzreste und dergleichen gestört fühlen. Dann müssen sie sich fragen, wie lange Kinder Kinder sind. Die paar Jahre der kreativen Werkfreude lassen sich durchstehen, zumal der Gewinn für die Kinder sehr hoch ist. Ihre Phantasie prägt sich aus, sie sind aktiv bei der Sache, sie lernen, mit Erfolg und Mißerfolg gleichermaßen umzugehen. Mit dem Material sollten Kinder auf ihre Weise umgehen dürfen.

Was tun, wenn der Sprößling unbedingt mit Dolch und Pistole spielen will und sogar der harmloseste Kochlöffel kriegerisch eingesetzt wird? Es ist immer noch nicht restlos geklärt, ob Kindern Spielzeugwaffen tatsächlich schaden. Viel eher werden Kinder zur Gewalt erzogen, wenn sie sie in ihrem Umfeld, z. B. in der Familie, vorgelebt bekommen. Dennoch sollten sich Eltern weigern, mit »bewaffneten« Kindern einkaufen zu gehen oder Spielzeugwaffen zu kaufen.

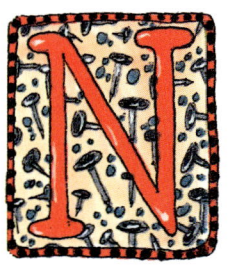

N wie Naturerlebnisse

Wenn ein Haustier angeschafft werden soll:
- Liegt in der Familie oder Nachbarschaft eine Allergie vor?
- Gibt es genügend Platz für das geplante Tier?
- Was steht im Mietvertrag oder in der Hausordnung?
- Wohin mit dem Tier im Urlaub?
- Ist genügend Zeit für die tägliche Spielzuwendung?
- Wie steht es mit der Toleranz in der Familie gegenüber Schmutz und Lärm?
- Wie alt wird das Tier?

Fernsehen bildet. Aber ein Naturfilm ist trotzdem etwas völlig anderes als eine Handvoll Erde, an der man riechen kann, die man anschauen, in der man entdecken kann, was sich darin versteckt: Regenwürmer, Käfer, Larven, Wurzeln, Hölzchen und Steinchen und mehr. Kinder brauchen Naturerlebnisse. Es hilft ihnen nicht, durch die Natur zu rasen. Sie müssen verweilen dürfen, entdecken, staunen. Kinder sollen die Natur schützen helfen.

Man kann aber nur schützen, was man liebt. Und lieben kann man nur, was man kennt. Auch deshalb brauchen Kinder Naturerlebnisse. Kinder sollten schon früh im Garten oder auf dem Balkon ein eigenes Fleckchen zum Gärtnern haben. Ein eigener Blumentopf ist für ein Kind ein Königreich. Da kann es Bohnen oder Körner stecken, pflegen und hegen und Wachstum und Gedeihen beobachten, eventuell sogar ernten. Ein Kind sollte auch in der Natur einsammeln dürfen, was es interessant, schön oder liebenswert findet. Blumen und Blüten ausgenommen. Aber abgestorbenes Material, mit dem es zu Hause hantieren möchte, sollte es getrost mitnehmen dürfen. Es wird nicht ausbleiben, daß Kinder Schnecken und Frösche mitbringen und sie beobachten wollen. Glücklicherweise erlahmt das Interesse schon bald, und die Tierchen können wieder in die Freiheit entlassen werden. Irgendwann äußert jedoch fast jedes Kind den Wunsch nach einem Haustier. Für Stadtkinder sind Goldhamster, Meerschweinchen oder Katze oft die einzige Möglichkeit, mit Natur alltäglich und aus nächster Nähe zu tun zu haben. Allerdings sollte die Anschaffung gut überlegt werden und nebenstehende Fragen abgeklärt werden.

Ganz schlimm ist es für ein Kind, wenn das ersehnte und heißgeliebte Haustier wieder weggegeben werden muß, weil die Familie damit überfordert ist. Dann ist es schon besser, dem Kind den Wunsch abzuschlagen.

O wie Ordnung und System

Ordnung regelt das Zusammenleben und ist neben dem Thema »Essen« der häufigste Streitpunkt in Familien.

Viele Eltern fürchten sich vor der Sammelwut ihrer Kinder, vor ihren Bastelorgien, Wasserschlachten im Bad und den periodisch auftretenden Bedürfnissen zu gärtnern. Sie sehen ihre Wohnung vom Chaos überflutet. Wenn Besuch kommt, schämen sie sich der Unordnung. Sie fühlen sich verpflichtet, zur Ordnung zu erziehen, und versuchen sich täglich erneut durchzusetzen. Allerdings brauchen Kinder ihr Chaos dringend, um überhaupt kreativ werden zu können. Und Eltern müssen sich daran gewöhnen, daß die Wohnung nicht mehr ihnen allein gehört. Hinzu kommt das natürliche Bedürfnis von Kindern, sich sozial zu verhalten und den Eltern gefallen zu wollen. Mit diesem Wissen können die ewigen Kämpfe ums Aufräumen an Heftigkeit verlieren. Ganz konkret ist letztlich alles, was ein Kind braucht, ein Regal mit vielen Kisten und Kasten, in denen die Habseligkeiten angeschaut, sortiert und gesammelt werden können. Ordnung ist fast immer eine Frage der Behältnisse. Und Behältnisse sind kostenlos. Tische oder Bastelecken auf dem Fußboden kann man mit Zeitungen abdecken. Für Spiele mit Wasser, die sehr wichtig sind, muß die Badewanne herhalten, über die ein Brett gelegt wird. Kinder mögen sinnvolle Regeln, und sie sind auch bereit, diese Regeln einzuhalten, quasi als Preis für das wonnevoll genossene Stückchen Freiheit im Spiel.

Aber diese Freiheit braucht eben auch ihren Raum. Wenn also das Kinderzimmer nicht so ganz mit den Ordnungsprinzipien der erwachsenen Familienmitglieder übereinstimmt, sollte dies nicht Anlaß zu drakonischen Aufräumaktionen sein. Ein Kind merkt mit der Zeit schon selber, daß eine gewisse Ordnung ganz hilfreich ist, um die Dinge zum Spielen immer parat zu haben.

Eltern sollten nicht versuchen, mit Druck zur Ordnung zu erziehen. Meistens probieren Kinder dann nämlich aus, ob die Drohungen auch wahr gemacht werden – und schon ist der größte Krach im Gange. Und: Kinder verstehen unter Ordnung oft etwas anderes als Erwachsene. Das sollte jeder bedenken, der aus einerm Kinderzimmer eine Kasernenstube machen will.

P wie Papier und Pappe

Papier und Pappe sind für Kinder unerläßliche Materialien. Ein Kind, das früh mit der Bastelschere übt, verletzt sich nicht daran. Klebe kann man selbst herstellen. Sie kostet fast nichts. Ausschneiden und Kleben lieben alle Kinder. Es ist eine ideale Beschäftigung, die alle Sinne trainiert. Eine Wasserschüssel oder ein halbvolles Eimerchen und ein Handtuch sollten immer in der Nähe sein und das Kind angehalten werden, sich zwischendurch die Klebefinger zu reinigen. Pappmaché ist für kreative Kinder eine Fundgrube schöpferischer Betätigungen. Mit ein wenig Ordnung und System, mit sinnvollen Regeln braucht niemand zu befürchten, daß später die Wohnung klebt oder unter Wasser steht. Mit derart kreativen Materialien ist das Kind so restlos beschäftigt, daß ihm gar keine Energie mehr bleibt, um in der Wohnung Chaos zu stiften.

Basteleien mit Papier und Pappe sind in jeder Altersgruppe beliebt.

Q wie Quatsch und Kinderkram

Kinder können sich schieflachen über Dinge, die Erwachsene gar nicht wahrnehmen. Quatsch eben. Kinder finden Dinge liebenswert, die Erwachsene als Müll, zumindest aber als unnütz bezeichnen. Kinderkram eben. Kinder brauchen beides. Und beides sollten Erwachsene ihnen gönnen und vor allem: respektieren! Auch Kinder haben eine Intimspähre, in die der Arm eines ordnungsbesessenen Erwachsenen nicht hineinlangen sollte. Kinder müssen selbst sortieren, selbst wertschätzen oder verwerfen, was sie da horten. So finden sie ihre Wertmaßstäbe, auch ihre Ordnungen und Systeme. Und das können sie nur lernen, wenn es Dinge gibt, die wirklich ihnen gehören.

*Mein Urgroßvater namens Max
hat hunderttausend Bären.
Sie haben alle einen Knacks,
wie soll ich das erklären?
Alle Tage baden sie,
und Opa reibt sie trocken.
Er brummt dazu 'ne Melodie
und dreht ihr Fell in Locken.*

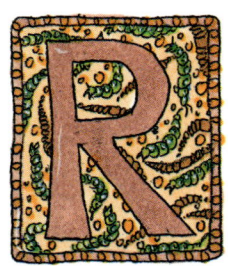

R wie Ruhe

Manchmal beschäftigt sich ein Kind nicht, weil es rasten möchte. Es rostet deswegen aber noch lange nicht! Diese selbst auferlegten Ruhephasen finden nicht vor dem Fernseher statt. Fernsehen ist immer Aufregung, weil das Kind Fernsehen nicht beantworten kann. Nur Augen und Ohren sind angesprochen, aber meist überfordert, weil alles viel zu schnell geht. Um Dinge zu verarbeiten, braucht ein Kind alle Sinne, vorrangig den Tastsinn, also Haut und Hände. Läßt ein Kind die Hände ruhen, hat es genug. Es braucht Ruhe. Die Sinne müssen die Reize verarbeiten. Man sollte dem Kind solche Ruhepausen gönnen und es nicht auffordern: Tu doch was, spiel doch! Ein Kind weiß am besten selbst, wann es wieder aufnahmefähig für Neues ist.

S wie Schauen und Staunen

Schon kleine Kinder sind geflissentliche Kunstbetrachter, wenn sie auch manchmal das Buch verkehrt herum halten. Kinder sehen anders. Bilderbücher sind Nahrung für die Kinderseele. Aber auch dicke Kunstbände werden von Kindern gern betrachtet. Sie schauen sich aus Bildern das heraus, was sie betrifft, was sie interessiert, wofür sie Verständnis haben. Das andere lassen sie links liegen. Beim nächsten Betrachten entdecken sie etwas Neues. Beim nächsten Mal wieder. Deswegen können sie sich nicht satt sehen an manchen Bildern. Sie sind immer wieder neu. Kinder mögen aber auch Wolken betrachten, Sterne, Blumen, Blätter, Früchte, Ritzen im Boden, Löcher in Ästen. Das alles ist wichtig und bedeutsam für Kinder. Hier lernen

Auch laute und lebhafte Kinder brauchen hin und wieder einen Moment der Ruhe und der Besinnung.

Wenn Kinder ins Museum gehen, wollen sie nicht geordnet von Raum zu Raum wandern und die Exponate ehrfürchtig bestaunen, sondern dort verweilen, wo es spannend ist, und über die Kunstwerke und deren Entstehungsgeschichte etwas erfahren. Viele Museen bieten inzwischen Kinderführungen und -gespräche oder Spielaktionen zu den Techniken an.

sie das Staunen, hier formt sich ihr Gefühl für Schönheit und Ästhetik, für Ebenmäßigkeit und Überraschung. Kinder müssen staunen. Es ist so wichtig wie Atmen.

T wie Turnen und Toben

Ein Stubenhocker kann nicht entspannen, weil er die Anspannung vermeidet. Viele überdrehte Kinder kommen nur deshalb nicht zur Ruhe, weil sie keine körperliche Erschöpfung kennen. Kinder müssen turnen und toben, laufen, rennen, schwimmen, klettern, kicken, radfahren und alles, was es sonst noch an Tätigkeiten gibt, die ganz einfach müde machen. Kommt ein Kind nicht zur Ruhe, hilft oft eine Kissenschlacht auf ausgebreiteten Matratzen. Auch Balgereien sind wichtig, um angestaute Kräfte zu kanalisieren. Es geht hier weder ums Siegen noch Verlieren, sondern ganz einfach um das Rauslassen von Energien, die durch langes Stillsitzen – in der Schule, vor dem Fernseher – aufgestaut sind. Gestaute Energien können aggressiv machen oder die Konzentration lähmen. Laufen, Joggen, Turnen oder Toben vor dem Schlafengehen wirkt Wunder: Das Kind schläft entspannt ein und durch.

Kinder behalten den Spaß an der Bewegung am einfachsten, indem sie gemeinsam mit den Eltern laufen, springen und turnen. Wer immer die Rolltreppe benützt, auch die kleinste Entfernung mit dem Auto zurücklegt, nie Federball spielt oder zum Schwimmen geht, darf sich nicht wundern, wenn sein Kind gelangweilt herumsitzt.

U wie Unterstützung

Manchmal nehmen sich Kinder Projekte vor, die gar nicht gelingen können. Dann sind die Erwachsenen schnell bei der Hand, dem Kind die Sache auszureden, es abzulenken. Widerfährt das einem Kind oft, wird es »flügellahm«. Es unternimmt nur noch leichte Übungen, damit die Erwachsenen zufrieden sind.

Klug macht das nicht. Deshalb braucht ein Kind Unterstützung, wenn es sich ganz offensichtlich verheddert hat. Kind und Erwachsener müssen zusammen überlegen, wie man das Projekt retten, umstrukturieren, stützen, nageln, kleben oder sonstwie herrichten kann. Wer aufgibt, hat schon verloren. Wer oft aufgibt, entwickelt sich zur Verlierernatur.

Kinder sollten lernen, daß es immer einen Weg aus einer verfahrenen Situation gibt. Dazu brauchen sie die ganze Unterstützung der Erwachsenen.

V wie Verständnis und Vertrauen

Das Schlimmste, was einem Kind passieren kann, ist die Entmutigung durch Erwachsene. Das Kind möchte sich einen Drachen bauen, eine Garage, ein Wasserwerk, ein Tretauto, eine Mondrakete. Auch wenn diese Vorhaben aus der Sicht eines nüchternen Erwachsenen unrealistisch erscheinen, verdient das Kind Verständnis für sein Vorhaben und Vertrauen in seine Fähigkeiten. Kinder können sehr gut mitteilen, was sie sich vorstellen. Die Wege dahin sind zuweilen etwas kraus. Aber dafür ist dann der verständnisvolle Erwachsene gefragt, der unterstützt, Tips und Impulse gibt. Und ein Wasserwerk im Kopf eines Kindes hat wohl recht selten etwas mit dem zu tun, was der Erwachsene sich darunter vorstellt. Verständnis und Vertrauen sind die Brücke zwischen diesen beiden Vorstellungen. Und das gibt Kindern Mut.

Stoßen Kinder dagegen häufig auf Unverständnis bei ihren Eltern, spüren sie vielleicht sogar einen Vertrauensverlust, dann sind diese Kinder in ihrer weiteren Entwicklung erheblich benachteiligt, ja sogar gefährdet. Sie verlieren ihr Selbstvertrauen, werden unsicher und verschlossen. Bei ihrer Suche nach Zuwendung geraten sie später nicht selten an die falschen Freunde.

Kinder fordern bei schwierigen Aufgaben oder in ausweglosen Situationen von selbst Hilfe an. Dann können Eltern ihre Unterstützung anbieten und Lösungswege aufzeigen.

Auch wenn kindliche Vorstellungen noch unausgegoren erscheinen, sie verdienen es, ernst genommen zu werden.

W wie Wasser, Sand und Steine

Kinder lieben Wasser, wenn es darum geht, mit Sand einen Brei zu rühren, Boote fahren zu lassen, Überschwemmungen in Bächen zu inszenieren. Droht jedoch das Naß ihrem Körper zu nahe zu kommen, heißt es: nichts wie weg. Der Sinn des Sich-Waschens scheint den meisten Kindern auch tatsächlich verborgen zu bleiben. Jedes fünfte Kind glaubt, die morgendliche Wäsche sei dazu da, die Kleider nicht schmutzig zu machen. Und wieder – wie so oft – ist das elterliche Vorbild am überzeugendsten.

Sand wird durch Wasser erst schön. Und Steine müssen her als drittes Element, damit Wasser und Sand Konturen bekommen. Im eigenen Sandkasten läßt sich gut moddern, wenn die Eltern Verständnis für die Zusätze Wasser und Steine haben. In öffentlichen Sandkästen ist das schon schwieriger. Aber was spricht gegen eine kleine Plastikwanne auf dem Balkon, wo Wasser in Maßen, etliche Steine und viel Sand ihren ständigen Platz haben? Wenn der Boden gut abgedeckt ist und ein paar Regeln eingehalten werden, ist solch eine Plastikwanne ein Kindertraum. Kinder machen mit Sand, Wasser und Steinen ganz wesentliche Erfahrungen. Es geht nicht ums Kuchenbacken. Das finden fast alle Kinder ziemlich langweilig. Es geht um das Verändern und Gestalten mit Wasser, Sand und Steinen. Es sind die ältesten Spielmaterialien, die die Menschheit kennt.

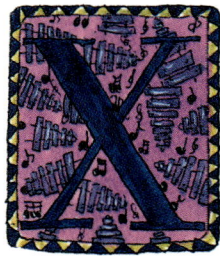

X wie Xylophone, Trommeln und Pfeifen

Kinder lieben es, ihre Eltern singen zu hören. Auch wenn der Gesang nicht perfekt ist, regt er Kinder an, selbst zu singen. Also ruhig unter der Dusche und im Auto losschmettern.

Dies ist nicht allzu wörtlich zu nehmen, aber der Tonlage nach schon. Kinder wollen Töne produzieren und sollen es auch. Sie haben Melodien im Kopf, Rhythmen im Bauch und Klänge in den Ohren wie geborene Musiker. Und wenn man sie nicht hindert oder ihnen Unmusikalität einredet, musizieren sie. Alle Kinder dieser Welt tun das. Singen und Tanzen ist angeboren. Manche Kulturen sorgen allerdings recht gründlich dafür, daß diese angeborenen Gaben während oder bis Ende der Kindheit unauffindbar verschüttet werden. Auch dünne Wohnungswände sollten niemanden davon abhalten, den Kindern ein Musikinstrument in die Hand zu geben. Es gibt Zeiten, da dürfen selbst Trommler und Trompeter üben. Aber Kinder machen gar keinen richtigen Lärm, wenn sie auf der Suche nach musikalischem Ausdruck sind. Holzxylophone, Rhythmusinstrumente, kleine Pfeifen und selbstgebaute Trommeln, Glöckchen, Triangeln und Kammblasen sind insgesamt leiser als manches Autoradio. Was soll's also. Musik ist die Sprache der Seele und Hören ein unglaublich sinnliches Erlebnis. Damit sie das erfahren können, sollten Eltern mit ihren Kindern Orte suchen, wo es noch feine Geräusche gibt, z. B. das Zirpen, Surren oder Summen von Insekten oder den Gesang einer Amsel am Abend.

Kinder mögen nicht nur Krach und laute Töne – auch feine Geräusche fesseln ihre Aufmerksamkeit.

Y wie Yin und Yang

Machos und Divas gehören immer mehr der Vergangenheit an, hoffentlich. Der reife Mensch vereinigt in sich weibliche und männliche Anteile in einem ausgewogenen Verhältnis.
Die Erziehung dazu beginnt schon bei den Kleinen. Kochen, Pflegen, Handarbeiten, Bauen, Toben, Werken und Rollenspiele werden schon längst nicht mehr nur Mädchen oder nur Jungen angeboten, sondern beiden Geschlechtern gleichermaßen. Aber wenn Jungen neugierig sind, wild, aggressiv, voller Tatendrang, vorlaut oder bockig, wird das viel eher toleriert als bei den Mädchen. Mädchen müssen sozial funktionieren, müssen teilen, sich vertragen, schon mal zurückstehen und still sein. Sie helfen auch gern und passen auf Kleinere auf. Alles keine schlechten Eigenschaften. Aber viele Verhaltensweisen der Jungen könnten die Mädchen dringend gebrauchen. Und umgekehrt würde es manchen Jungen liebenswerter machen, wenn er mal genau hinschauen würde, wodurch sich Mädchen gelegentlich so beliebt machen. Weibliche

Noch immer werden viele Kinder für die klassische Geschlechterrolle erzogen. Dadurch werden manche Talente und Charaktereigenschaften unterdrückt, die für die Persönlichkeitsentwicklung wichtig sind.

und männliche Elemente sind unerläßlich in der Erziehung. Das Geheimnis des Erfolgs liegt in der gerechten Verteilung.

Z wie Zeit, viel Zeit

Vor lauter Förderung und Anregung laufen Kinder heute Gefahr, neben der Schule auch in der Freizeit nach einem komplett durchstrukturierten Zeitplan leben zu müssen. Dabei unterscheiden sich nach neuesten Untersuchungen Intensität, Arbeitsbedingungen und Inhalte der Schularbeit nicht wesentlich von der Büroarbeit der Erwachsenen. Um so wichtiger ist es, daß Kinder Zeit haben zum Trödeln, Träumen und In-die-Luft-Starren.

Erwachsene glauben, sie sollten und müßten über die Zeit ihrer Kinder verfügen. Solange sie klein sind, bietet sich das auch geradezu an. Man schleppt sie hierhin, dorthin, man hat sie überall dabei. Und das ist gut so. Aber irgendwann entdecken Kinder die Zeit und möchten etwas davon für sich abhaben. Dann steht »Kinderzeit« gegen »Erwachsenenzeit«. Meist setzt sich der Erwachsene durch.

Aber Kinder brauchen Zeit, freie Zeit und Zeit zur freien Verfügung. Was sie damit tun, ist ihre Sache. Und wer sagt, daß sie sich nicht auch mal langweilen dürfen? Daß sie nicht mal ganz in Ruhe die Ruhe genießen wollen? Kinder müssen die Zeit spüren können. Dann lernen sie auch, die Zeit zu portionieren und sinnvoll mit ihr umzugehen. Dabei ist es sinnvoll, wenn Eltern ihre Kinder vor Überbeanspruchung schützen in schulischen Dingen und ihnen Freiräume organisieren. Wenn es ihnen dann auch noch gelingt, gelegentlich mit den Kindern die Seele baumeln zu lassen, werden sie merken, wie entspannend das auch für sie selbst ist.

Daß den Erwachsenen im Alltag manchmal die Zeit fehlt, wird ein Kind akzeptieren. Enttäuscht aber wird es sein, wenn der gemeinsame Urlaub keine Zeit läßt, um Mutter und Vater einmal ganz für sich zu haben. Eltern tun gut daran, ihren Sprößlingen wenigstens einen Teil der Urlaubsplanung zu überlassen. In dieser Zeit richten sich die Eltern einmal ganz nach den Kindern, unternehmen gemeinsam, was diese vorschlagen. Der Gewinn für alle liegt in einer beglückenden Gemeinsamkeit, deren Erlebnis noch so manchen Alltagsstreß überdauert.

Register

Wichtiger Hinweis

Das vorliegende Buch ist sorgfältig erarbeitet worden. Dennoch erfolgen alle Angaben ohne Gewähr. Weder Autorin noch Verlag können für eventuelle Nachteile oder Schäden, die aus den im Buch gegebenen praktischen Hinweisen resultieren, eine Haftung übernehmen.

Bildnachweis

Illustrationen: Giesela Dürr, München; Fotos: Ernst Fesseler, Ravensburg
Titelbild: Ulrich Kerth, München; Umschlagrückseite: Claudia Rehm, Stockdorf

Quellennachweis

21: »Im See« von Adolf Holst. – 50: »Über die Erde« von Rainer Schnurre, aus Hans Gehlberg (Hg.): »Die Stadt der Kinder«. © Bitter Verlag Recklinghausen. – 78: »Das Tigerauge« von Lisa Marie Blum. © Lisa Marie Blum, Poelchaukamp 23, 22301 Hamburg. – 106: »Barbara und Isabel« von Hans Manz, aus Hans Gehlberg (Hg.): »Die Stadt der Kinder«. © Bitter Verlag Recklinghausen. – 106: »Kinderküche« von Richard Bletschacher, aus Hans Gehlberg (Hg.): »Die Stadt der Kinder«. © Bitter Verlag Recklinghausen. – 162: »Hampelmann« von Kurt Leonhard, aus Hans Gehlberg (Hg.): »Die Stadt der Kinder«. © Bitter Verlag Recklinghausen. – 190: »Das große, kecke Zeitungsblatt« von Josef Guggenmos, aus Hans Gehlberg (Hg.): »Die Stadt der Kinder«. © Bitter Verlag Recklinghausen. – 191: »Lesestunde« von Hans Baumann. © Elisabeth Baumann, Murnau

Impressum

© 1996 by Südwest Verlag GmbH & Co. KG, München
Alle Rechte vorbehalten. Nachdruck – auch auszugsweise –
nur mit Genehmigung des Verlages.

Projektleitung: Ernst Dahlke
Redaktion: Michaela Breit
Redaktionsleitung: Josef K. Pöllath
Einbandgestaltung: Manuela Hutschenreiter
Layout: Till Eiden
DTP/Satz: Wolfgang Lehner
Produktion: Manfred Metzger, Maren Scherer
Druck und Bindung: Westermann Druck Zwickau GmbH
Printed in Germany

ISBN 3-517-01787-6